Freiheit

Religionswelten
Studien zu Religionswissenschaft, Religionsgeschichte und
Ethnologie

Herausgegeben von
Mariano Delgado und Klaus Vellguth
im Auftrag der Görres-Gesellschaft

Band 2
Freiheit

Mariano Delgado / Klaus Vellguth (Hg.)

Freiheit

Religionswissenschaftliche, ethische und
theologische Perspektiven

Matthias Grünewald Verlag

VERLAGSGRUPPE PATMOS

PATMOS
ESCHBACH
GRÜNEWALD
THORBECKE
SCHWABEN
VER SACRUM

Die Verlagsgruppe
mit Sinn für das Leben

Die Verlagsgruppe Patmos ist sich ihrer Verantwortung gegenüber unserer Umwelt bewusst. Wir folgen dem Prinzip der Nachhaltigkeit und streben den Einklang von wirtschaftlicher Entwicklung, sozialer Sicherheit und Erhaltung unserer natürlichen Lebensgrundlagen an. Näheres zur Nachhaltigkeitsstrategie der Verlagsgruppe Patmos auf unserer Website www.verlagsgruppe-patmos.de/nachhaltig-gut-leben

Bibliografische Information der Deutschen Nationalbibliothek
Die Deutsche Nationalbibliothek verzeichnet diese Publikation in der Deutschen Nationalbibliografie; detaillierte bibliografische Daten sind im Internet über http://dnb.d-nb.de abrufbar.

Alle Rechte vorbehalten
© 2024 Matthias Grünewald Verlag
Verlagsgruppe Patmos in der Schwabenverlag AG, Ostfildern
www.gruenewaldverlag.de

Umschlaggestaltung: Finken & Bumiller, Stuttgart
Gestaltung, Satz und Repro: Schwabenverlag AG, Ostfildern
Druck: CPI books GmbH, Leck
Hergestellt in Deutschland
ISBN 978-3-7867-3377-5

Inhalt

Vorwort 7

Mariano Delgado und Klaus Vellguth
Freiheit 9

Matthias Möhring-Hesse
„Einen Scheißdreck muss ich"
Und andere Weisen, über Freiheit *und* Verantwortung zu denken 17

Günter Rager
Determinismus und Freiheit
Neurowissenschaftliche und philosophische Perspektive 49

Johanna Rahner
Zwischen Einheit und Vielfalt?
Fünf Thesen zur Freiheit in einer polyedrischen Kirche 67

Johann Figl
Freiheit im Buddhismus
Individuelle und gesellschaftliche Konkretisierungen eines spirituellen
Weges 77

Katja Voges
Religionsfreiheit und islamische Traditionen
Das Ringen um ein universelles Freiheitsrecht 93

Jean-Claude Wolf
Von Gott befreit? 103

Peter Hünermann
Verbindlichkeit kirchlicher Lehre und Freiheit der Theologie 117

Mariano Delgado
Die Freiheit des Geistes als Dynamik der Geschichte
Zur Geschichtstheologie des Joachim von Fiore 139

Klaus Vellguth
Zwischen Freiheit und Verantwortung
Jüdisch-christliche Konvergenzen im Denken von Hans Jonas und Papst
Franziskus 153

Autor:innen 171

Vorwort

Freiheit ist ein schillernder Begriff, der unter anderem aus anthropologischer, historischer, politischer, juristischer, ethischer, religionswissenschaftlicher, ethnologischer oder theologischer Perspektive betrachtet werden kann. Kulturgeschichtlich eng verbunden ist der Begriff mit der Neuzeit und vielleicht in ganz besonderer Weise mit der Epoche der Postmoderne. Spannungsreich war und ist dabei das Verhältnis der Kirche zur postulierten und gewährten Freiheit.

Der immer wieder neu zu diskutierende und auszuhandelnde Freiheitsbegriff stand im Mittelpunkt der 125. (Jubiläums-)Generalversammlung der Görres-Gesellschaft zur Pflege der Wissenschaft, die im September 2023 in Tübingen stattfand. Dem Themenschwerpunkt der Generalversammlung war auch die Tagung der Sektion „Religionswissenschaft, Religionsgeschichte und Ethnologie" gewidmet. Regelmäßig veranstaltet diese Sektion, die auf Initiative des Bonner Fundamentaltheologen Hans Waldenfels gegründet wurde, im Rahmen der Jahrestagungen der Görres-Gesellschaft spezifische Fachtagungen, die das Thema der Jahrestagung aufgreifen und unter religionswissenschaftlicher, religionsgeschichtlicher und ethnologischer Perspektive beleuchten. Publiziert werden die Vorträge seit der Jahrestagung 2022 in der von der Görres-Gesellschaft herausgegebenen Reihe „Religionswelten". Ein erster Band mit dem Titel „Der bessere Mensch" ist zuletzt in dieser Reihe erschienen.

Der hier nun vorliegende Band dokumentiert die Vorträge der Tübinger Fachtagung zum Thema „Freiheit" im Jahr 2023 und wurde durch Perspektiven ergänzt, die den Freiheitsbegriff problematisieren und weiten. Er enthält Beiträge von Mariano Delgado, Johann Figl, Peter Hünermann, Matthias Möhring-Hesse, Günter Rager, Johanna Rahner, Klaus Vellguth, Katja Voges und Jean-Claude Wolf.

Unser Dank gilt neben den Autorinnen und Autoren sowohl Michael Rost für die sorgfältige Manuskriptbetreuung sowie für die Satzarbeiten als auch Volker Sühs für die gute verlegerische Begleitung des Projektes.

Mariano Delgado und Klaus Vellguth

Freiheit

Mariano Delgado und Klaus Vellguth

Vor 75 Jahren wurde im Jahr 1949 das Grundgesetz der Bundesrepublik Deutschland verabschiedet. Als Antwort auf die zwölfjährige nationalsozialistische Diktatur war zunächst ein bis zu einer Wiedervereinigung Deutschlands als „konstitutionelles Provisorium" angedachtes Werk formuliert worden, das historisch gesehen einen staatlichen Neuanfang markiert und die Intention verfolgt, die Würde aller Menschen zu schützen, staatliche Willkür zu verhindern und Freiheit zu gewähren. Das Grundgesetz markiert im Jahr 1949 – zunächst nur mit Blick auf Westdeutschland, seit dem Jahr 1990 dann für das vereinigte Deutschland in seinen 16 Bundesländern, einen Meilenstein in der deutschen Freiheitsgeschichte. Die jüngsten politischen Entwicklungen in Europa haben aber gezeigt, dass Freiheit zum einen kein absoluter Wert und zum anderen ein immer neu zu schützender Wert ist.

Als sich zu Beginn des Jahres 2020 die Corona-Pandemie weltweit ausbreitete und das Leben gerade auch von vulnerablen Personengruppen, die durch Vorerkrankungen oder durch das Alter geschwächt waren, gefährdete, mussten umgehend weitreichende Maßnahmen zum Schutz der Bevölkerung ergriffen werden, die mit einer Einschränkung der individuellen Freiheit verbunden waren. Diese notwendigen Maßnahmen reichten von der Einführung von Kontaktbeschränkungen über eine Einschränkung der Demonstrationsfreiheit bis hin zur Einschränkung der Religionsfreiheit (durch das vorübergehende Verbot, öffentlich Gottesdienste zu feiern). Durch die vorübergehende Einschränkung der Freiheit konnte der Anstieg der Mortalitätsrate in der Bevölkerung begrenzt werden. Trotzdem haben die Maßnahmen Diskurse ausgelöst. Diskutiert wurde das Recht des Staates, die Grundrechte seiner Bürger*innen einzuschränken sowie die Frage der Verhältnismäßigkeit einzelner Maßnahmen. Auch wenn der Diskurs von mancher Seite ideologisch und ohne jedes Augenmaß für die Realitäten einer Pandemie geführt wurde, hat der Diskurs doch gezeigt, dass Freiheit kein absoluter Wert ist, sondern mitunter auch in Konkurrenz zu anderen Werten gerät: im Fall der Pandemie konkret mit dem Wert des Lebens.

Kaum schien die Pandemie überwunden, erschütterte ein anderes Ereignis Europa. Am 24. Februar 2022 überfiel die russische Armee, nachdem zahlreiche Versuche einer diplomatischen Deeskalation gescheitert waren, die Ukraine. Mit dieser Aggression fand erstmals seit dem Zweiten Weltkrieg ein militärischer Angriffskrieg im Herzen Europas statt. Das Völkerrecht wurde von der Seite der Aggressoren aus machtpolitischen Interessen schlicht „umgelogen" bzw. ignoriert. Die westliche Welt reagierte auf diese Entwicklung mit einer abrupten und öffentlich vollzogenen Änderung des politischen Narrativs. Dieser Vorgang wurde semantisch als „Zeitenwende" benannt. Ins Zentrum des Narrativs, das die dramatischen politischen und militärischen Entwicklungen sowie das Verhältnis zwischen Russland und der westlichen Welt beschreibt, wurde der Freiheitsbegriff demokratischer Gesellschaften gerückt. Um diese Freiheit zu verteidigen, rückte die westliche Welt zusammen, um der Ukraine beizustehen und damit die Freiheit – nicht nur der Menschen in der Ukraine, sondern in ganz Europa – zu schützen.

Nachdem es seit dem Ende des Zweiten Weltkriegs jahrzehntelang so schien, als ob sich ein humanistisch geprägtes Freiheitsverständnis in den demokratischen sowie sich zunehmend der Demokratie zuwendenden Gesellschaften durchsetzen wird und dieses Empfinden, insbesondere durch den Zerfall des sozialistischen Osteuropas im ausklingenden 20. Jahrhundert gestärkt wurde, hat dieser „Freiheitsoptimismus" in den 20er Jahren des 21. Jahrhunderts ein jähes Ende gefunden. Freiheit wird als fragil und bedroht erlebt. Angesichts dieser Volatilität und Vulnerabilität der Freiheit entsteht ein Bewusstsein, dass Freiheit nicht abstrakt existiert, sondern sich gerade im Diskurs immer wieder neu realisieren muss. Zu diesem Diskurs wollen die folgenden Beiträge in diesem Band beitragen.

In seinem Beitrag „‚Einen Scheißdreck muss ich' – Und andere Weisen, über Freiheit und Verantwortung zu denken" setzt Matthias Möhring-Hesse sich mit dem Verhältnis von Freiheit und Verantwortung auseinander. Dabei geht er in fünf Schritten vor. In einem ersten Schritt beschreibt er ideengeschichtlich, inwiefern Freiheit in einer dialektischen Spannung einerseits als Kehrseite von Verantwortung und andererseits Verantwortung als die Kehrseite von Freiheit gedacht wurde. Anschließend geht er auf die religiöse Vorstellung ein, dass „wahre Freiheit" und „wahre Verantwortung" im Gehorsam gegen Gott bestehen. In einem dritten, weiterhin ideengeschichtlichen Schritt zeigt er auf, dass die neoliberale Sozialtheorie und Weltanschauung den dialektischen Zusammenhang von Freiheit und Verantwortung negiert hat. Die von ihm damit herausgearbeiteten drei „Anerkennungsverhältnisse" des Freiheitsbegriffs befragt Möhring-Hesse in einem vierten Schritt auf ihre implizite „politische Theorie", um abschließend ihre jeweilige Wirksamkeit in den gegenwärtigen politischen Auseinandersetzungen zum „Klimaschutz" zu reflektieren. Möhring-Hesse verweist auf die Infragestellung der Dialektik von Freiheit und Verantwortung einerseits von der Seite, „der die an liberale Freiheit gebundene Verantwortung angesichts der drängenden Selbsterhaltungsfragen zu wenig ist – und der anderen, der jede politisch erzeugte Verantwortung viel zu viel und die daran geknüpfte liberale Freiheit viel zu wenig ist." Er zeigt auf, dass es daneben jene Vertreter gibt, die „Freiheit als ein reflexives Selbstverhältnis und den dialektischen Zusammenhang von Freiheit und Verantwortung bestätigt" haben und „dass die ‚gute alte' liberale Freiheit sowohl deren neoliberalen Verwüstung als auch dem Gehorsam durch intelligente Begründungen überlegen" ist. Ernüchtert blickt er dabei allerdings in die Zukunft und bezweifelt, „dass die liberale Freiheit mit ihrem dialektischen Zusammenhang von Freiheit und Verantwortung in den liberalen Gesellschaften wieder hegemonial wird."

Günter Rager geht in seinem Beitrag auf die Freiheit aus der Sicht der Hirnforschung und der Philosophie ein. Dabei reflektiert er die menschliche Grundannahme, frei zu sein. Er verweist darauf, dass Freiheit kein sicherer Besitz ist. Erfahrbar wird dies im täglichen Leben, wenn Krankheiten oder Verletzungen das Gehirn angreifen und es beschädigen. Mit zunehmendem Alter der Bevölkerung ist es vor allem die senile Demenz, die Menschen immer häufiger begegnet und die betroffenen Menschen in ihren geistigen Fähigkeiten einschränkt. Auch Verletzungen des Gehirns führen zu geistigen Veränderungen. Dies wurde erstmals genau untersucht bei dem berühmten Fall des Phineas Gage. Aber auch neurowissenschaftliche Experimente wurden durchgeführt mit der Fragestellung, ob Freiheit auf Hirnprozesse reduziert werden kann. Besonders bekannt sind hier nach wie vor die Libet-Experimente, die von mehreren Forschergruppen wiederholt und verfeinert wurden. Diese Experimente haben angeblich gezeigt, dass vermeintlich freie Handlungen eigentlich Ergebnis von Hirnprozessen sind. Einige Neurophilosophen zogen daraus den reduktionistischen Schluss, dass nicht Ich es bin, der frei entscheidet, sondern das Gehirn. Alle geistigen Akte ließen sich auf Hirnprozesse reduzieren und so erklären. Die Schlüsse dieser Neurophilosophen lassen sich jedoch nicht durch die experimentellen Daten rechtfertigen. Dementsprechend werden in Ragers Beitrag deren Argumente kritisch untersucht. Freiheit ist aber auch nicht absolut, sondern wird durch die Bedingungen unserer Leiblichkeit eingeschränkt.

„Zwischen Einheit und Vielfalt?" lautet der Beitrag von Johanna Rahner, in dem sie fünf Thesen zur Freiheit in einer polyedrischen Kirche formuliert. Sie merkt an, dass eine katholische Identität immer eine plurale und daher auf Freiheit gegründete Identität war und dass es daher gilt, die Pluralität der eigenen Geschichte wiederzuentdecken und historische Alternativen als mögliche Alternativen für das heute ernst zu nehmen. Sie betont, dass Katholisch-Sein immer auch in und mit der Welt katholisch zu sein heißt, da die Geschichte der römisch-katholischen Kirche immer auch eine Geschichte der Selbstwerdung im Angesicht des Anderen gewesen ist. Darüber hinaus plädiert sie für eine plurale katholische Kirche, da das vom Zweiten Vatikanum eingeläutete ‚Bewusstwerden der Weltkirche', d. h. der Wandel von einer eurozentrischen in eine polyzentrische Kirche, mit Konsequenzen verbunden ist. Dabei plädiert sie für eine grenz(en)überschreitende Theologie, wobei die einem solchen Perspektivenwechsel folgende Aufgabenbeschreibung der Theologie deren liminalen und experimentellen Charakter betonen und verteidigen muss. Und schließlich stellt Rahner heraus, dass eine Theologie ohne Freiheit (der Wissenschaft) keine echte Theologie ist. Sie verweist darauf, dass die Geschichte der Theologie stets eine „Geschichte des Streites" war, weil Theologie „nie ein statisches, vom geschichtlichen Wandel unberührtes Gebilde", sondern immer im Fluss ist. Dazu aber bedarf es der Freiheit.

Johann Figl stellt in seinem Beitrag drei Dimensionen des Verständnisses der Freiheit im Buddhismus dar. Zunächst geht er auf den spirituellen Freiheitsweg ein – also auf die glaubensmäßigen Voraussetzungen dieser Religion. Daran anschließend sind die neuen Akzentuierungen von Freiheit im buddhistischen Sinn aufzuzeigen, die sich in der Rezeption westlicher Konvertiten ergeben haben, und drittens sind exemplarisch einige zentrale Themenbereiche der Freiheit im aktuellen Selbstverständnis dieser Religion darzustellen: und zwar ein Weg zur „Befreiung" angesichts des Todes; Fragen säkularer und politischer Begründung der Freiheit im religiösen Kontext; und schließlich neuere innerbuddhistische Entwicklungen der Emanzipation zur Gleichberechtigung, vor allem der Nonnen.

In ihrem Beitrag „Religionsfreiheit und islamische Traditionen" analysiert Katja Voges das Ringen um ein universelles Freiheitsrecht. Sie verweist darauf, dass in vielen islamisch geprägten Ländern

Abwehrreaktionen gegenüber universalen Menschenrechten zu beobachten sind und führt diese unter anderem auf Widersprüche bei der Durchsetzung von Menschenrechten von Seiten des Westens zurück. Alternative Interpretationen von Menschenrechten und Religionsfreiheit sind vielfach Ausdruck einer aggressiven Abwendung von der europäisch-amerikanischen Kultur und eines Rückzugs auf die islamische Identität. In diesem Sinne sind seit Mitte des 20. Jahrhunderts unterschiedliche Formulierungen und Konzepte dessen, was die Religionsfreiheit ausmacht, aufeinandergetroffen. Hoffnungsvolle Erfahrungen aus der Menschenrechtsarbeit helfen dabei, die Aushandlungsprozesse entsprechender Rechte und Freiheiten als ein notwendiges Ringen wahrzunehmen.

Jean-Claude Wolf skizziert in seinem Beitrag „Von Gott befreit?" zunächst einmal eine moderne Auffassung von Freiheit, die mit Gott unvereinbar scheint. Im zweiten Teil wird der Text „Außer Dienst" aus Nietzsches Zarathustra textnah und kreativ am Leitfaden des Doppelgänger-Motivs gelesen. Diese Art der Lektüre wird im dritten Teil seines Beitrags als eine Kompetenz des literarisch-philosophischen Lesens bezeichnet. Es wird gezeigt, wie die Arbeit am literarischen Text im Überschneidungsbereich von Philosophie, Theologie und moderner Literatur das Denken über Theismus und Atheismus flexibler machen kann. Kreatives Lesen bewährt sich besonders an Textsorten, die einem ekstatischen und „telepathischen" Schreibprozess entstammen.

Peter Hünermann wendet den Blick in seinem Beitrag „Verbindlichkeit kirchlicher Lehre und Freiheit der Theologie" auf das innerkirchliche Freiheitsverständnis. Zunächst einmal skizziert er in einem ersten Teil seiner Ausführungen in biblischer sowie historischer Perspektive die Frage um die Verbindlichkeit kirchlicher Lehre und die in der Kirchengeschichte ergriffenen Maßnahmen der Zensuren zur Durchsetzung kirchlicher Autorität. Einen Akzent setzt er auf die Frage der Verbindlichkeit kirchlicher Lehre und die Freiheit der Theologie im 19. und 20. Jahrhundert und setzt sich dabei intensiv mit Matthias Joseph Scheebens *Theologischer Erkenntnislehre* auseinander. Daran anknüpfend fokussiert Hünermann im zweiten Teil seines Beitrags die Frage der Freiheit der Theologie und befasst sich intensiv mit der Neubestimmung des Verhältnisses von kirchlicher Lehre und Freiheit der Theologie im Zweiten Vatikanischen Konzil. Dabei setzt er sich insbesondere mit der Verhältnisbestimmung von Glaube und Vernunft auseinander. Schließlich zeigt Hünermann auf, wie sich die praktische Beziehung zwischen dem Magisterium der Kirche und der

Theologie im Hinblick auf Verbindlichkeit kirchlicher Lehre und Freiheit der Theologie in der Nachkonzilszeit gestaltet. Hier verweist er auf „einen Prozess, der von den veränderten Grundlagen des II. Vatikanums her auf eine bislang noch nicht gefundene rechtliche Ausgestaltung und Praxis in der Ausübung Magisteriums zielt."

Mariano Delgado geht in seinem Beitrag „Die Freiheit des Geistes als Dynamik der Geschichte" auf die *Geschichtstheologie des Joachim von Fiore* ein. Während nur wenige mittelalterliche Denker einen großen eigenständigen Gedanken zur Geltung gebracht haben, findet Robert E. Lerner bei Joachim gleich drei davon: „die Hermeneutik der Entsprechungen, die Annahme einer ‚Vollständigkeit' der Apokalypse des Johannes und die Anwendung eines trinitarischen Deutungsschemas auf die Heilsgeschichte", die unterwegs zur Freiheit des Geistes ist. Letztgenannter steht im Zentrum des hier veröffentlichten Beitrags, wobei die drei eigenständigen Gedanken von Fiore in seinen Hauptwerken ineinandergreifen und „auf eine umfassende Gesamtschau" angelegt sind. Der Text setzt sich mit der Denkform und der großen geschichtstheologischen Innovation des Joachim von Fiore, aber auch mit den Streitfragen bei der Rezeption derselben, auseinander. Abschließend wird die immerwährende Aktualität des Florensischen Abtes aufgezeigt.

Der Beitrag „Zwischen Freiheit und Verantwortung" beleuchtet die jüdisch-christlichen Konvergenzen im Denken von Hans Jonas und Papst Franziskus. Er zeichnet zunächst das Leben des jüdischen Philosophen Hans Jonas im Schatten beraubter Freiheit nach und widmet sich dann dem Freiheitsbegriff in Jonas Hauptwerk *Das Prinzip Verantwortung*. Anschließend ordnet der Beitrag den jüdischen Philosophen in den zeitgeschichtlichen Kontext des 20. Jahrhunderts ein. Abschließend werden zunächst Konvergenzen im ökologiesensiblen Denken von Hans Jonas und Papst Franziskus aufgezeigt, bevor angesichts der ökologischen Herausforderungen die wesentlichen Parallelen im Freiheitsbegriff des jüdischen Denkers und des katholischen Kirchenoberhauptes aufgezeigt werden. Dabei werden insbesondere spezifische Aussagen aus dem Apostolische Schreiben *Laudate deum* aus dem Jahr 2023 herangezogen und als ein Plädoyer für Freiheit und Verantwortung gelesen. Der Beitrag endet mit Ausführungen zu einer notwendigen „Allianz der Hoffnung" für die Umwelt.

„Libertas praestantissimus est": Freiheit ist ein sehr kostbares Gut, sagten schon die Rechtssammlungen der antiken christlichen Kaiser; und die Geschichte zeigt, dass Menschen immer wieder bereit waren, für die Freiheit von Knechtschaft oder Fremdherrschaft selbst das Leben zu geben, wie Don Quijote in einem Dialog zu Sancho Panza anmerkt. In diesem Sinn gehört „Liberté" zu der Trias der Französischen Revolution, und zwar als erstes Gut; und daher war das Motto der Liberalen Katholiken um Félicité Robert de Lamennais 1830 „Gott und die Freiheit". Die „Dialektik der Moderne" zeigt allerdings, dass der Mensch, der sich seit der Aufklärung für frei und „autonom" erklärte, sich angesichts der von ihm selbst verursachten Höllenmaschinerie am Ende doch in die „Anthropodizee" flüchtet und dabei die Kunst beherrscht, „es nicht gewesen zu sein", wie einst Adam.

Die Beiträge in diesem Band wollen zum Diskurs rund um den Freiheitsbegriff einladen und zeigen auf, in welchen Spannungsverhältnissen Freiheit gedacht werden kann bzw. muss. Der erwünschte Diskurs ist dabei ein performatives Geschehen, das Freiheit im besten Fall immer wieder neu entstehen lässt. Programmatisch könnte in diesem Kontext eine Rahmung des Diskurses gesehen werden: Der erste Beitrag in diesem Band „‚Einen Scheißdreck muss ich' – Und andere Weisen, über Freiheit und Verantwortung zu denken" setzt sich mit der „utilitaristischen Relevanz" der verschiedenen Freiheitsdiskurse und Freiheitsverständnisse in den gegenwärtigen politischen Auseinandersetzungen zum „Klimaschutz" auseinander. Der letzte Beitrag „Verantwortung statt Freiheit" reflektiert unter Bezugnahme auf Hans Jonas die Frage, inwiefern es zu rechtfertigen ist, den Wert der Freiheit zu relativieren, um angesichts der (das Überleben der Spezies Mensch gefährdenden) ökologischen Herausforderungen einen gesellschaftlichen Kontext zu gestalten, in dem das Überleben der Menschheit evtl. gesichert werden kann. Das sich in diesen beiden Beiträgen auftuende Spannungsverhältnis leitet über zum dritten Band in der Reihe „Religionswelten", der dem Thema „Verantwortung für die Schöpfung" gewidmet sein wird.

„Einen Scheißdreck muss ich"

Und andere Weisen, über Freiheit *und* Verantwortung zu denken

Matthias Möhring-Hesse

Die Konjunktion ‚und', die im Untertitel zwischen ‚Freiheit' und ‚Verantwortung' geschoben wurde, versteht sich als Problemanzeige: Wie lassen sich die mit ‚Freiheit' und ‚Verantwortung' gemeinten Sachverhalte in Verbindung bringen, die durch das ‚und' semantisch getrennt wurden? Das angezeigte Problem ist akut: Die Verbindung von Freiheit und Verantwortung ist fraglich geworden. Wie ist es heutzutage möglich, so fragt man sich, Menschen, die ihre Freiheit selbstbewusst in Anspruch nehmen, zur Verantwortung zu rufen? Man stellt diese Frage in zwei, einander nicht ausschließenden Richtungen: Angesichts der ökologischen Verwerfungen, der geopolitischen Konflikte oder der antidemokratischen Gefahren von rechts sieht man die Verantwortung der Menschen wachsen – und man fragt sich, ob die Menschen der ihnen zuwachsenden Verantwortung auch dann entsprechen werden, wenn sie dadurch an Freiheit verlieren. Zugleich stellt man fest, dass sich immer mehr Menschen – selbstverständlich immer die anderen – aus jeglicher Verantwortung stehlen und dies mit gutem Gewissen: Sie verteidigen ja ‚nur' ihre Freiheit – gegen den Staat oder missliebige Eliten, gegen die ‚Ampel'-Regierung, manchmal auch nur gegen ‚Die Grünen' und – allgemein – die Linken oder gegen andere ‚dunkle Mächte'. Wie lässt sich dieses wilde Freiheitspathos disziplinieren und Menschen (wieder) in die Verantwortung rufen? Für beide Fragerichtungen berichtete Detlef Esslinger in der Süddeutschen Zeitung:

> „In einer Einfamilienhausgegend im Münchner Westen entfaltet sich ein Hauseigentümer [...] durch die Wahl der Fahne, die er an seinem Mast hochgezogen hat. Bei ihm weht nicht der FC Bayern und auch nicht Deutschland, bei ihm weht in weißer Schrift auf grauem Grund der Satz: ‚Einen Scheißdreck muss ich.'"[1]

---

[1] Detlef Esslinger, So hart und auch noch stolz darauf, in: Süddeutsche Zeitung (SZ), 16.03.2024.

Weiß auf grau bringt diese Fahne zum Ausdruck: ‚Freiheit' und ‚Verantwortung' fallen – vermutlich nicht nur für Münchner Hauseigentümer*innen – auseinander. Zur Verantwortung gezogen zu werden heißt daher für viele, etwas zu müssen, heißt: in ihrer oder seiner Freiheit eingeschränkt und in grundlegenden Rechten verletzt zu werden. Entsprechend groß ist die Empörung, entsprechend laut die Wut. Woher der zeitgenössische Absolutismus der Freiheit ‚kommt' und welches Ausmaß er ‚hat', darüber handelt dieser Beitrag. Dazu wird er zunächst ideengeschichtlich ‚hergeleitet': In der liberalen ‚Hochzeit', als ‚Freiheit' als politische Idee aufkam und gesellschaftlich wirkmächtig wurde, wurden Freiheit und Verantwortung in einem dialektischen Zusammenhang gedacht: Freiheit ‚besteht' als Kehrseite von Verantwortung und Verantwortung als die von Freiheit (2.). Daher wandte man sich *auch* gegen die religiöse Vorstellung, dass ‚wahre Freiheit' und ‚wahre Verantwortung' im Gehorsam gegen Gott besteht, – eine Vorstellung mit ‚zu wenig' Freiheit und ‚zu wenig' Verantwortung (3.). Der dialektische Zusammenhang von Freiheit und Verantwortung wurde durch die neoliberale Sozialtheorie und Weltanschauung ausgeredet – und dies mit Nachwirkungen in die Gegenwart hinein, obgleich der Neoliberalismus längst verblasst ist (4.). Diese drei unterschiedlichen, aber gleichermaßen unter ‚Freiheit' laufenden Anerkennungsverhältnisse werden sodann auf ihre implizite ‚politische Theorie' befragt. (5.) Abschließend werden sie, obgleich ideengeschichtlich eingeführt und deshalb in eine historische Abfolge gebracht, zeitgleich gesetzt – und ihre Wirksamkeit in den gegenwärtigen politischen Auseinandersetzungen zum ‚Klimaschutz' festgestellt (5.). Vor diesen fünf Argumentationsschritten wird zunächst begründet, warum dieser Beitrag seinen Leser*innen die Frage erspart, was Freiheit und Verantwortung ‚ist' (1.).[2]

---

[2] In Nachbereitung eines Vortrags auf der Jahrestagung der Görres-Gesellschaft geriet der vorliegende Text zu so etwas wie einem Essay. D.h. er ist behauptungs- und meinungsstark, in den Nachweisen und Belegen jedoch eher schwach. Dieser Mangel wird dadurch aufgefangen, dass in allen Argumentationsschritten auf Arbeiten mit ausreichend Nachweisen und Belegen sowie gegebenenfalls mit valider Empirie verwiesen wird.

Ohne festen Boden

Mit den Adjektiven ‚frei' und ‚verantwortlich' werden Menschen Eigenschaften zugesprochen: ‚Du bist frei, zu machen und zu lassen, was Du willst' oder ‚Für diesen Schaden bin ich verantwortlich.' Diejenigen, denen diese Eigenschaften zugesprochen werden, werden fragen dürfen, welche Eigenschaften mit ‚frei' und ‚verantwortlich' gemeint sind. Wer sich oder andere zu freien oder verantwortlichen Menschen ‚macht', sollte auf entsprechende Fragen Auskunft geben können. Solche Rückfragen werden auch verallgemeinert. Statt „Was meinst Du mit ‚frei'?" und „… mit ‚verantwortlich'?", wird allgemein gefragt: „Was ist Freiheit?" und „Was ist Verantwortung?" Hat man darauf plausible Antworten gefunden, könnte man diese für wahr halten und deren Wahrheit gegenüber anderen beanspruchen. Wenn man die Wahrheit über Freiheit und Verantwortung kennt, wird man die ‚wahre Freiheit' von falscher und die ‚echte Verantwortung' von ‚falscher', ‚verlogener' und ‚bloß geglaubter' Verantwortung unterscheiden – und wird die ‚falsche Freiheit' und ‚falsche Verantwortung' bloßlegen. In dieser Weise von Freiheit und Verantwortung zu denken, ist verlockend – und doch nicht zu empfehlen. Was man auf die Fragen „Was ist Freiheit?" und „Was ist Verantwortung?" bekommt, sind nämlich ‚nur' Definitionen von Freiheit und Verantwortung – und keine Urteile über die damit bezeichneten Sachverhalte. Dabei sind ‚Freiheit' und ‚Verantwortung' keine wahrheitsfähigen Konzepte – und niemand ist in der Lage, für die Geltung ihres propositionalen Gehalts zu argumentieren. Fragt man „Was ist Freiheit?" und „Was ist Verantwortung?", sucht man nach festem Boden – ohne jede Aussicht darauf, diesen über Antworten auf diese Fragen zu erreichen.

Bei ‚Freiheit' und ‚Verantwortung' geht es also um etwas anderes als um deren Wahrheit: In unterschiedlichen Kontexten wird von ‚Freiheit' und ‚Verantwortung' in unterschiedlichen Bedeutungen gesprochen – und entsprechende Definitionen sind mehr oder weniger *nützlich* – nützlich dafür, etwas Sinnvolles über etwas in dem jeweiligen Kontext auszusagen, von anderen verstanden zu werden und sich mit ihnen auf etwas zu verständigen, von anderen in einer gewünschten Weise gesehen und behandelt zu werden oder andere in einer bestimmten Weise sehen und behandeln zu können. Für diese Nützlichkeit lassen sich gute Gründe finden – und womöglich kann man sich mit anderen über die Bedeutung von Freiheit und Verantwortung in jeweils besonderen Kontexten verständigen und sie gelten dann – in ebendiesen Kontexten – allgemein.

In einer ideengeschichtlichen Perspektive hält der Beitrag – wenn auch recht abstrakt – Ausschau darauf, was Menschen zu unterschiedlichen Zeiten mit ‚Freiheit' und ‚Verantwortung' beansprucht und wie sie dabei über den Zusammenhang von ‚Freiheit' und ‚Verantwortung' gedacht haben. Dazu werden ‚Freiheit' und ‚Verantwortung' als Ansprüche genommen, von anderen in einer bestimmten Weise gesehen und behandelt zu werden, und – spiegelbildlich dazu – für eine bestimmte Weise, andere Menschen zu sehen und sich ihnen gegenüber zu verhalten. Die Begriffe ‚Freiheit' und ‚Verantwortung' stehen also für Anerkennungsverhältnisse – und diese Anerkennungsverhältnisse sind für bestimmte Kontexte spezifisch, daher nicht über alle Kontexte hinweg allgemein – und sie sind variabel und deshalb über die Zeiten hinweg verschieden.

Nach einem Vorschlag des Philosophen Isaiah Berlin (1909–1997)[3] lassen sich zwei *Hinsichten* unterscheiden, unter denen das mit ‚Freiheit' angesprochene Anerkennungsverhältnis spezifiziert wird. Wenn jemand als frei anerkannt wird, dann wird ihr oder ihm *erstens* eine „Domäne ungehinderten Handelns" zugesprochen und diese negativ ausgewiesen: Jemand ist ‚frei von' Auflagen, Zwang oder Beschränkungen. *Zweitens* wird ihr oder ihm zugesprochen, dass sie oder er aus eigenen Grünen handeln und in ihrem oder seinem Handeln eigene Absichten verfolgen kann: Jemand ist ‚frei für …'. Die negative und die positive Freiheit hatte Berlin als zwei unterschiedliche Freiheitsbegriffe eingeführt. Ihm zufolge stehen sie nicht immer und nicht notwendig in Widerspruch: Die *erste* sichert die Privatsphäre gegenüber staatlichen und gesellschaftlichen Eingriffen, die *zweite* ermöglicht Selbstbestimmung in gesellschaftlichen Zusammenhängen und insbesondere die politische Selbstbestimmung von Bürger*innen in demokratischen Gesellschaften. Berlin sympathisierte mit der ‚Freiheit für …', zog aber – als überzeugter Liberaler – die ‚Freiheit von …' in Situationen vor, in denen die beiden Freiheiten miteinander in Konflikt geraten. Besser als zwei unterschiedliche Freiheitsbegriffe lassen sich negative und positive Freiheit als zwei Aspekte desselben Anerkennungsverhältnisses nehmen: Wird jemandem Freiheit zugesprochen, wird ihr oder ihm eine ‚Domäne ungehinderten Handelns' und zugleich die Möglichkeit zugespro-

---

[3] Vgl. Isaiah BERLIN, Zwei Freiheitsbegriffe, in: Freiheit. Vier Versuche, Frankfurt a. M. 1995, 197–256.

chen, auf ebendieser Domäne eigene Absichten aus eigenen Gründen zu verfolgen. Als ‚Grammatik' desselben Anerkennungsverhältnisses sind ‚frei von ...' und ‚frei für ...' gleichermaßen konstitutiv dafür, mit anderen dieses Verhältnis auszuhandeln. Unterschiedliche Freiheitsbegriffe können dadurch entstehen, dass entweder in die eine oder die andere Richtung argumentiert wird, – aber niemals so, dass der jeweils andere Aspekt übergangen und ignoriert werden könnte.

Analog dazu lässt sich auch ‚Verantwortung' als ein Anerkennungsverhältnis ‚nehmen'. Im Vergleich zu ‚Freiheit' werden mit ‚Verantwortung' *stärker* Ansprüche an diejenigen angesprochen, die in Verantwortung gesetzt werden. Hingegen wird mit ‚Freiheit' *stärker* auf die Ansprüche derjenigen fokussiert, die mit Freiheit ausgestattet werden. Dabei werden auch für ‚Verantwortung' unterschiedliche Aspekte des damit bezeichneten Anerkennungsverhältnisses unterschieden. So wird der Begriff ‚Verantwortung' – in formaler, gleichsam grammatikalischer Hinsicht – als Begriff für eine mehrstellige Relation ausgewiesen:[4] Wird jemandem Verantwortung zugewiesen, dann wird sie oder er *erstens* als ein Subjekt identifiziert, dem – aufgrund ihrer oder seiner Eigenschaften – Verantwortung zugeschrieben werden darf und werden kann. **Zweitens** wird ein Gegenstand identifiziert, der mit ihr oder ihm in einer Verbindung steht, sodass ihr oder ihm dafür eine Verantwortung zugewiesen wird. *Drittens* wird eine Instanz angesprochen, der gegenüber die Verantwortung besteht, sowie das soziale Verhältnis, innerhalb dessen die Verantwortung gegenüber jener Instanz besteht. Davon werden *viertens* die Adressat*innen der Verantwortung unterschieden, d.h. sind die jeweils Betroffenen „der fraglichen Verantwortlichkeit und definier[en] [...] den Grund für das Vorhandensein derselben".[5] Im Gegensatz zu den Subjekten müssen Adressat*innen nicht selbst in der Lage sein, verantwortlich gemacht zu werden bzw. Verantwortung zu übernehmen. Sie müssen auch keine Instanzen sein, gegenüber denen die Verantwortung besteht und die Subjekte zur Verantwortung rufen können. So können als „Grund für das Bestehen einer Verantwortlichkeit [...] sowohl unbelebte wie belebte Wesen dienen und auch Abstrakta wie Normen und Werte – eben all das, welchem wir einen Wert zuschreiben."[6] Bezogen auf die Aus-

---

[4] Vgl. Janina LOH, Strukturen und Relata der Verantwortung, in: Ludger HEIDBRINK/Claus LANGBEHN/Janina LOH (Hg.), Handbuch Verantwortung, Wiesbaden 2017, 35–56.
[5] Ebd., 47.
[6] Ebd.

führungen im letzten Abschnitt dieses Beitrags ist dies wichtig: Weil – in gleichsam grammatikalischer Hinsicht – die Adressat*innen der Verantwortung selbst keine Subjekte der Verantwortung sein müssen, können gegenwärtig lebende Menschen für zukünftig lebende Menschen verantwortlich gemacht werden. Formal gehört *fünftens* zu dem mit ‚Verantwortung' angesprochenen Anerkennungsverhältnis die Legitimation, mit der einem Subjekt Verantwortung zugewiesen wird. Wie die Unterscheidung zwischen negativer und positiver Freiheit ‚stehen' diese fünf Relata der Verantwortung[7] nicht für unterschiedliche Verantwortungsbegriffe. Diese Relata werden unterschiedlich ‚gefüllt', mit ihren unterschiedlichen Bedeutungen unterschiedlich gewichtet und in Verhältnis gesetzt. Dadurch ‚entstehen' verschiedene Verantwortungsbegriffe, mit denen das damit bezeichnete Anerkennungsverhältnis in unterschiedlichen Kontexten und zu unterschiedlichen Zeiten unterschiedlich ausgehandelt wird.

Was mit ‚Freiheit' und ‚Verantwortung' beansprucht ist, wird – mit diesen oder anderen grammatikalischen Restriktionen – sprachlich ausgedrückt. Welche Anerkennungsverhältnisse in bestimmten Kontexten unter diesen Begriffen ‚bestehen', wird über entsprechende Äußerungen ausgehandelt. Dadurch entstehen die Freiheiten und Verantwortlichkeiten, die Menschen in ebendiesen Kontexten zufallen und denen sie sich nicht erwehren können, die sie beanspruchen und erfolgreich durchsetzen, wenigstens aber erfolgreich ansprechen können.

Der liberale Zusammenhang von Freiheit und Verantwortung

In hoher Abstraktion lassen sich liberale Gesellschaften als ein besonderer Kontext für das mit ‚Freiheit' bezeichnete Anerkennungsverhältnisses ausmachen. Für diesen Kontext lässt sich rekonstruieren, was Menschen mit ‚Freiheit' beanspruchen, was ihnen üblicherweise als Freiheiten zugestanden wird und in welche Art von Anerkennungsverhältnis sie unter diesem Namen versetzt werden. In *Das Recht der Freiheit* hat Axel Honneth eine solche Rekonstruktion versucht – und in einer ersten ‚Historischen Vergegenwärtigung' das

---

[7] In der Literatur werden weitere Relata der Verantwortung angesprochen (vgl. ebd., 51–53.), „wobei vier Relata – nämlich Subjekt, Objekt, Instanz und normative Kriterien – als tradierter Kern des Diskurses gelten können." (Ebd., 51.)

Konzept einer reflexiven Freiheit erhoben:[8] Mit ‚Freiheit' nehmen Menschen auf jeweils sich selbst Bezug. Sie sagen aus, dass es ihnen in ihrem Handeln sowie – darüber hinaus – in ihrem Leben um sich selbst geht und dass sie sich dazu in ihrem Handeln und Leben jeweils eigene Zwecke setzen. Sie erheben den Anspruch, in ebendieser Selbstbeziehung von allen anderen anerkannt zu werden und infolgedessen von diesen so behandelt zu werden, dass sie diese Selbstbeziehung realisieren können und dass sie sich in ihrem Handeln und Leben von selbst gesetzten Zwecken leiten lassen können. Dementsprechend wurden liberale Gesellschaften in eine Ordnung ‚versetzt', dass die ihnen angehörenden Menschen in dieser Selbstbeziehung leben können und sie – mehr noch – dazu angehalten werden, in ebendieser Selbstbeziehung zu leben (,frei für …'). Dazu werden ‚Domänen ungehinderten Handelns' geschaffen, sodass sich die Einzelnen in ihrem Handeln und Leben von selbst gesetzten Zwecken leiten lassen können und leiten lassen müssen (,frei von …').

Dementsprechend erheben Menschen in liberalen Gesellschaften typischerweise den Anspruch, eigene Zwecke setzen zu können und sich davon in ihrem Handeln und Leben leiten zu lassen. Für Gewöhnlich sind jene mit diesem Anspruch kommunikativ erfolgreich, – wenigstens insoweit, als die jeweils anderen verstehen, welcher Anspruch erhoben und ihnen gegenüber geltend gemacht werden. Erfolgreich sind die Einzelnen damit nicht zuletzt auch deshalb, weil alle anderen gleichermaßen erfolgreich sind: Man nimmt für sich selbst eine Freiheit in Anspruch, die auch andere für sich in Anspruch nehmen; und man erkennt die Freiheit der jeweils anderen an, so wie diese die jeweils eigene Freiheit anerkennen oder wenigstens anerkennen sollten.

Mithin ist die für liberale Gesellschaften typische Freiheit ein egalitäres Anerkennungsverhältnis. Es ‚macht' die Einzelnen untereinander gleich und versetzt sie in eine ‚Gesellschaft der Gleichen'[9]. Diese Zuschreibung mag vielleicht überraschen: Nicht zuletzt als Folge der wechselseitig zugestandenen Freiheit entstehen in liberalen Gesellschaften ungleiche Lebenslagen, mehr noch: Zum Vollzug dieser Freiheit ‚brauchen' liberale Gesellschaften soziale Ungleichheiten. Zudem werden Ungleichheiten über deren ‚freiheitlichen

---

[8] Vgl. Axel Honneth, Das Recht der Freiheit. Grundriss einer demokratischen Sittlichkeit, Berlin 2011, 58–80. Genau genommen, handelt es sich dabei um eine zweite ‚Historische Vergegenwärtigung', insofern die ‚reflexive Freiheit' die ‚negative Freiheit' ablöst, die Honneth u. a. bei Thomas Hobbes oder bei Jean-Paul Satre ‚entdeckt'.

[9] Pierre Rosanvallon, Die Gesellschaft der Gleichen, Hamburg 2013.

Grundlagen' legitimiert und die gesellschaftlich gepflegte Ungleichheitstoleranz ‚genährt'. In vielen Hinsichten sind die Menschen in liberalen Gesellschaften ungleich. Aber sie sind darin gleich, dass es ihnen in ihrem Leben und Handeln grundlegend um ihre eigenen Zwecke geht und dass sie sich deshalb in ihrem Handeln und Leben von diesen eigenen Zwecken leiten lassen. Im Namen der Freiheit können deswegen nur diejenigen Ansprüche für sich selbst und gegenüber anderen erhoben werden, die – wenigstens grundsätzlich – gleichermaßen für alle anderen gelten und die man selbst anzuerkennen bereit ist. Zwar geht es jeder und jedem dabei immer (auch) um sich selbst – und doch ist ihrer aller Freiheit inhaltlich indifferent, insofern es jeder und jedem dabei gleichermaßen um sich selbst gehen können muss.

Die für liberale Gesellschaften typische, wenn nicht sogar konstitutive Freiheit besteht in einem dialektischen Zusammenhang mit Verantwortung: Freiheit wird jeder und jedem auch deshalb zugestanden, damit jede und jeder für ihr und sein Handeln und Leben verantwortlich gemacht werden kann. Die Freiheit wird ‚gebraucht', um einzelne zu Subjekten der Verantwortung zu ‚machen'. Weil die Verantwortung allgemein – über die gesamte Gesellschaft hinweg – gelten soll, muss auch die Freiheit entsprechend weit gestreut werden. Nur wenn sich jede und jeder in ihrem und seinem Handeln und Leben von eigenen Zwecken leiten lassen kann, kann dieses Handeln und Leben den Einzelnen ‚angerechnet' werden, kann jede und jeder für ihr oder sein Leben und Handeln zur Verantwortung gezogen werden und hat sich gegenüber anderen dafür zu verantworten. Zugleich gilt aber auch: Jemand wird in liberalen Gesellschaften nur dann und in dem Maße für ihr oder sein Handeln oder ihr bzw. sein Leben verantwortlich gemacht, wenn und als sie oder er sich in diesem Leben und Handeln von eigenen Zwecken hat steuern lassen können und daher dieses Leben und Handeln ihr oder ihm als Vollzug ihrer oder seiner Freiheit zugerechnet werden kann. Auch darin befinden sich die Einzelnen in einer ‚Gesellschaften der Gleichen', dass sich alle, die dazugehören, für das eigene Leben und Handeln verantworten können, aber auch verantworten müssen und dass alle nur im Rahmen dieser Verantwortung frei sind.

In ihrer dialektischen Beziehung setzen sich Freiheit und Verantwortung wechselseitig Grenzen: Sich von eigenen Zwecken leiten zu lassen, ist nur dann Vollzug von Freiheit, sofern diese Zwecke und deren praktischer Vollzug gegenüber anderen verantwortet werden können. Hingegen kann man nur dann für das eigene Leben oder

Handeln zur Verantwortung gezogen werden, wenn man sich darin von eigenen Zwecken hat leiten lassen können. Indem sich die beiden Anerkennungsverhältnisse, also Freiheit und Verantwortung, wechselseitig Grenzen setzen, bestehen sie beide innerhalb ‚gemeinsamer' Grenzen. Sie sind gleichsam deckungsgleich. Typischerweise ist man in liberalen Gesellschaften diskursiv erfolglos, eigene Freiheit jenseits dessen zu beanspruchen, was man verantworten kann. Ebenso scheitert man typischerweise darin, andere zur Verantwortung für etwas zu ziehen, was außerhalb ihrer eigenen Zwecksetzung und deren Vollzug liegt.

Für moderne Gesellschaften ist der dialektische Zusammenhang von Freiheit und Verantwortung funktional: Strukturell zeichnen sie sich durch Lücken der Determinationen und damit durch Spielräume der Gestaltung aus – und institutionalisieren diese Spielräume etwa mit der Demokratie in der Politik, der ‚Marktwirtschaft' in der Ökonomie, mit der ‚Freiheit der Kunst' in der Kunst oder der ‚Wissenschaftsfreiheit' in den Wissenschaften. Diese Lücken der Determination ermöglichen, die gesellschaftliche Komplexität zu steigern, – und sie ermöglichen zugleich, die zunehmende Komplexität zu bewältigen. Weil die sozialen Verhältnisse das Handeln und Leben der Menschen nicht eindeutig bestimmen, werden sie zu Adressat*innen von Zurechnungen gemacht: Freie Menschen beschließen jeweils für sich selbst die gesellschaftliche Unbestimmtheit ihres Verhaltens – und sind dafür selbst verantwortlich. Indem sie zur Verantwortung gezogen werden, wird ihr Verhalten erwartbar und eindeutig – und dies macht soziale Ordnung trotz gesellschaftlicher Unbestimmtheit möglich. „Man könnte […] sagen: Für eine sich modernisierende Gesellschaft ist es funktional notwendig, Freiheit mitzudenken, weil sie nicht mehr alles vorherbestimmen kann."[10]

Gerade in ihrem dialektischen Zusammenhang ist der Vollzug von Freiheit und Verantwortung anspruchsvoll und ‚mühsam'. Frei zu sein und sich zu verantworten, ist von äußeren Umständen abhängig und ist auch deshalb gefährdet, also prekär. Deswegen geht es in liberalen Gesellschaften nicht nur darum, Freiheit und Verantwortung in ihrem dialektischen Zusammenhang – u. a. auf dem Wege des Rechts – zu institutionalisieren und so die ‚Gleichverteilung' von Freiheit und Verantwortung zu gewährleisten. Zugleich müssen Freiheit und Verantwortung gegenüber Gefahren und Überforde-

---

[10] Armin NASSEHI, Gesellschaftliche Grundbegriffe. Ein Glossar der öffentlichen Rede, München 2023, 45–67, 51.

rungen abgesichert werden, die zwischen den Menschen nicht gleich ‚verteilt' sind. Dazu wurden meist Formen der kollektiven Absicherung gewählt: Gefahren und Überforderungen werden als ‚objektive Risiken' anerkannt, für deren Eintreten die Einzelnen nicht verantwortlich gemacht werden. Diese Risiken werden abgesichert – entweder durch öffentliche Versicherungen oder durch staatliche Sicherungssysteme. Als verantwortlich gilt es, sich auf deren Absicherung zu verlassen, sie durch eigene Beiträge oder Steuerzahlungen zu unterstützen und sie bei Eintreten von Gefahren oder Überforderungen in Anspruch zu nehmen. Eine solche Absicherung ist – faktisch – ein solidarisches Unternehmen: Alle, die von bestimmten Risiken potenziell betroffen sind, tragen zur Absicherung der gleichermaßen Betroffenen bei und ermöglichen so die Bewältigung der Risiken, die sich immer nur bei einem Teil der Betroffenen einstellen. In ‚Versicherungs-Gesellschaften'[11] werden die dialektisch verbundenen Ansprüche von Freiheit und Verantwortung mit denen auf Sicherheit und Solidarität verbunden: Sicherheit wird zur Bedingung von Freiheit und Solidarität zu einem Vollzug von Verantwortung.[12]

Gehorsam gegenüber Gott

Die reflexive Freiheit mit ihrer dialektischen Verknüpfung zur Verantwortung kam nicht ‚plötzlich' über die liberalen Gesellschaften. Als ‚Idee' hat sie Wurzeln bis in die griechische Philosophie – und mithin mehr oder weniger prominente Vordenker in der Antike und in dem „langen Jahrtausend, das kein Mittelalter war"[13]. In liberalen Gesellschaften wurde diese Freiheit also nicht neu ‚erfunden'; vielmehr wurde sie als bestimmte Weise, Freiheit zu denken, hegemonial – und dadurch für liberale Gesellschaften konstitutiv, wenigstens aber typisch. Dazu mussten opponierende Vorstellungen von Freiheit und Verantwortung wenigstens insoweit zurückgewiesen werden, als diese in öffentlicher Kommunikation nicht sinnvoll vorgetragen, geschweige denn in sozialen Beziehungen ausgehandelt werden können. Ein ‚Opfer' dieser liberalen Hegemonie war das Gehorsamsmodell von Verantwortung und Freiheit, wie es in religiösen

---

[11] François EWALD, Die Versicherungs-Gesellschaft, in: Kritische Justiz 22 (1989), 385–393.

[12] Pierre ROSANVALLON, Die Prüfungen des Lebens, Hamburg 2022, 138–143.

[13] Andreas SPEER, 1000 Jahre Philosophie. Ein anderer Blick auf die Philosophie des ‚Mittelalters', Paderborn 2023, 75.

Sinnwelten typischerweise vorkommt – und aufgrund der gesellschaftlichen Ausdifferenzierung auch heutzutage innerhalb von Religionen diskursiv ‚bestehen' kann.

Wenigstens einige der mit ‚Religion' identifizierten Sinnwelten bestehen im Gegenüber zu einem – manchmal auch einzigen – Gott. In der Bezugnahme auf Gott werden diese Welten als komplexe, Zeit und Raum überspannende Ganzheiten ‚erschaffen'. All ihre Teile und deren unterschiedliche Zusammenhänge erhalten ihre Bedeutung in ebendieser Bezugnahme. In diesen Sinnwelten wurden und werden Menschen, wurden und werden vor allem die diesen Welten ausdrücklich angehörenden ‚Gläubigen' – typischerweise – in die Verantwortung gegenüber Gott ‚gerufen'. Gott wird als Instanz gesetzt, vor der sich die Menschen bzw. die ‚Gläubigen' zu verantworten haben. Ihrer Verantwortung genügen sie im Gehorsam gegenüber dem ‚Willen' oder dem ‚Gesetz' Gottes. Dieses Gehorsamsmodell der Verantwortung hat jüngst der Philosoph Christoph Menke mit großer Sympathie rekonstruiert – und dabei den Freiheitsbezug dieses Gehorsams herausgestellt. In seiner ‚Theorie der Befreiung' sucht Menke dem prekären Zusammenhang von Befreiung und Herrschaft zu entkommen, dass jede Befreiung immer auch Herrschaft legitimiert und Herrschaft vorbereitet. Im Gehorsam gegenüber Gott findet er eine passende „Idee der radikalen Befreiung"[14] – radikal darin, dass „sie [...] hinter unsere Gewohnheiten des Bestimmens zu der Erfahrung zurückführ[t][...], in der sich uns etwas Unbestimmtes zeigt und fasziniert".[15] Das Gehorsamsmodell erkundet Menke über die biblische Exodus-Erzählung, genauer: über die Geschichte der Berufung von Mose. An dieser Stelle soll weder Menkes Exegese noch deren Auswertung für seine ‚Theorie der Befreiung' kritisch diskutiert werden. Seine Rekonstruktion des religiösen Gehorsams als radikale Befreiung soll stattdessen als Bestätigung gelesen werden, dass und wie Freiheit und Verantwortung religiös gedacht und kritisiert wurde.

Die Geschichte von Moses' Berufung beginnt, so Menkes Exegese, damit, dass Gott Mose anredet. Diese Anrede ist von imperativer Kraft. In seiner Antwort fügt sich Mose dem ihn anredenden Gott. Die Konstellation zeichnet Menke asymmetrisch: Gott ist der Anredende und darin der Befehlende, Mose der Antwortende und darin Gehorsame. Gottes Anrede und der darin liegende Befehl hat, so Menke,

---

[14] Christoph MENKE, Theorie der Befreiung, Berlin 2022, 15.
[15] Ebd.

keinen Inhalt, sondern ist Gott selbst. Er verlangt nicht, etwas gehorsam zu tun, sondern verlangt ‚reinen Gehorsam'. Entsprechend hört Mose nicht etwas, sondern tritt, indem er hört, „in die Beziehung des unbedingten, reinen Gehorsams"[16]. Er wird befreit, so er – sich dem Befehl Gottes fügend – aufhört, der zu sein, der er bisher war, und aufhört, so zu tun, wie er bisher getan hat. „Der Ruf Gottes beendet, dass Mose ein Ägypter ist und damit unter einem Gesetz steht"[17]. In seinem Gehorsam gegenüber Gott stellt er sich unter das Gebot Gottes, das aber „ungesetzlich, ja antigesetzlich"[18] ist: Gott adressiert nicht allgemein, sondern spricht Mose im Singular an. Gott befiehlt nicht eine konkrete Handlungsweise, sondern befiehlt „reinen, bloßen Befehl".[19] Zudem befiehlt Gott nicht aufgrund seiner Herrschaft, sondern befiehlt von jenseits aller Herrschaft. „Gottes Befehl repräsentiert keine Ordnung, auch nicht die gerechte, sittliche Ordnung. Sein Gebot steht über jeder Ordnung. Die Befreiung von der Herrschaft Ägyptens ist die Unterwerfung unter eine höhere oder größere Macht."[20]

Den religiösen Gehorsam verteidigt Menke gegenüber der Religionskritik der Aufklärung, vertreten etwa durch Baruch de Spinoza (1632–1677). In dessen ‚Theologisch-politischen Traktat' (1670) wurde der Gehorsam gegen Gott als Gegenstück zu Freiheit kritisiert – und religiöser Glauben nur insofern goutiert, als er Vehikel auf dem Weg zur Freiheit ist. Widersprochen wurde und wird dieser Religionskritik *erstens* im Namen der Autorität Gottes. Dabei wurde und wird, so Menke, die Opposition von Gehorsam und Freiheit bestätigt, wie sie in der Religionskritik behauptet wurde. Menke sucht – im Rückgriff auf eine *zweite* Kritik der Religionskritik – diese Opposition ‚auszuhebeln': Der Gehorsam gegenüber Gott ist Vollzug von Freiheit und der Befehl Gottes ist Anruf ebendieser Freiheit. So widerspricht man nicht nur der aufgeklärten Religionskritik. Zugleich übt man Kritik an deren Verständnis von Freiheit: *Einzig* im Gehorsam gegen Gott wird die Freiheit vollzogen, die von Gott kommt. Mithin ist der Gehorsam gegen Gott die ‚wahre Freiheit'. Demgegenüber ist die Freiheit der aufgeklärten Religionskritik ‚falsch'. Sie kommt aus den Subjekten selbst und bleibt in deren Gewohnheiten und Selbstverständlichkeiten gefangen – und dies zumal dann, wenn diese Ge-

---

[16] Ebd., 370.
[17] Ebd., 384.
[18] Ebd., 388.
[19] Ebd., 392.
[20] Ebd., 395.

wohnheiten und Selbstverständlichkeiten als Wahrheiten vernünftigen Erkennens behauptet werden. Da sie grundlegend auf der Selbstbeziehung der Menschen gründet, ist die liberale Freiheit, von der im letzten Abschnitt die Rede war, eine Bindung an das eigene Selbst – und darin *keine* Freiheit. Mit der ‚wahren Freiheit' wird im religiösen Gehorsam zugleich der ‚wahre Gott' bekannt: „Der wahre Gott ist nicht der Garant der Ordnung, der wahre Gott ist der Befreier."[21] Mit seiner Verteidigung des religiösen Gehorsams hält sich Menke an jüdische Philosophen, vor allem an Franz Rosenzweig (1886–1929). In der Kritik der liberalen Freiheit wurde und wird die ‚wahre Freiheit' auch im Christentum und Islam behauptet. So schrieb etwa Papst Johannes Paul II. (1920–2005) in seiner Enzyklika *Veritatis splendor* (1993) davon, dass „der Mensch [...] seine Berufung zur Freiheit im Gehorsam gegenüber dem göttlichen Gesetz" (Nr. 83) und darin die „wahre Freiheit des Menschen" (Nr. 45) vollzieht.

Wie die von Menke referierte Religionskritik zeigt, wurde die liberale Freiheit in der Kritik am religiösen Gehorsam profiliert – und auch auf diesem Wege in liberalen Gesellschaften hegemonial. Trotz aller Versuche, den religiösen Gehorsam als die ‚wahre Freiheit' zu verteidigen und gegenüber der liberalen Freiheit hervorzuheben, erscheint dieser nunmehr als ein ‚zu wenig' an Freiheit, wenn nicht als deren Gegenstück. Außerhalb der Religionen und ihrer partikularen Sinnwelten lässt sich weder die Autorität Gottes noch die im Gegenüber zu Gott vorgestellte Selbstlosigkeit, geschweige denn die darauf abzielende ‚wahre Freiheit' plausibilisieren – und ‚innerhalb' der Religionen auch nur insoweit, als die dort geteilten Sinnwelten nicht von der ‚außerhalb' hegemonialen Freiheitsidee ‚infiziert' werden. Unter der Hegemonie liberaler Freiheit wird auch von Glaubenden erwartet, dass sie sich von eigenen Zwecken – und dies aus eigenen Gründen – bestimmen, – und d. h. eben auch, dass sie in ihrem Handeln und Leben *frei von* den ihnen äußerlichen Gesetzen oder den ihnen fremden Willen Gottes sind und *für* eigene Zwecke aus eigenen Gründen zu handeln und zu leben. Weil mit der falschen ‚Instanz', nämlich mit Gott versehen, erscheint der religiöse Gehorsam zudem als verantwortungslos – wenigstens dann, wenn er nicht in eine Verantwortung gegenüber anderen in einer gemeinsamen sozialen Welt ‚übersetzt' werden kann. Wegen dieses Mangels an Freiheit und Verantwortung wurde der religiöse Gehorsam zunächst einmal delegitimiert.

---

[21] Ebd., 381.

Weil aber inhaltlich indifferent, kann die liberale Freiheit auch für den religiösen Gehorsam in Anspruch genommen und als Vollzug einer selbstbestimmten Selbstbeziehung ausgegeben werden. ‚Gläubige', die sich auf dieser Spur Gottes Willen oder Gesetz unterwerfen, tun dies aus ‚freien Stücken' und d. h. auch aus eigenen Gründen. Sie haben sich für Gott ‚entschieden' und darin sich bestimmt. Indem sie sich aus ‚freien Stücken' und aus eigenen Gründen Gottes Willen und Gesetzen ‚unterwerfen', treten sie für *ihren* Gehorsam in Verantwortung ein – und damit auch für den Willen und die Gesetze, dem bzw. denen sie sich unterwerfen. So kommt der religiöse Gehorsam unter die ‚Fittiche' der liberalen Freiheit – und wird dadurch ‚deformiert': Was von den ‚Gläubigen' als ‚bedingungsloser und reiner Gehorsam' gemeint ist, wird von anderen als Vollzug eigener Zwecksetzung verstanden – und folglich nicht als selbstloser Gehorsam und schon gar nicht als einzig ‚wahre Freiheit' anerkannt. Folglich lässt sich unter der Hegemonie liberaler Freiheit der Gehorsam gegenüber Gott nicht mehr kommandieren. Allenfalls kann man anderen diesen Gehorsam mit der Aussicht auf ihre ‚wahre Freiheit' empfehlen. Aber mit dieser Empfehlung verliert der empfohlene Gehorsam die Selbstlosigkeit, die die ‚wahre Freiheit' ausmachen soll.

Neoliberale Verantwortungslosigkeit

Die religiöse Kritik der liberalen Freiheit war defensiver Natur – und galt der Verteidigung des religiösen Gehorsams. In ihrem defensiven Ziel, auch in der Polemik gegen die liberale Freiheit war die ‚wahre Freiheit' des religiösen Gehorsams allenfalls in religiösen Milieus, nicht aber in den liberalen Gesellschaften wirksam. Ganz anders der *neoliberale* Angriff auf die liberale Freiheit und auf den dialektischen Zusammenhang von Freiheit und Verantwortung am Ende des vergangenen und zu Beginn dieses Jahrhunderts. Auch dieser Angriff wurde – mit großer Emphase – im Namen der ‚wahren Freiheit' geführt. Im Unterschied zur ‚wahren Freiheit' des religiösen Gehorsams wurde die neoliberale Freiheit gesellschaftlich wirksam – und ist dies nachwirkend bis heute.

‚Neoliberalismus' steht für eine bestimmte Denkschule der Wirtschaftstheorie. Ähnlich wie einst die klassische Politische Ökonomie betreibt man unter diesem Namen mehr als eine Wirtschaftstheorie. Im Neoliberalismus ‚hat' man eine umfassende Sozialtheorie und darüber hinaus – darin anders als die Politische Ökonomie – eine

Weltanschauung, also eine holistische Deutung der Welt. Zugleich steht ‚Neoliberalismus' für eine Strategie und eine Bewegung, die neoliberale Weltanschauung mit ihrer eingebauten Wirtschaftstheorie weltweit hegemonial zu machen. Als globale Bewegung war der Neoliberalismus zunächst – und über Jahrzehnte hinweg – erfolglos. Doch nach einem ‚langen Marsch durch die Institutionen', hartnäckigem Netzwerken, dem Vor- und Gegendenken von Think-Tanks, unermüdlicher Beratung von Regierungen und globalen Institutionen sowie finanzstarker Propaganda wurde der Neoliberalismus – spätestens mit den Regierungen von Margaret Thatcher (1925–2013) und von Ronald Reagan (1911–2004), also seit den 1980er Jahren – weltweit hegemonial, wenngleich niemals in Reinform, sondern immer nur als Beimischung zu anderen Sozialtheorien und Weltdeutungen.

Ein zentraler ‚Glaubenssatz' des Neoliberalismus' lautet, dass Freiheit immer die Freiheit einzelner Menschen ist – und diese Freiheit vollständig auf ‚dem Markt' stattfindet, auf dem einzelne ihre Präferenzen mithilfe ihrer Kaufkraft realisieren. Als ‚natürlicher Feind' dieser Freiheit wird der Staat ausgemacht, der deswegen auf das unbedingt Notwendige zurückgedrängt werden muss. „Der Markt schafft Freiheit, der Staat nimmt sie."[22] Notwendig ist der Staat vor allem dazu da, den Markt als Ort der Freiheit gegen äußere und innere Feinde abzusichern. Als besonders gefährlich gilt ein besonderer ‚innerer Feind': Der Sozialismus. Mit seinen unhaltbaren Versprechen nach ‚sozialer Gerechtigkeit' ist er allzeit und überall attraktiv – und steht immer kurz davor, den Staat zu übernehmen, darüber die Gesellschaft zu ‚beherrschen', den Markt auszuhebeln und Freiheit zu vernichten. Die polare Opposition zum Sozialismus ist für den Neoliberalismus konstitutiv.

Im Neoliberalismus wird Freiheit stark in die Richtung der negativen Freiheit gedacht. ‚Positiv' ist diese Freiheit nur darin, dass es den Einzelnen um ihre jeweiligen individuellen Präferenzen geht, die sie realisieren *wollen*. Diese Freiheit vollzieht sich auf den Märkten als ein einseitiges Anerkennungsverhältnis: Dort sind – so die neoliberale Wirtschaftstheorie – einzig die Konsument*innen frei; und einzig dort sind sie vollständig frei. Mit ihrer Kaufkraft setzen sie ihre Präferenzen durch – und zwar dadurch, dass sie diese den Anbieter*innen und Produzent*innen auferlegen können. „Welcher Art die

---

[22] Philipp Lepenies, Verbot und Verzicht. Politik aus dem Geiste des Unterlassens, Berlin 2022, 19.

Dinge sind, die sich der Verbraucher wünscht, kümmert [...] Unternehmer und Kapitalisten nicht. Sie sind nur die gehorsamen Diener des Verbrauchers und vollstrecken ohne Widerrede seine Befehle."[23] Die Freiheit der Konsument*innen hat also den ‚Gehorsam' der Anbieter*innen und Produzent*innen als notwendiges Gegenstück. Ähnlich wie die ‚wahre Freiheit' im religiösen Gehorsam wird Freiheit im Neoliberalismus als ein asymmetrisches Anerkennungsverhältnis konzipiert. Die Konsument*innen stehen in der Position, die beim religiösen Gehorsam Gott innehat, – mit zwei wesentlichen Unterschieden: *Erstens* stehen in dieser gottgleichen Position alle Konsument*innen (angeblich) gleichermaßen, sodass viele Götter auf den Märkten gleichermaßen wirkmächtig sind und sich gegenseitig ‚in Schach halten'. Mithin besteht in der neoliberalen Idealwelt kein ‚Monotheismus'. *Zweitens* geht es den einzelnen Konsument*innen um ihre jeweiligen Präferenzen; ihr jeweiliger Eigennutz wird zum ‚Befehl' für die ‚Unternehmer*innen und Kapitalist*innen'. Diese unterwerfen sich einem fremden Eigennutz, sodass ihr ‚Gehorsam' – so die neoliberale ‚Legende' – pure Unfreiheit ist und nicht zur ‚wahren Freiheit' umgedeutet wird. Die neoliberale Sozialtheorie erfreut sich – gleichsam als polemische Antwort auf die sozialistische Kapitalismuskritik – an der Unfreiheit der ‚Kapitalist*innen'.

Im Unterschied zur liberalen Freiheit ist die im Neoliberalismus projektierte Freiheit der Konsument*innen nicht ‚reflexiv': In der Nachfrage realisieren Konsument*innen ihre Präferenzen, nicht aber eigene Absichten aus eigenen Gründen. Es kann sein, dass einzelne Präferenzen in reflexiver Beziehung auf sich selbst ‚haben'; dies ist aber weder Bedingung noch Ziel dessen, was im Neoliberalismus Freiheit genannt wird. Dass man Präferenzen ‚hat', genügt dafür, dass deren Realisierung als Freiheit gilt. Damit wird die Freiheit aus ihrer dialektischen Verbindung mit der Verantwortung gelöst.

> „Wer es für schädlich hält, Alkohol und Nikotin zu genießen, der lasse es bleiben. Wenn er will, mag er auch trachten, seine Mitmenschen zu seiner Anschauung und Enthaltsamkeit zu bringen. Seine Mitmenschen gegen ihren Willen zum Verzicht auf Alkohol und Nikotin zu zwingen, vermag er in der kapitalistischen Gesellschaftsordnung, deren tiefster Grundzug Selbstbestimmung und Selbstverantwortung eines jeden Einzelnen ist, freilich nicht. Wer es bedauert, daß er andere

---

[23] Ludwig Mises, Die Gemeinwirtschaft. Untersuchungen über den Sozialismus, Jena ²1932, 414–415.

nicht nach seinen Wünschen lenken kann, der bedenke, daß andererseits auch er selbst davor gesichert wird, den Befehlen anderer Folge leisten zu müssen."[24]

Konsument*innen sind frei, wenn sie ohne eigene Gründe Präferenzen ‚haben' und realisieren können, weswegen sie an Freiheit verlieren würden, wenn sie ihre Nachfrage und damit ihre Präferenzen gegenüber anderen verantworten und d. h. – als minimale Forderung der Verantwortung – diese mit eigenen Gründen gegenüber anderen vertreten müssten. Die Pointe der im Neoliberalismus beworbenen Freiheit liegt also in deren Verantwortungslosigkeit. Damit wird nicht nur der für liberale Gesellschaften typische Zusammenhang von Freiheit und Verantwortung bestritten. Jeder Versuch, die Konsument*innen unter irgendeine Form der Verantwortung zu setzen, wird als Angriff auf deren Freiheit gesehen, im Zweifel als ‚Sozialismus' skandalisiert – und auf jeden Fall abgelehnt.

Abgekoppelt von einer verantwortungslosen Freiheit ‚verkommt' die Verantwortung zur Eigenverantwortung. Diese betrifft die Einzelnen außerhalb der Märkte – und somit nicht ihre Nachfrage als Konsument*innen. Mit ‚Eigenverantwortung' werden die Einzelnen gehalten, so zu leben und zu handeln, dass sie anderen nicht zur Last fallen und diese nicht in Verantwortung setzen, dass sie ihr Leben führen können. Eigenverantwortung besteht also darin, andere nicht für das eigene Handeln und Leben verantwortlich zu machen und dadurch im Vollzug ihrer Freiheit zu beschränken. Mit der Idee der ‚Eigenverantwortung' wurde die ‚Versicherungs-Gesellschaft' aufgekündigt und die vierstellige Verbindung von Freiheit, Verantwortung, Sicherheit und Solidarität aufgelöst. Typische Gefahren und Überforderungen, die in liberalen Gesellschaften als Risiken in eine gemeinsame, solidarische Verantwortung genommen wurden, wurden zu Folgen individuellen Handelns umgedeutet – und deswegen in die Verantwortung derer gelegt, deren Handeln diese Folgen hat oder potenziell diese Folgen haben kann.

Weil alle anderen jeweils für sich selbst verantwortlich gemacht werden, ist es jeder und jedem gestattet, „für das Versagen der anderen nicht verantwortlich"[25] zu sein. Zugleich kann jeder und jede „die anderen für […] wahrgenommene Dysfunktionen verantwort-

---

[24] Ebd., 415.
[25] Cynthia FLEURY, Hier liegt Bitterkeit begraben. Über Ressentiments und ihre Heilung, Berlin 2023, 38.

lich [...] machen"[26]. In der neoliberalen Welt will und muss die und der Einzelne „kollektive Verantwortung nicht mehr übernehmen, betrachtet gleichzeitig aber jedes Mal, wenn [ihr oder] ihm die Möglichkeit gegeben wird, eine individuelle Verantwortung zu übernehmen, dies als eine verdeckte kollektive Verantwortung",[27] – und die gilt es unbedingt abzuwehren. Geraten einzelne in Notsituationen, in denen sie zu dieser Eigenverantwortung nicht mehr fähig sind und deshalb der Unterstützung bedürfen, dann stehen sie insoweit noch in Eigenverantwortung, als sie alles ihnen Mögliche zu unternehmen haben, um aus ihrer Notlage herauszutreten und sich baldmöglichst in die Lage zu bringen, Eigenverantwortung zu übernehmen. Solange sie in einer solchen Notsituation ‚stecken', steht es den Einzelnen nicht frei, ihren Präferenzen zu folgen. Ihnen ist es nicht gestattet, andere in Dienst zu nehmen und dadurch eigene Präferenzen zu realisieren. In der Erwartung, dass sie alles unternehmen, um anderen nicht mehr zur Last zu fallen, werden sie deren Zwecken und damit ihnen fremden Zwecken unterstellt. Ihre verlorene Freiheit müssen sie sich neu ‚verdienen' – und zwar vor allem dadurch, dass sie anderen nicht mehr zur Last fallen.

Was im liberalen Denken in einem dialektischen Zusammenhang steht, wurde im Neoliberalismus zu Antipoden: Die ‚wahre Freiheit' ist verantwortungslos; und, die ‚Eigenverantwortung' jenseits der Märkte ist unfrei. Weniger als Wirtschaftstheorie, dafür umso mehr als Sozialutopie der verantwortungslosen Freiheit und der unfreien Eigenverantwortung war der Neoliberalismus Ende des vergangenen und zu Beginn dieses Jahrhunderts erfolgreich – und wurde in den liberalen Gesellschaften hegemonial, wenngleich selten in Reinform, zumeist als Beimischung zu etablierten Sozialtheorien und Weltanschauungen. Bis in die Gegenwart hinein prägt die neoliberale Sozialutopie, was man als ‚Freiheit' und ‚Verantwortung' denken ‚darf' bzw. erfolgreich kommunizieren kann, sowie die Ansprüche, die man als Freiheit erheben kann und mit denen man zur Verantwortung gerufen wird.

---

[26] Ebd.
[27] Ebd.

Politik und antipolitische Politik

Kehren wir zur liberalen Freiheit vor ihrer neoliberalen ‚Verwüstung' zurück. Nach einem allgemeinen Vorurteil findet sie vor allem oder sogar ausschließlich in der Privatsphäre vereinzelter Menschen statt: Dort, wo niemand anderer und schon gar nicht ‚der Staat' hineinregieren kann, dort bestehen die ‚Domänen ungehinderten Handelns'. Treten die Einzelnen nach außen, verlassen sie ihre Domäne; dementsprechend ist ihre Freiheit dort zumindest bedroht. So hatte sich etwa Georg Wilhelm Friedrich Hegel in seiner Rechtsphilosophie vorgestellt, dass die im Privaten freien Menschen nach außen nur dann frei bleiben, wenn sie ihre Gemeinsamkeit mit jeweils anderen in Verträgen aus freien Stücken vereinbaren. Demgegenüber erscheinen alle Formen nicht kontraktueller Gemeinsamkeit als Eingriffe in die ‚Domäne ungehinderten Handelns' – und damit als Verlust an Freiheit.

Sonderlich realistisch ist diese Vorstellung nicht – und dies bereits nicht für die Privatsphäre: Belebt wird dieser gegenüber äußerer Einsicht- und Einflussnahme geschützte Bereich für Gewöhnlich nicht von einsamen Menschen, sondern von Menschen in Gemeinschaft, d.h. in nicht kontraktuellen Beziehungen. Um ihre jeweilige Gemeinschaft leben zu können, sind die Einzelnen an dem Schutz vor Einsicht- und Einflussname interessiert. Die ‚Domäne ungehinderten Handelns' wird also für Gewöhnlich gemeinschaftlich bespielt, weswegen die dort stattfindende Freiheit in zweifacher Weise ‚kommunalistisch'[28] verfasst ist: *Einerseits* ermöglicht die Gemeinschaft ‚ungehindertes Handelns' und dessen Ressourcen. *Andererseits* muss die Freiheit gemeinschaftlich – d.h. nicht auf dem Wege des Vertrags – vollzogen werden, damit so etwas wie individuelle Freiheit für all diejenigen bestehen kann, die in Gemeinschaft miteinander leben.

Ein anderer Ort ‚kommunalistisch' verfasster Freiheit ist die Politik – ebenso typisch für liberale Gesellschaften wie die der Politik gegenüberstehende Privatsphäre. Die antike Idee aus den griechischen Stadtsiedlungen (‚poleis') aufgreifend, wurde – in liberalen Gesellschaften – die Möglichkeit geschaffen, über gemeinsame Angelegenheiten zu streiten und auf diesem Wege Gemeinsamkeiten auszuhandeln. Für den Interessen- und Meinungsstreit wurden

---

[28] Vgl. Albrecht WELLMER, Freiheitsmodelle in der modernen Welt, in: Endspiele. Die unversöhnliche Moderne: Essays und Vorträge, Frankfurt a.M. 1993, 15–53.

Räume und Zeiten geschaffen – und die Räume mit ‚Spielregeln' versehen, wie der Meinungs- und Interessenstreit dort geführt werden soll, sodass auf diesem Wege die gemeinsamen Angelegenheiten beschieden werden können. ‚Politik' bezeichnet sowohl die Praxis, mit anderen – nach gemeinsamen ‚Spielregeln' – gemeinsame Angelegenheiten zu verhandeln, als auch die Bereiche, auf denen diese Praxis nach mehr oder weniger festgelegten ‚Spielregeln' stattfindet und die die Menschen – u. a. aus ihrer Privatsphäre heraus – betreten, die Politik ‚machen' wollen. Indem sie Politik ‚machen', übernehmen Menschen Verantwortung für ihre gemeinsamen Angelegenheiten – und zwar so, dass sie die Verantwortung *miteinander* übernehmen. Als die Subjekte der Verantwortung sind sie zugleich die Instanzen, denen gegenüber sie sich zu verantworten haben. Gegenüber den jeweils anderen rechtfertigen sie ihre Meinungen und Interessen – und prüfen und beurteilen die von anderen vorgelegten Rechtfertigungen.

Politik ist keine ‚Domäne ungehinderten Handelns'. Dennoch verlieren Menschen, die Politik ‚machen', sich ‚Spielregeln' unterwerfen, der Einflussnahme anderer aussetzen und sich gegenüber anderen rechtfertigen (müssen), dadurch nicht ihre Freiheit. Im Gegenteil: Indem sie Politik ‚machen', vollziehen sie eine Freiheit, die sie nur auf diesem Wege und miteinander haben können. In negativer Hinsicht sind sie frei, so sie nicht gezwungen sind, Politik, geschweige denn: eine bestimmte Politik zu ‚machen', – und *können* deswegen Politik aus eigenem Antrieb und eigene Gründen betreiben, können eigene Interessen und Meinungen vertreten. In diese Freiheit setzen sie sich wechselseitig. Denn sie ‚haben' den intendierten Interessen- und Meinungsstreit nur dann, wenn sie sich wechselseitig in die Freiheit setzen, eigene Interessen und eigene Meinungen haben und vertreten können. Wer Politik ‚macht', vollzieht die ihr oder ihm zugestandene Freiheit – und setzt zugleich die jeweils anderen in die gleiche Freiheit. So ‚eröffnen' sie einander die Möglichkeit, Politik zu ‚machen' und dadurch die Freiheit zu vollziehen, die sie nur gemeinsam und nur über ihr miteinander handeln in Politik ‚haben' können.

Im politischen Meinungs- und Interessenstreit ‚machen' sich Menschen gegenseitig verantwortlich, ihre jeweiligen Interessen und Meinungen gut, d.h. mit guten Gründen zu vertreten – und die Gründe der anderen für deren Interessen und Meinungen ernsthaft zu prüfen. Indem sie sich wechselseitig zugleich in Freiheit setzen und verantwortlich machen, ‚machen' sie sich gleich – und dies angesichts ihrer unterschiedlichen Meinungen und Interessen. Politik ‚unter Gleichen' erfüllt sich aber nur dann und nur insoweit, wenn und als die Beteiligten bemüht sind, die anderen zu überzeugen, und prinzipiell bereit, sich von anderen überzeugen zu lassen. Sie wird hingegen beeinträchtigt, sobald andere Wege gesucht und andere Ressourcen genutzt werden, um eigene Meinungen und Interessen durchzusetzen. Die ‚in' der Politik geltenden ‚Spielregeln' sollen dies verhindern.

Indem sich die Einzelnen wechselseitig in Freiheit setzen und zur Verantwortung ziehen, irritieren sie einander in ihren Selbstverständlichkeiten, provozieren sich wechselseitig, stellen eigene Routinen und Gewohnheiten, auch eigene Meinungen und Interessen infrage und regen dazu an, neue Antworten auf gemeinsame Probleme zu finden, die eigenen Interessen und Meinungen zu modifizieren. So wird eine Kreativität freigesetzt, die sie als einzelne nicht erreichen könnten. In dieser Kreativität befreien sie aber nicht nur von eigenen Gewohnten und Selbstverständlichkeiten. Zugleich machen sie ihre gemeinsamen Angelegenheiten kontingent – und befreien diese aus der Übermacht der Vergangenheit und der sie umgebenden Welt. Gemeinsam erweitern sie die ‚Domäne ungehinderten Handelns' – und damit ihrer gemeinsamen Freiheit. Zu den für die liberale Freiheit ‚eingesammelten' Begriffen tritt daher neben Freiheit und Verantwortung sowie Sicherheit und Solidarität nunmehr auch Kreativität. Darauf hatte Hannah Arendt ihre politische Theorie fokussiert: In politischen Auseinandersetzungen realisieren Menschen eine ihnen gemeinsame Kreativität und ‚machen' sie darin gemeinsam frei.[29]

Um Politik zu einem solchen Ort kollektiv vollzogener Freiheit und Verantwortung werden zu lassen, musste man sie vor Menschen schützen, die gegenüber ihrem Gott, dessen Willen oder Gesetz gehorsam sind. Ob Gott nun voluntaristisch oder normativ gedacht wurde; weder der Willen Gottes noch dessen Gesetz taugt in politischen Auseinandersetzungen zur Rechtfertigung von Interessen und Meinungen. Mehr noch: Wird politisch Gottes Willen oder Gesetz vertreten und wird dies zudem mit Gottes Autorität oder dessen

---

[29] Vgl. Hannah Arendt, Der Sinn von Politik, in: dies., Was ist Politik? Fragmente aus dem Nachlaß [1993], München/Zürich 2007, 35–80, Dies., Vita activa oder vom tätigen Leben [1960], München/Zürich 2007, 33–97. Vgl. zu Hannah Arendts Politischer Theorie etwa Thorsten Bonacker, Die politische Theorie des freiheitlichen Republikanismus: Hannah Arendt, in: André Brodocz/Gary S. Schaal (Hg.), Politische Theorien der Gegenwart. Eine Einführung, Bd. 1, Opladen [4]2016, 183–223.

‚Anrede' gerechtfertigt, wird die Rechtfertigung verweigert, die aber wesentlich Politik ‚ausmacht'. Gehorsamkeit gegenüber Gott ist demnach grundsätzlich antipolitisch – und für Politik wenigstens dann destruktiv, wenn es mehr als wenige nur Exoten sind, die in politischen Auseinandersetzungen derart antipolitisch unterwegs sind.

Gehorsam gegenüber Gott ist auch darin antipolitisch, als er mit starker Gewissheit und großem Eifer betrieben werden muss, um Gehorsam zu sein – und gerade darin die Offenheit verschließt, mit der in politischen Auseinandersetzungen Gemeinsamkeiten entdeckt und erzeugt werden können. Politik wird in einem grundsätzlich anderen ‚Geist' betrieben als dem des Gehorsams gegenüber Gott. Dessen anderer ‚Geist' ist für Politik wenigstens dann destruktiv, wenn mehr als wenige in Gehorsam gegenüber Gott und deshalb mit starken Wahrheiten die politischen Auseinandersetzungen anheizen und sich in leidenschaftliche Oppositionen unterschiedlicher Wahrheiten verschließen.

Wenngleich Politik kein sinnvoller Ort für religiösen Gehorsam ist, wurde dieser – weil zur Auseinandersetzung über gemeinsame Angelegenheiten geschaffen – dennoch zu einem attraktiven Ort für all diejenigen, die nicht nur die jeweils eigenen Angelegenheiten, sondern auch die mit allen anderen gemeinsamen Angelegenheiten nach dem Willen oder dem Gesetz Gottes gestalten ‚müssen'. Durch Gottes Willen oder Gesetz verpflichtet, sind sie auch verpflichtet, Gottes Willen oder Gesetz in der gemeinsam mit anderen geteilten Welt zur Geltung zu bringen und daher dort durchzusetzen, wo die gemeinsamen Angelegenheiten beraten und entschieden werden, – mithin politisch durchzusetzen. Indem sie in der Politik gehorsam für Gottes Willen und Gesetz streiten, ‚machen' sie Politik zu einer ‚Kampfarena' und damit zu einer dissoziativen Veranstaltung. So aber verunmöglichen sie den kommunalistischen Vollzug von Freiheit und Verantwortung, nach der Politik der liberalen Idee nach betrieben werden sollte.

In der neoliberalen Sozialtheorie wurde nicht nur die dialektische Einheit von Freiheit und Verantwortung aufgebrochen, sondern auch deren kommunalistischen Vollzug bestritten: Freiheit ist immer der ‚Besitz' von Einzelnen – und dieser ‚Besitz' realisiert sich nur dort, wo sich die Einzelnen vollständig und ungestört ausleben können und wo sie zu keiner anderen Gemeinsamkeit gezwungen sind als zu Verträgen im eigenen Interesse. Dass Freiheit mit anderen vollzogen und geradeso ‚vermehrt' wird, erscheint als sozialistischer Unfug –

und als ‚Lüge' über den Freiheitsverlust, der in allen nicht kontraktuellen Formen von Gemeinsamkeit liegt. Entsprechend erscheint Politik, also die gemeinsame Verhandlung gemeinsamer Angelegenheiten, als Gefahr: Egal, ob und in welchem Maße sich einzelne in politischen Aushandlungsprozessen durchsetzen können, sie müssen sich der jeweils ausgehandelten Gemeinsamkeit unterwerfen – und irgendjemand von ihnen verliert seine oder ihre Freiheit – voraussichtlich verlieren alle. Neoliberal wird Politik als *die* kollektive Freiheitsberaubung gesehen. Wenn die Einzelnen gehalten sind, in politische Auseinandersetzungen einzutreten, dann wird ihnen geraten, den jeweils eigenen Freiheitsverlust möglichst gering zu halten, was aber nur zulasten der Freiheit der anderen möglich ist. Die ‚Kunst' der Politik besteht also darin, sich selbst nicht unterwerfen zu lassen – und dazu die anderen unter die eigenen Interessen und Meinungen zu bringen.

Im Unterschied zur Politik erscheinen in der neoliberalen Sozialtheorie die Märkte als Orte der ‚wahren Demokratie'. Dort – und nur dort – können alle Konsument*innen ihre Präferenzen durchsetzen, ohne die jeweils anderen Konsument*innen in deren Präferenzen einzuschränken. Dort – und nur dort – erfüllen sich die jeweiligen Interessen aller, und zwar gerade deswegen, weil es ihnen auf den Märkten allen nicht um gemeinsame Interessen, sondern immer nur um ihre eigenen Interessen geht.

Von daher verfolgt die neoliberale Sozialtheorie eine antipolitische Agenda – und dies in mehrfacher Hinsicht:[30] Durch entsprechende ‚Metapolitik' soll den politischen Auseinandersetzungen so weit wie möglich die Gegenstände entzogen werden. Die ehemals politischen Gegenstände sollen auf Märkte (und gegebenenfalls Quasi-Märkte) gebracht und dort ‚wirtschaftsdemokratisch' bearbeitet werden. Wo aber Übereinkünfte und Gemeinsamkeiten gesellschaftlich notwendig und wo dazu politische Entscheidungen erforderlich sind, gilt es, Politik nach dem Vorbild von Märkten zu formen – und vor allem mit entsprechenden Einstellungen zu betreiben. Im ‚politischen Wettbewerb' suchen die Einzelnen ihre Interessen gegen die jeweils anderen und deren Interessen durchzusetzen, darin einzig durch die Regeln diszipliniert, die für den politischen Wettbewerb gelten. Dabei ziehen sich die politischen Kontrahent*innen nicht wechselseitig für die jeweils vertretenen Interes-

---

[30] Vgl. dazu (deutlich differenzierter) Thomas BIEBRICHER, Die politische Theorie des Neoliberalismus, Berlin 2021, 49–230.

sen und Meinungen zur Verantwortung – und sie erwarten voneinander nicht, dass man diese durch Gründe für die jeweiligen Interessen und Meinungen verantworten kann. Sie konkurrieren lediglich um Aufmerksamkeit und Zustimmung – und Gründe sind allenfalls eines der erlaubten Mittel, um mehr an Aufmerksamkeit und Zustimmung als die jeweils anderen zu erlangen. Zur Verantwortung wird man nur dafür gezogen, dass man sich in der Wahl der politischen Mittel an die für alle geltenden Regeln hält. Anders als auf den Märkten (oder genauer: als auf den Märkten in der neoliberal gezeichneten Idealwelt) sind Erfolge im ‚politischen Wettbewerb' nur dadurch zu haben, dass die politischen Kontrahent*innen mit ihren Interessen und Meinungen scheitern oder genauer: zum Scheitern gebracht werden. Zur antipolitischen Agenda des Neoliberalismus gehört auch, politische Entscheidungen demokratischen Auseinandersetzungen zu entziehen und sie Experten*innen-Gremien (‚Verwissenschaftlichte Politik') oder übergeordneten, überstaatlichen Institutionen zu übergeben. Antipolitisch ist schließlich auch der Absatz, politische Auseinandersetzungen an harte, politisch nicht mehr beeinflussbare Regeln – etwa zu staatlichen Schulden und Steuern oder zu den öffentlichen Haushalten – zu binden, den Spielraum des politisch Gestaltbaren dadurch zu verkleinern und neoliberale Ordnungen dem Zugriff demokratischer Verfahren zu entziehen. Ähnlich wie der religiöse Gehorsam sabotiert auch die neoliberale Sozialtheorie Politik als den kommunalistischen Vollzug von Freiheit und Verantwortung – und anders als der religiöse Gehorsam war sie darin in den vergangenen Jahrzehnten erfolgreich.

Verantwortungslosigkeit und Gaia-Gehorsam

Unter dem Begriff ‚Freiheit' wurden bislang drei Anerkennungsverhältnisse ideengeschichtlich vorgestellt – mit der liberalen Konzeption von Freiheit und Verantwortung als ‚Mittelstück'. Was bislang als eine historische Abfolge gezeichnet wurde, wird nun für die Gegenwart synchron gesehen, nämlich als widerstreitende Anerkennungsverhältnisse und Rechtfertigungsordnungen in der gegenwärtigen Politik. Insbesondere wird auf die politische Kommunikation zur Klimakrise und auf die sich daraus ergebende kollektive Herausforderung fokussiert, den weiteren Klimawandel unter eine kritische Schwelle zu halten und so für ein möglichst menschenfreundliches Klima in der Zukunft zu ‚sorgen'. Stehen die liberalen

Gesellschaften oder genauer: die sie bevölkernden Menschen vor dieser kollektiven Herausforderung, gerät der kommunalistische Vollzug ihrer gemeinsamen Verantwortung zwischen die Fronten neoliberaler Verantwortungslosigkeit und antiliberaler Gehorsamsverantwortung – und wird dadurch unwahrscheinlich.

Sein Urteil zum Bundes-Klimaschutzgesetzes hatte das Bundesverfassungsgericht 2021 mit Hinweis auf die „Sicherung grundrechtsgeschützter Freiheit über die Zeit und zur verhältnismäßigen Verteilung von Freiheitschancen über die Generationen"[31] begründet. Damit erinnerte das Gericht an den dialektischen Zusammenhang von Freiheit und Verantwortung – und machte ihn in Auslegung von Art. 20a des Grundgesetzes über die Zeit hinweg und damit für den Klimaschutz relevant. Um die Freiheitschancen der in der Zukunft lebenden Menschen zu gewährleisten und damit eine Verpflichtung aus der Verfassung zu erfüllen, wurde der Gesetzgeber verpflichtet, auch diejenigen Schritte gesetzlich vorzusehen, mit denen die vorgesehenen Treibhausgasemissionen in den Jahren nach 2030 erreicht werden können, – und dazu das Klimaschutzgesetz nachzubessern. In der Sache hatte das Gericht den Hauptantrag zurückgewiesen, dass das Klimaschutzgesetz keine geeigneten gesetzgeberischen Maßnahmen zur Bekämpfung des Klimawandels vorsieht. Lediglich in einem untergeordneten Punkt waren die Verfassungsbeschwerden erfolgreich, dass Maßnahmen zur Reduktion der Treibhausgase ab 2023 gesetzlich nicht geregelt waren, sondern durch Verordnung der Bundesregierung erfolgen sollten. Damit betraf das Urteil lediglich eine Anlage des Klimaschutzgesetzes. Deswegen konnte der Deutsche Bundestag ohne größere Auseinandersetzungen die gerichtlich geforderte Nachbesserung vornehmen. ‚Aufregender' als das Ergebnis des Klimabeschlusses ist dessen Begründung: ‚Aus der Verfassung' heraus begründet das Bundesverfassungsgericht, dass der zukünftige Freiheitsgebrauch den gegenwärtigen Freiheitsgebrauch vorwirkend verpflichtet und dieser durch die Verantwortung für den Freiheitsgebrauch in der Zukunft restringiert wird. Die verfassungsmäßig garantierte Freiheit besteht mithin in den Grenzen einer Verantwortung über die Zeit hinweg. In dieser Verantwortung steht der Gesetzgeber in Vertretung der gegenwärtig lebenden Menschen – und sie besteht gegenüber den lebenden Menschen, in dessen Namen das Gericht urteilt. Ihrer Verantwortung können die Lebenden nur

---

[31] BVerfG, Beschluss des Ersten Senats vom 24. März 2021, BvR 2656/18, Rn. 1–270, Leitsatz 4, https://www.bverfg.de/e/rs20210324_1bvr265618.html (23.06.2024).

durch politischen Vollzug entsprechen – und genauer: durch parlamentarische Gesetzgebung, da der Klimaschutz zur ‚Sicherung grundrechtsgeschützter Freiheit' für die in der Bundesrepublik lebenden Menschen von hoher Bedeutung ist. So nimmt das Gericht den Bundestag in eine starke Verantwortung – und räumt ihm zugleich einen großen Entscheidungsspielraum ein, wie dieser Verantwortung bundesgesetzlich entsprochen wird. Jedoch rechnet das Gericht damit, dass auf gesetzlichem Wege der Freiheitsgebrauch der jetzt lebenden Menschen restringiert werden muss. Dadurch wird aber deren Freiheit nicht gemindert, sofern der Raum der Freiheit wird so vermessen, wie dies *untereinander* und vor den zukünftig lebenden Menschen verantwortet werden kann. ‚Verzicht' und ‚Verbote', sofern sie notwendig sind, um die intendierten CO_2-Emissionen zu erreichen, gehören für das Bundesverfassungsgericht daher zum kollektiven Vollzug liberaler Freiheit über die Zeit hinweg – und ‚sind' daher kein Verlust von Freiheit.

In ähnlicher Weise argumentiert der Deutsche Ethikrat in seiner Stellungnahme ‚Klimagerechtigkeit' aus dem Jahr 2024:

> „Verantwortung setzt Freiheit voraus und Freiheit schließt Verantwortung ein. Die menschliche Freiheit […] ist untrennbar mit Verantwortung verbunden. Menschliches Zusammenleben bedarf gegenseitiger Freiheitseinschränkungen, um eine gleichberechtigte Freiheit aller überhaupt erst zu ermöglichen. […] Dieses Wechselspiel von Ermöglichung und Einschränkung von Freiheiten ist für liberale und demokratische Gemeinwesen zentral"[32].

Den liberalen Zusammenhang von Freiheit und Verantwortung gilt es gegenwärtig, so der Ethikrat, für den ‚Klimaschutz' politisch auszuhandeln und dabei die jeweiligen Verantwortungen auf die Menschen, Gruppen und Institutionen zu ‚verteilen'. „Innere und von Gründen geleitete Einsicht führt zu Selbstverpflichtungen als Ausdruck der eigenen Freiheit – und nicht als Freiheitseinschränkung von außen."[33]

Dass das oberste Gericht der Bundesrepublik Deutschland sein Urteil mit dieser Begründung versehen hat, dass es mit dieser gesellschaftlich verstanden wurde und weitgehend auf Zustimmung gestoßen ist, dass der Gesetzgeber dieses Urteil angenommen und

---

[32] Deutscher Ethikrat, Klimagerechtigkeit. Stellungnahme, Berlin 2024, 77.
[33] Ebd., 79.

umgesetzt hat, dass der Deutsche Ethikrat den dialektischen Zusammenhang von Freiheit und Verantwortung anführt und ihn als zentral für das ‚liberale und demokratische Gemeinwesen' ausweist, – dies darf als Indiz dafür genommen werden, dass das als liberale Freiheit angesprochene Anerkennungsverhältnis in der Bundesrepublik weiterhin in Geltung ist. In der öffentlichen Kommunikation kann offensichtlich der Geltungsbereich der Freiheit und der Verantwortung zugleich vermessen werden. Indem sich die Menschen zugleich in Freiheit und in Verantwortung setzen – und dies beides deckungsgleich und abgestimmt, können sie die Klimakrise als eine kollektive Herausforderung annehmen und deren kollektive Bewältigung politisch besprechen, was aber bislang nicht heißt: politisch bewältigen.

Auch wenn der Neoliberalismus als Wirtschaftstheorie gescheitert ist und deswegen kaum jemand mehr Bezug darauf nimmt, auch wenn – mehr noch – der Neoliberalismus als Sozialtheorie und als Weltanschauung verblasst ist und man ihn gegenwärtig vor allem als negative Referenz nimmt, – wirkt die neoliberale Freiheit bis heute nach. Das damit ausgezeichnete Anerkennungsverhältnis ist in Alltagsroutinen ‚abgerutscht' und wird deshalb in den liberalen Gesellschaften habituell vollzogen – und dies, ohne dass es vorzeigbare Sozialtheorien gibt, die diese Routinen einigermaßen überzeugend rechtfertigen könnten. Weil auf entsprechende Überzeugungen und – mehr noch – auf ausreichende Begründungen nicht angewiesen, ist die neoliberale Freiheit in ihrem habituellen Vollzug besonders wirksam – und dies auch in politischen Auseinandersetzungen, zumal dann, wenn es dabei um ‚Klimaschutz' geht.[34]

---

[34] Wenigstens in Teilen lässt sich der Rechtspopulismus bzw. die (inzwischen nicht mehr neue) extreme Rechte als eine habitualisierte ‚Fortsetzung' der neoliberalen Sozialtheorie und Weltanschauung verstehen. Zumal in Deutschland bedient der Rechtspopulismus den neoliberal eingeführten Anspruch auf verantwortungslose Freiheit, füttert die Konsument*innen-Mentalität im Politischen und betreibt die politische Dissoziation. Gemästet wird die Wut derer, die zur Verantwortung gezogen werden und deren ‚Bestellungen' vom Staat nicht ‚bedient' werden – und niemals zur Zufriedenheit bedient werden können. Deswegen mobilisiert der deutsche Rechtspopulismus vorrangig bei den Fragen, bei denen kollektive Herausforderungen beantwortet, dazu aber nicht nur – abstrakt – ‚die Gesellschaft', sondern die einzelnen zur Verantwortung gezogen werden: Migration, Pandemie, Energie und Mobilität. Vgl. dazu Wendy Brown, In the Ruins of Neoliberalism. The Rise of Antidemocratic Politics in the West, New York 2019; Thomas Biebricher, Neoliberalism and Authoritarianism, in: Global Perspectives 1 (2020) 1 (DOI: 10.1525/001c.11872) und Ders., Neoliberalismus, Anm. 30, 329–336. Siehe in diesem Zusammenhang auch

Die zur „Sicherung grundrechtsgeschützter Freiheit über die Zeit und zur verhältnismäßigen Verteilung von Freiheitschancen über die Generationen" notwendigen Einschränkungen und Veränderungen etwa in der Energienutzung oder bei den Emissionen, werden von relevanten Mehrheiten als ‚Verzicht' und ‚Verbot', dabei als Beschränkungen der persönlichen (und gerne auch: verfassungsmäßig garantierten) Freiheit zurückgewiesen – und viele von den notwendigen Einschränkungen und Veränderungen werden über dieses Framing erfolgreich verhindert oder wenigstens abgemildert. Zumeist wird zugestanden, dass ‚Klimaschutz' notwendig sei. Über Politik ist der aber nur als ‚Verbotspolitik' und d. h. über unzulässige Verantwortungszuschreibungen und mit Verlust an persönlicher Freiheit zu haben. Stattdessen ist ‚Klimaschutz' ganz die Sache der Einzelnen – und wird von diesen am besten auf dem freiheitlichen Weg, nämlich auf den Märkten über ihre Nachfrage verfolgt. Die ‚Wirtschaftsdemokratie' steht, so die diskursive Opposition, gegen die drohende ‚Ökodiktatur'.

Mit Verantwortung haben politisch gesetzte Einschränkungen der persönlichen Freiheit nichts zu tun, so das Framing. Die Träger ihrer je eigenen Konsumentscheidungen haben ihrer Eigenverantwortung bereits Genüge getan. Sie sind ‚fleißige' Bürger*innen, fallen der Gesellschaft nicht zur Last, halten sich an Gesetz und Ordnung – und sind im Gegenteil „das Rückgrat unserer Gesellschaft". Durch politische Setzungen macht man sie, so wird behauptet, für den Klimawandel verantwortlich – und zwingt sie zu Einschränkungen, obgleich diese keinerlei Auswirkungen auf den Klimawandel und die sich daraus ergebenden Rückwirkungen haben. In dieser Richtung argumentieren auch drei Mitglieder des Deutschen Ethikrates in ihrem Sondervotum zur Stellungnahme ‚Klimagerechtigkeit': Weil „selbst besonders umfangreiche nationale Anstrengungen zur Verbesserung der eigenen CO_2-Bilanz einen sehr geringen Einfluss auf den globalen CO_2-Ausstoß haben" lassen sich „Eingriffe in die individuelle Freiheit der Bürger […] kaum legitimieren; sie sind in Ermangelung einer Eignung zur Erreichung des erklärten Ziels Klimaschutz schlicht nicht verhältnismäßig."[35] Statt die Menschen politisch in eine kollektive Verantwortung zu nehmen, empfiehlt das

---

Carolin AMLINGER/Oliver NACHTWEY, Gekränkte Freiheit. Aspekte des libertären Autoritarismus, Berlin 2022.

[35] Steffen AUGSBERG/Franz-Josef BORMANN/Frauke ROSTALSKI, Sondervotum, in: Klimagerechtigkeit, Anm. 32, 110–115, 114.

Sondervotum, „es den mündigen Bürgern [...] selbst [zu] überlassen [...], die Ziele ihres jeweiligen politischen Engagements autonom zu bestimmen."[36] Andernfalls könnte es „über das Anliegen des Klimaschutzes [...] zu einer Erosion oder Infragestellung der demokratischen Institutionen kommen".[37]

Im neoliberalen Habitus nehmen sich Menschen die Freiheit, ihren Gebrauch der Freiheit nicht zu verantworten, – und wissen sich darin im Recht. Ruft man sie jenseits der Pflicht in Verantwortung, anderen nicht zur Last zu fallen, setzt man sich ins Unrecht und steht als Feind der Freiheit dar. So entsteht die Verantwortungslosigkeit, die auf der eingangs zitierten Fahne zur Schau gestellt wird. Dass der Neoliberalismus in der politischen Kommunikation gegen ‚Verbot' und ‚Verzicht' nachwirkt, ist das Thema, dem der Berliner Politikwissenschaftler Philipp Lepenies in seinem Buch *Verbot und Verzicht* nachgeht.[38] Unter den Nachwirkungen der neoliberalen Freiheit ist man in den liberalen Gesellschaften offenbar nicht in der Lage, sich der kollektiven Herausforderung der Klimakrise zu stellen und die notwendige sozial-ökologische Transformation politisch auszuhandeln und voranzutreiben. Denn *erstens* wird die Klimakrise nicht als kollektive Herausforderung bewusst, sodass auch deren Bewältigung nicht als ein kollektives Unternehmen akzeptiert und nicht in den gemeinsamen Vollzug der Freiheit ‚genommen' wird. Dadurch versandet *zweitens* und ausgerechnet für die Zukunftsfrage eines menschenfreundlichen Klimas die Kreativität, die nur im gemeinsamen Vollzug von Freiheit und Verantwortung und vor allem über die gemeinsamen ‚Entdeckungen' in politischen Auseinandersetzungen realisiert werden kann.

Gesellschaftlich wird die grassierende Verantwortungslosigkeit bemerkt und sie wird politisch zumal in Bezug auf den ‚Klimaschutz' skandalisiert. Dies geschieht nicht aus Sorge um die liberale Gesellschaft und deren Demokratie, sondern aus Sorge um die Menschheit, um den Planeten oder um die Zukunft. Entsprechend tritt eine ‚letzte Generation' an, die Verantwortung für die Menschheit, für den Planeten oder für die Zukunft zu übernehmen, der man bislang ausweicht. Gegen die Denk- und Politikverbote verantwortungsloser Freiheit wird diese Verantwortung nach dem Gehorsamsmodell ge-

---

[36] Ebd., 115.
[37] Ebd.
[38] Philipp LEPENIES, Verbot und Verzicht. Politik aus dem Geiste des Unterlassens, Berlin 2022.

dacht, – dem Modell entsprechend – die liberale Freiheit zurückgewiesen und die ‚wahre Freiheit' als Folge des geforderten Gehorsams in Aussicht gestellt. Mit großer Sympathie und unter dem Titel ‚Anpassung'[39] hat der Soziologe Philipp Staab die Generation der gegenwärtig Jungen in ihrer Gehorsamsverantwortung begleitet. Von den heute Jungen rechnet er auf ‚die nächste Gesellschaft' hoch, in der die heute verantwortungslosen Alten ausgestorben sind, die die Gegenwart mit ihrem liberalen Freiheitssinn noch belasten.

Das Gegenüber des neuen Gehorsams ist different: Zumeist ist es nicht mehr Gott als der Schöpfer der bedrohten Welt. An dessen Stelle tritt ein mit Heiligkeit aufgeladener Planet (‚Gaia'), ‚das Leben' oder ‚die Natur'. Diese verbürgen eine den Menschen vorgegebene Ganzheit, in die sie sich einzufügen haben. Indem sie die ihnen gebührenden Plätze in dem jeweiligen Ganzen einnehmen, fügen sie sich den die jeweilige Ganzheit verbürgenden Autoritäten, fügen sich dem Planeten Erde, ‚dem Leben', ‚der Natur' und – manchmal ganz altbacken auch – Gott. Staab beobachtet auch eine deutlich nüchterne Ganzheit, die aber nicht minder Gehorsam verlangt: Die Zukunft ist für die Menschheit unsicher, mehr noch: unwahrscheinlich geworden. Dass die Menschheit überhaupt noch eine Zukunft ‚bekommt', nimmt die in der Gegenwart lebenden Menschen in die Pflicht, Zukunft möglich zu machen – d.h. sich der Zukunft so ‚anzupassen', dass sie ‚kommt'.

Ähnlich wie der neoliberale Habitus ist auch die politische Agenda der ‚letzten Generation' antipolitisch: Der Gehorsam gegenüber dem Planeten, ‚dem Leben', ‚der Natur' oder der Schöpfung und die Anpassung an die Zukunft muss von allen vollzogen werden – und d.h. konkret, sie muss bei all denen, die sich diesen Autoritäten – aus Eigennutz, Ignoranz oder Bequemlichkeit, vor allem aber im Interesse an die jeweils eigene Selbsterfüllung – noch verweigern, durchgesetzt werden. Was der Planet, ‚das Leben', ‚die Natur' oder der Schöpfergott ‚will' und was die Zukunft ‚verlangt', das ist dabei nicht verhandelbar. Sofern Politik darin besteht, dies auszuhandeln, geschieht darin die Flucht aus dem geforderten Gehorsam. So muss der Planet, ‚das Leben', ‚die Natur', die Schöpfung und ‚die Zukunft' vor politischen Aushandlungen geschützt werden – und mehr noch: auch vor moralischen Abwägungen: Gehorsam ist gefordert, weil das Geforderte nicht davon abhängig gemacht werden kann, dass man aus eigenen Gründen davon überzeugt wird. Für entsprechende

---

[39] Philipp STAAB, Anpassung. Leitmotiv der nächsten Gesellschaft, Berlin 2022.

Rechtfertigung ist weder die Zeit, noch kann das Geforderte von dem Überzeugtsein und den moralischen Fähigkeiten der Einzelnen abhängig gemacht werden. So geht es um genau den ‚bedingungslosen und reinen Gehorsam', wie ihn Menke für den Gehorsam gegenüber Gott rekonstruiert hat. Weil der Planet, ‚das Leben', ‚die Natur' und auch Gott nicht selbst ‚sprechen' und weil sich ‚die Zukunft' nicht selbst erklärt, tritt – zumal beim ‚Klimaschutz' – zumeist ‚die Wissenschaft' an deren Stelle. Mit einem starken Wissenschaftsglauben im Rücken wird Politik zu einer technokratischen Veranstaltung, zum Vollzug des um seiner Pluralität beraubten wissenschaftlichen Wissens.

Die gemeinsam zu tragende Verantwortung wird also durch deren Entpolitisierung übernommen. Ähnlich wie unter dem neoliberalen Habitus wird damit die in Politik mögliche Kreativität verschlossen – und wird, um es mit Staab zu sagen: Anpassung.

In der geschilderten Konstellation dreier Anerkennungsverhältnisse besteht die liberale Freiheit mit ihrer dialektischen Verknüpfung zur Verantwortung zwar weiterhin fort. Doch wird sie von zwei Seiten her bestritten: Von der einen, der die an liberale Freiheit gebundene Verantwortung angesichts der drängenden Selbsterhaltungsfragen zu wenig ist – und der anderen, der jede politisch erzeugte Verantwortung viel zu viel und die daran geknüpfte liberale Freiheit viel zu wenig ist. Gegenüber diesen beiden ‚Anfeindungen' haben sich liberal gestimmte Intellektuelle in den vergangenen Jahren redlich um eine Revitalisierung der liberalen Freiheit bemüht. Sie haben sie vom Verdacht befreit, für die eigene Verwüstung in der neoliberalen Sozialtheorie und Weltanschauung ursächlich zu sein; sie haben Freiheit als ein reflexives Selbstverhältnis und den dialektischen Zusammenhang von Freiheit und Verantwortung bestätigt. Zudem haben sie diesen Zusammenhang zeitlich und d.h. über Generationen hinweg ausgedehnt und ihn planetarisch ausgeweitet.[40] Vor allem haben sie unter Beweis gestellt, dass die ‚gute alte' liberale Freiheit sowohl deren neoliberalen Verwüstung als auch dem Gehorsam durch intelligente Begründungen überlegen ist. Dennoch ist es – zwischen den Fronten der verantwortungslosen Freiheit auf der einen und des verantwortungsstarken Gehorsams auf der anderen Seite – unwahrscheinlich, dass die liberale Freiheit mit ihrem dia-

---

[40] Vgl. etwa Jan-Werner Müller, Furcht und Freiheit. Für einen anderen Liberalismus, Berlin 2019 oder Christoph Möllers, Freiheitsgrade. Elemente einer liberalen politischen Mechanik, Berlin 2020.

lektischen Zusammenhang von Freiheit und Verantwortung in den liberalen Gesellschaften wieder hegemonial wird.

Determinismus und Freiheit

Neurowissenschaftliche und philosophische Perspektive

Günter Rager

Auch wenn in unserem Leben die Erfahrung der Freiheit so grundlegend ist, gibt es doch Situationen und Zustände, in denen die Rede von Freiheit nicht mehr angebracht zu sein scheint. Einige Neurowissenschaftler behaupten sogar, dass es Freiheit gar nicht gäbe. Wir würden uns nur einbilden, frei zu sein. Die Argumente dieser Neurowissenschaftler und den Verlust von Freiheit im Zuge von Erkrankungen werde ich im *ersten Teil* darstellen. Im *zweiten Teil* werden diese Argumente auf ihre Stichhaltigkeit hin überprüft. Im *dritten Teil* schließlich versuche ich, eine Philosophie der Freiheit zu entwickeln, die auch den Einwänden gegen die Freiheit gerecht wird.

Zweifel an der Realität der Freiheit

Gegen die Realität der Freiheit werden verschiedentlich Einwände erhoben, die sich auf die Beobachtung geistiger Veränderungen bei Erkrankungen und Verletzungen des Gehirns und auf neurobiologische Experimente stützen. Dabei spielen auch weltanschauliche Gründe eine wichtige Rolle.

Krankheiten und Verletzungen des Gehirns

Es ist nicht schwer zu erkennen, dass Freiheit kein sicherer Besitz ist. Im Zusammenhang mit der Zunahme des Lebensalters begegnen uns immer häufiger Menschen, die der senilen Demenz oder der Alzheimer-Erkrankung verfallen. Im Verlaufe dieser Erkrankungen werden nicht nur Gedächtnis und Intelligenz immer mehr abgebaut; auch das Vermögen der Freiheit wird immer mehr eingeschränkt.

Neben diesen Alterserscheinungen gibt es zahlreiche Erkrankungen und Schädigungen des Gehirns, die das Vermögen der Freiheit stark beeinträchtigen können. Ein berühmtes Beispiel aus der

Geschichte ist der amerikanische Eisenbahnarbeiter Phineas Gage[1], der im Jahr 1848 einen Arbeitsunfall erlitt. Bei einer Explosion wurde ein Eisenstab in seinen Kopf gerammt. Dabei wurden große Bereiche des Frontalhirns zerstört. Gage überlebte diesen Unfall, war aber seitdem in seiner Persönlichkeit und in seinen moralischen Fähigkeiten stark verändert. Später wurde eine Reihe weiterer Patienten mit ähnlichen Symptomen analysiert. Es zeigte sich, dass ähnlichen Verhaltensstörungen auch ähnliche Hirnläsionen entsprachen.[2]

Neuere Studien zeigen, dass Gewaltverbrecher gegenüber ‚Normalpersonen' „signifikant häufiger bestimmte strukturelle und funktionale Defizite im Bereich des Stirnhirns [...] und des Schläfenlappens [...] sowie in limbischen Regionen"[3] aufweisen. Diese Befunde haben Gerhard Roth veranlasst, ein sogenanntes „*Schuldparadoxon*" zu postulieren, welches besagt: „Je verabscheuungswürdiger eine Tat ist, desto eher wird man eine hirnorganische oder psychische Störung feststellen, die die Schuldfähigkeit des Täters beeinträchtigt oder gar ausschließt."[4] Mit solchen Befunden und Überlegungen wurde die gegenwärtige Debatte über die Schuldfähigkeit von Straftätern lanciert.

Neurobiologische Experimente

Neben der Analyse von Funktionsstörungen des Gehirns wird seit geraumer Zeit versucht, mit neurobiologischen Experimenten Erkenntnisse über die Freiheit zu gewinnen. In erster Linie sind hier die sogenannten Libet-Experimente zu nennen. In den achtziger Jahren des 20. Jahrhunderts versuchte der amerikanische Neurophysiologe Benjamin Libet herauszufinden, wann bewusste Handlungsabsich-

---

[1] Vgl. Antonio R. Damasio, Descartes' Irrtum. Fühlen, Denken und das menschliche Gehirn, München ³1998.
[2] Die Geschichte von Phineas Gage wurde neu recherchiert und publiziert von Stephan Schleim, Neuroscience education begins with good science: Communication about Phineas Gage (1823–1860), one of neurology's most famous patients, in scientific articles, in: Frontiers in Human Neuroscience, 28.04.2022, Volume 16, Article 734174 (Doi: 10.3389/fnhum.2022.734174).
[3] Michael Pauen/Gerhard Roth, Freiheit, Schuld und Verantwortung. Grundzüge einer naturalistischen Theorie der Willensfreiheit, Frankfurt a.M. 2008, 158.
[4] Ebd., 164.

ten entstehen und wie sie sich zeitlich zur Handlung selbst verhalten.[5] Aus den Ergebnissen seiner Experimente zog Libet den Schluss, dass Handlungen nicht durch den freien Willen, sondern durch unbewusste Hirnprozesse bewirkt werden.[6]

Nachfolgende Experimente von anderen Forschern konnten einige Fehler in der Versuchsanordnung ausmerzen. Insbesondere ist das Experiment von John-Dylan Haynes[7] zu erwähnen, der mit Hilfe der funktionellen Magnetresonanzbildgebung (fMRI) zeigen konnte, dass die Vorbereitung der Bewegung sich bis zu 10 Sekunden vor der Bewegung in Hirnaktivitäten nachweisen lässt.

Weltanschauliche Gründe zur Ablehnung der Freiheit

Die Libet-Experimente werden von einigen Neurophilosophen gerne als Beweis dafür benutzt, dass es keine Freiheit gäbe. Freiheit sei lediglich eine Illusion. In Wirklichkeit ist es die Hirnmaschine, die ohne unser Wissen entscheidet. Die Hirnmaschine funktioniert entsprechend den Gesetzen der Kausalität. Für jede Entscheidung lassen sich deshalb physische Ursachen ausmachen. Die im Unbewussten getroffenen Entscheidungen werden nachträglich dem bewussten Ich zugeordnet. Das bewusste Ich lebt dann in der Illusion, die Entscheidungen seien von ihm selbst getroffen. Die Behauptung, dass Freiheit lediglich eine Illusion sei, entspringt letztlich einem *reduktionistischen Naturalismus*. Geistige Akte werden auf neuronale Prozesse reduziert. Als Ergebnis dieser Reduktion wären unsere geistigen Akte identisch mit den neuronalen Prozessen.

---

[5] Vgl. Benjamin LIBET u. a., Time of conscious intention to act in relation to onset of cerebral activities (readiness-potential). The unconscious initiation of freely voluntary act, in: Brain 106 (1983) 623–642.

[6] Für Libet folgt aus diesen Untersuchungen, „dass der freie Wille, wenn er existiert, einen willentlichen Akt nicht initiiert." Benjamin LIBET, Mind Time. The temporal factor in consciousness, Cambridge 2004, 136. Benjamin LIBET, Unconscious cerebral initiative and the role of conscious will in voluntary action, Behavioral and Brain Sciences 8 (1985) 529–566.

[7] Vgl. Chung Siong SOON u. a., Unconscious Determinants of Free Decisions in the Human Brain, in: Nature Neuroscience 11 (2008) 543–545.

Auseinandersetzung mit den Einwänden gegen die Freiheit

Treffen die in aller Kürze geschilderten Einwände gegen die Freiheit zu? Welche Argumente sprechen dagegen?

Funktionsstörungen des Gehirns

Die Abhängigkeit der Freiheit von unserer leiblichen Verfassung ist kein Einwand gegen die Freiheit, sondern lediglich ein Zeichen der Kontingenz unseres Daseins. Sie ist aber ein Einwand gegen einen falschen Begriff von Freiheit, der die menschliche Freiheit absolut setzt. Nicht nur die medizinischen und neurowissenschaftlichen Erkenntnisse, sondern auch unsere alltägliche Erfahrung zeigen, dass unsere Freiheit leibgebunden und damit endlich ist. Einfache, alltägliche Beispiele lassen uns diesen Sachverhalt leicht erkennen. Wenn mein Knie durch eine Verletzung versteift ist, kann ich es nicht mehr beugen. Wenn wir einen Marathon laufen wollen, dann können wir das im Prinzip. Es muss aber alles intakt sein, was dafür benötigt wird. Freiheit ist nur dann möglich, wenn alle dafür benötigten Prozesse im Gehirn funktionieren.

Trotzdem geht das von Roth postulierte „Schuldparadoxon" entschieden zu weit. Es gibt zwar Verbrecher, bei denen wichtige Hirnfunktionen gestört sind. Daraus lässt sich aber keine allgemeine Regel ableiten. Es ist vielmehr davon auszugehen, dass viele Straftäter, ohne erkennbare Hirnstörungen, in vollem Bewusstsein des Bösen ihrer Tat ihre Verbrechen ausüben – dass es also wirkliche Schuld gibt. Davon geht auch das aktuelle Strafgesetz aus. Darum lehnen Juristen mehrheitlich eine Revision des Strafgesetzes im Sinne der Schuldunfähigkeit ab.

Experimentelle Daten

Was den sogenannten experimentellen Beweis gegen die Willensfreiheit betrifft, der durch die Libet-Experimente erbracht sein soll, so wurde vor allem behauptet, das Bereitschaftspotential „verursache"[8] die Bewegung. Deshalb seien Hirnprozesse, nicht jedoch der freie Wille, Auslöser der Bewegung. Gegen diese Deutung spricht das

---

[8] Pauen/Roth, Freiheit, Schuld und Verantwortung, 123.

Experiment von Christoph S. Herrmann und Mitarbeitern.[9] In diesem Experiment wurde den Versuchspersonen die Möglichkeit gegeben, eine Wahl zu treffen, was in den Libet-Experimenten nicht der Fall ist.

Es zeigte sich, dass das Bereitschaftpotential bereits einsetzte, *bevor* ein Muster auf dem Bildschirm erschien und die Versuchsperson sich entscheiden konnte. Daraus wird ersichtlich, dass das Bereitschaftspotential nicht die Entscheidung determiniert, sondern *Ausdruck einer allgemeinen Bereitschaft* für eine Bewegung ist.[10]

Die Weltanschauung des reduktionistischen Naturalismus

Innere Widersprüche

Wenn reduktionistische Neurophilosophen die Freiheit als Illusion bezeichnen, dann verwickeln sie sich in *innere Widersprüche*. Auf der einen Seite propagieren sie, dass es keinen freien Willen gibt. Die Entscheidungen werden unbewusst vom Gehirn getroffen und werden so von physischen Ursachen hervorgebracht. Auf der anderen Seite appellieren diese Neurophilosophen an uns, wir sollten doch ihre Sichtweise übernehmen. Dieser Appell setzt aber Freiheit voraus. Nur freie Personen können einen solchen Appell annehmen oder zurückweisen. Stellvertretend für viele andere mag ein Beispiel diese Widersprüchlichkeit verdeutlichen. Wolf Singer gibt einem seiner Artikel die Überschrift: „Verschaltungen legen uns fest: Wir sollten

---

[9] Vgl. Christoph S. HERRMANN u. a., Eine neue Interpretation von Libets Experimenten aus der Analyse einer *Wahlreaktionsaufgabe*, in: Christoph S. HERRMANN/Michael PAUEN/Jochem W. RIEGER/Silke SCHICKTANZ (Hg.), Bewusstsein, München 2005, 120–134.

[10] Siehe auch die Diskussion in Günter RAGER, Neuronale *Korrelate* von Bewusstsein und Selbst, in: Günter RAGER/Josef QUITTERER/Edmund RUNGGALDIER (Hg.), Unser Selbst. Identität im Wandel der neuronalen Prozesse, Paderborn 2002, 15–59. Dass das Bereitschaftspotential Ausdruck einer allgemeinen Bereitschaft für eine Bewegung ist, hatte schon Hans H. Kornhuber, der Entdecker des Bereitschaftspotentials, erkannt und es deshalb so genannt. „Als ich vor vierzig Jahren ... nach Zeichen von Willen im Gehirn suchte ..., war mir sofort klar, dass das vor willentlichen Bewegungen gefundene Potential nicht das Bewegungskommando war; ich gab ihm deshalb den Namen Bereitschaftspotential". Hans KORNHUBER/Lüder DEECKE, Hirnpotentialänderungen bei Willkürbewegungen und passiven Bewegungen des Menschen: Bereitschaftspotential und reafferente Potentiale, Pflügers Archiv 284 (1965) 1–17. Hans H. KORNHUBER, Willensfreiheit und Gehirn, Acta Medica Catholica Helvetica (2009) 44–52, 50.

aufhören, von Freiheit zu sprechen."[11] Singer appelliert also an unsere Freiheit, seine Ansicht zu übernehmen, dass wir nicht frei sind.

Zirkelschluss

Der reduktionistische Naturalismus macht die Methoden der Naturwissenschaft zur Grundlage allen Erklärens. Alle Phänomene – auch die höheren kognitiven Funktionen – sollen dieser Erklärungsstrategie unterworfen werden. Dabei wird übersehen, dass die Methoden der Naturwissenschaft von uns selbst entworfen sind. Wenn wir uns selbst naturwissenschaftlich erklären wollen, entsteht zwangsläufig eine Zirkularität. Wir, als die Erklärenden, setzen unsere eigenen kognitiven Werkzeuge ein, um uns selbst zu begreifen.[12] Dieser Versuch, uns selbst zu erklären mittels der von uns entworfenen Neurobiologie ist ein Zirkelschluss, d.h. das zu Erklärende ist selbst Voraussetzung des Erklärens.[13]

Mereologischer Fehlschluss

Viele Neurophilosophen operieren mit Begriffen, die nicht aus den Neurowissenschaften stammen und in den Neurowissenschaften keinen Platz haben. Es handelt sich um Aussagen, die wir im Alltag, in der Psychologie oder in der Philosophie machen, z.B. *ich denke, handle, entscheide*. Im Kontext unseres Freiheitsproblems kann man lesen, dass das *Gehirn* weiß, denkt, handelt oder entscheidet. Dem Gehirn werden Attribute zugeschrieben, die eigentlich psychologischer oder lebensweltlicher Natur sind. „Psychologische Prädikate sind Prädikate, die notwendigerweise auf das ganze Lebewesen zutreffen, nicht auf Teile von ihm."[14] Maxwell R. Bennett und Peter M. S. Hacker machen deshalb auf das „mereologische Prinzip in den Neurowissenschaften" aufmerksam, wonach „psychologische Prädikate, die nur auf menschliche Wesen […] als ganze zutreffen, auf

---

[11] Wolf SINGER, Verschaltungen legen uns fest: Wir sollten aufhören, von Freiheit zu sprechen, in: C. GEYER (Hg.), Hirnforschung und Willensfreiheit, Frankfurt a. M. 2004, 30–65.

[12] Wolf Singer hat mehrfach warnend („epistemisches Caveat") auf die Gefahr dieses Zirkelschlusses hingewiesen. (Vgl. ebd.)

[13] Vgl. Günter RAGER, Das Leib-Seele Problem. Begegnung von Hirnforschung und Philosophie (Nachdruck), in: Günter RAGER (Hg.), Die Person. Wege zu ihrem Verständnis, Fribourg und Freiburg i. Br. 2006, 19–36, 28.

[14] Maxwell R. BENNETT/Peter M. S. HACKER, Die philosophischen Grundlagen der Neurowissenschaften, Darmstadt 2010, 93.

ihre Teile (wie das Gehirn) nicht sinnvoll angewendet werden können."[15] Wenn trotzdem immer wieder psychologische Attribute dem Gehirn zugeschrieben werden, dann handelt es sich um einen *„mereologischen Fehlschluss in den Neurowissenschaften"*.[16] Infolge solcher Fehlschlüsse entstehen dann Aussagen, die keinen Sinn ergeben. Würde man das mereologische Prinzip beachten, dann könnte man viele Kontroversen vermeiden. Demnach ist es nicht das *Gehirn*, das entscheidet, wie Gerhard Roth behauptet[17], sondern *ich* bin es, der entscheidet.

Neuronale Korrelate

Wenn aber die Reduktion unserer geistigen Akte auf neuronale Prozesse nicht möglich ist, was ist dann die Zielsetzung der Neurowissenschaften? Deren Zielsetzung ist es, die neuronalen *Korrelate* unserer geistigen Akte zu erforschen. Dass alle unsere geistigen Akte mit neuronalen Prozessen korrelieren, lässt sich aus den folgenden Beobachtungen erkennen: Wenn z. B. bestimmte Hirnregionen verletzt oder durch Erkrankungen gestört sind, dann sind die entsprechenden geistigen Aktivitäten nicht mehr möglich. Oder, wenn im Verlauf der Individualentwicklung (Ontogenese) bestimmte Hirnstrukturen noch nicht entwickelt sind, dann sind auch die entsprechenden geistigen Fähigkeiten noch nicht vorhanden. Schließlich lassen sich bei allen geistigen Akten mit den modernen bildgebenden Verfahren entsprechende Aktivitäten im Gehirn sichtbar machen. Die Erkenntnis dieser Tatsachen führt uns zu dem *Grundsatz: Alle geistigen Akte haben ein neuronales Korrelat*. Wir haben nach unserem gegenwärtigen Kenntnisstand keine Evidenz dafür, dass es beim Menschen geistige Akte gibt, die unabhängig von neuronalen Prozessen stattfinden.

Es gilt also, dass mit allen geistigen Akten neuronale Prozesse korrelieren. Das Umgekehrte gilt aber nicht: Aus den neuronalen Prozessen lassen sich die geistigen Akte nicht erschließen. Das lässt sich anhand von Beispielen einsehen. Das *erste Beispiel* bezieht sich auf das Libet-Experiment. Für die Freiheitsdebatte ist das Bereitschaftspotential von großer Bedeutung. Man kann feststellen, dass vor

---

[15] Ebd., 94.
[16] Ebd.
[17] „Nicht das Ich, sondern das Gehirn hat entschieden". (Gerhard ROTH, Worüber dürfen Hirnforscher reden – und in welcher Weise?, in: Christian GEYER [Hg.], Hirnforschung und Willensfreiheit, Frankfurt a. M. 2004, 66–85, 77.)

willentlichen Handlungen – gleichsam als Korrelat von deren Vorbereitung – ein Bereitschaftspotential im Gehirn entsteht. Umgekehrt kann man aber nicht aus dem Vorhandensein eines Bereitschaftspotentials schließen, dass eine Handlung wirklich erfolgen wird. Erst recht kann man nicht daraus schließen, *welche* Handlung geplant wird. Ein *zweites Beispiel* bezieht sich auf die modernen bildgebenden Verfahren. Diese zeigen uns Aktivitäten bestimmter Hirngebiete, wenn bestimmte geistige Tätigkeiten ausgeführt werden. So ist beim Sprechakt das Broca-Sprachzentrum aktiv. Das Umgekehrte gilt aber nicht. Aus der Aktivität des Broca-Zentrums lässt sich nicht schließen, dass gesprochen wird – es könnte auch nur eine Vorstellung von Sprechen sein. Erst recht lässt sich daraus nicht schließen, *was* gesprochen wird.

Es besteht also keine Identität von neuronalen Prozessen und geistigen Akten. Vielmehr bleibt eine *unaufhebbare Differenz*[18]. Die unmittelbare Erfahrung in unserer Lebenswelt lässt sich nicht auf ein naturwissenschaftlich verstandenes Gehirn reduzieren.

Philosophie der Freiheit

Wir Menschen sind davon überzeugt, dass wir frei sind. Auf der Gewissheit der Freiheit beruhen unsere Kultur, die Gesellschaftsordnung, die Rechtsprechung, die Erziehung und die Religion. Wir könnten nicht anders handeln als „unter der Idee der Freiheit", so Kant. Deshalb sind wir „in praktischer Rücksicht wirklich frei"[19].

Gibt es aber auch einen *Beweis* für die Realität der Freiheit? Mit Kant lautet die Antwort: Ein regelrechter Freiheitsbeweis ist unmöglich. Die Realität der Freiheit ist aber *Postulat* der praktischen Vernunft.[20] Sie ergibt sich aus der Tatsache des moralischen Gesetzes, aus dem ein Sollens-Anspruch an uns ergeht, dem wir grundsätzlich auch entsprechen können. Der Sollens-Anspruch des moralischen

---

[18] Diese beschreibt Jürgen Habermas als „Epistemische Kluft zwischen der naturwissenschaftlich objektivierten Natur und einer intuitiv immer schon verstandenen ... Einheit eines Universums, dem die Menschen als Naturwesen angehören". (Jürgen HABERMAS, Freiheit und Determinismus, in: DERS. [Hg.], Zwischen Naturalismus und Religion, Frankfurt a. M. 2005, 155–186, 171.)

[19] Immanuel KANT, Grundlegung zur Metaphysik der Sitten, Riga ²1786, BA 100.

[20] Unter einem Postulat der reinen praktischen Vernunft versteht Kant „einen theoretischen, als solchen aber nicht erweislichen Satz ..., sofern er einem a priori unbedingt geltenden praktischen Gesetze unzertrennlich anhängt". (Immanuel KANT, Kritik der praktischen Vernunft, Riga 1788, A 220.)

Gesetzes lässt „uns allererst der Freiheit bewusst werden".[21] So besteht eine wechselseitige Beziehung. „Das moralische Gesetz ist der Erkenntnisgrund unserer Freiheit". Die Freiheit bleibt „der Realgrund des moralischen Gesetzes".[22]

Die interpersonale Dimension der Freiheit

Freiheit ist auf ein Sollen gerichtet. Sie versteht dieses Sollen und entscheidet, ob sie ihm entsprechen will. Der Sollens-Anspruch ergeht an uns durch den freiheitlichen Anruf anderer Personen. Der Anspruch wird nur vernommen, wenn unsere Freiheit sich öffnet für andere Freiheiten. „Das schlechthin Erfüllende für Freiheit ist die andere Freiheit."[23] Daher steht der Begriff der Freiheit von vornherein unter dem Begriff der Kommunikation. „Freiheit ist primär nicht die Eigenschaft eines individuellen Subjekts, die allein für sich bestehen und begriffen werden könnte; vielmehr ist der Begriff des individuellen Subjekts erst durch jenen Kommunikationsbegriff verstehbar". Daraus folgt, dass die Gemeinschaft der Freiheit[24] transzendental früher ist als das einzelne Subjekt. „Im Begriffe des Subjekts ist der Begriff der *Intersubjektivität* als der transzendentallogisch frühere Begriff schon enthalten."[25] Einfacher gesagt: Das Ich wird zum Ich, indem es sich dem Anruf des Du öffnet und ihm in Freiheit antwortet.[26]

Dass das transzendentale Subjekt, wie Kant es formuliert hat, weiter gedacht werden muss hin zur *transzendentalen Intersubjektivität*, ist auch das Anliegen von Karl-Otto Apel, der die Transzendentalpragmatik entwickelt hat. Dies gilt nicht nur für die Wahrheitsfindung im Diskurs, sondern auch für die Begründung der Ethik.[27]

---

[21] Ebd. A 5 (Fußnote).
[22] Geert Keil, Willensfreiheit, Berlin 2007, 146.
[23] Hermann Krings, System und Freiheit, Freiburg i. Br. 1980, 123.
[24] Krings spricht vom „Kommerzium der Freiheit". (Ebd. 125.)
[25] Ebd.
[26] Siehe dazu: Martin Buber, Ich und Du, in: Ders. (Hg.), Das dialogische Prinzip, Gerlingen 1992, 7–136.
[27] Vgl. Vittorio Hösle, Die Krise der Gegenwart und die Verantwortung der Philosophie, München 1990, 123–133.

Freiheit und Determinismus

Nun wird immer wieder als entscheidendes Hindernis für die Annahme der Freiheit vorgebracht, dass in der Natur, genauer in den Naturwissenschaften, alles durch die Naturgesetze determiniert sei. Die Welt sei kausal geschlossen. Es könne deshalb keine Handlungen geben, die nicht den Naturgesetzen unterstehen. Wenn wir meinen, wir würden in Freiheit handeln, dann unterliegen wir einer Täuschung. In Wirklichkeit stehen unsere Handlungen in einer Kette von Ereignissen, die durch Ursachen bestimmt ist. Bei dieser Redeweise bleibt jedoch meistens unklar, was unter Determinismus verstanden werden soll.

Unter Determinismus im strengen Sinn versteht man den *Laplace-Determinismus*, der besagt, dass der Anfangszustand und die Naturgesetze alle weiteren Weltzustände festlegen und es zu jedem Zeitpunkt genau eine mögliche Zukunft gibt.[28] Dies ist zunächst eine metaphysische, keine wissenschaftliche These.[29] Setzt man diese These in eine wissenschaftstheoretische Formulierung um, dann heißt das, dass ein unter deterministischen Gesetzen stehendes Ereignis sich im Sinne der deduktiv-nomologischen Deduktion aus diesen Gesetzen sowie einer Menge vollständiger Anfangsbedingungen ableiten lässt.[30] „Von Determinismus spricht man erst, wenn Anfangsbedingungen und Gesetze ... die Zukunft alternativlos festlegen, so dass sich für einen idealen Beobachter [den sogenannten Laplaceschen Dämon] auch menschliche Handlungen mit beliebiger Genauigkeit vorhersagen ... ließen."[31]

Aus dem Laplace-Determinismus ergibt sich der *neuronale Determinismus*. Dieser wird wie folgt begründet: 1. Schritt: Die neuronalen Prozesse sind den Gesetzen der Physik und der Chemie unterworfen. 2. Schritt: Diese Gesetze sind deterministisch, d. h. sie bestimmen das Gehirngeschehen vollständig. 3. Schritt: Verhalten und geistige Akte sind auf Hirnfunktionen reduzierbar. Folglich gehorchen sie deterministischen Gesetzen.[32]

---

[28] Vgl. Pierre-Simon Laplace, Essai philosophique sur les probabilités, Paris 1814; Keil, Willensfreiheit, 16; 126; Brigitte Falkenburg, Mythos Determinismus. Wieviel erklärt uns die Hirnforschung? Heidelberg 2012, 21–23.

[29] Vgl. Keil, Willensfreiheit, 28.

[30] Vgl. Günter Rager, Das Bewußtsein und seine neurobiologische Erklärung, Theologie und Philosophie 74 (1999) 183–203; Keil, Willensfreiheit, 28.

[31] Keil, Willensfreiheit, 46.

[32] Vgl. Falkenburg, Determinismus, 6; Singer, Verschaltungen, 36–37.

Inkompatibilismus

Die Willensfreiheit ist zumindest mit diesem strengen Determinismus nicht kompatibel.[33] Da Freiheit eine erfahrbare Realität ist, kann der *Inkompatibilismus* von Freiheit und Determinismus nur dadurch aufgelöst werden, dass die Idee der Determiniertheit der Welt im Sinne einer vollständigen Festlegung aller Ereignisse aufgegeben wird. Tatsächlich lässt sich der Determinismus nicht beweisen.[34] Er ist vielmehr eine „metaphysische These".[35]

Dasselbe gilt für die Aussage, die Natur sei kausal geschlossen. Die These der *kausalen Geschlossenheit* besagt, dass physische Zustände, Prozesse und Ereignisse *nur* physische, aber keine nicht physischen Ursachen haben.[36] Da nach der Meinung der Reduktionisten mentale (geistige) Phänomene sich auf physische Phänomene reduzieren lassen[37], wird die These verallgemeinert zu der Aussage, „*alle* Ursachen in der Welt seien *physisch*"[38]. Deshalb sei die Welt als ganze kausal geschlossen.

Diese These der kausalen Geschlossenheit beruht weder auf einer beobachtbaren Tatsache noch ist sie theoretisch beweisbar. Sie ist lediglich eine operative Leitidee, unter der die Naturwissenschaften sinnvoll forschen. Aus diesem Grund wird die kausale Geschlossenheit der Welt heute von einer Reihe von Physikern und Philosophen in Frage gestellt.[39]

In der These der kausalen Geschlossenheit der Welt steckt ein *Kausalbegriff*, der selbst wieder umstritten ist, und zwar sowohl in der Physik als auch in der Philosophie. Am plausibelsten erscheint noch

---

[33] Vgl. Peter Van Inwagen, An essay on free will, Oxford 1983. Van Inwagen hat dies verdeutlicht mit dem „Konsequenz-Argument". Wenn nämlich der Determinismus zutrifft, dann folgen unsere Handlungen aus Naturgesetzen und Ereignissen, die schon vor unserer Geburt geschehen sind. Die Konsequenzen dieser Umstände hängen also nicht von uns ab.

[34] Vgl. Gerd Haeffner, Philosophische Anthropologie, Stuttgart ⁴2005, 200–202.

[35] Keil, Willensfreiheit, 30–38 Keil untersucht ausführlich die Frage, ob der Determinismus wahr ist.

[36] Vgl. Falkenburg, Determinismus, 29; 45.

[37] Vgl. ebd., 37; 47.

[38] Ebd., 47.

[39] Zu ihnen gehören u. a. Karl Popper/John C. Eccles, The Self and its Brain, Berlin 1977, 539–547; Keil, Willensfreiheit; Falkenburg, Determinismus; Hans-Dieter Mutschler, Weshalb die Welt nicht ganz dicht ist. Zum Problem der kausalen Geschlossenheit und der mentalen Verursachung, in: Tobias Müller/Thomas M. Schmidt (Hg.) Ich denke, also bin ich? Das Selbst zwischen Neurobiologie, Philosophie und Religion, Göttingen 2011, 151–166.

der Kausalbegriff von *Kant*.[40] Nach ihm ist die Kategorie der Kausalität eine notwendige Bedingung der Möglichkeit von Erfahrung, mit der wir Ordnung in die Ereignisse bringen und Zusammenhänge verstehen. Sie ist gleichsam eine „methodologische Regel"[41]. Somit ist die These von der kausalen Geschlossenheit „nur ein regulativer Grundsatz", „eine Verfahrensregel der Naturwissenschaft"[42].

Die *Quantenmechanik* führt uns auch von der Physik her in diese Richtung des Denkens. Der Zerfall eines einzelnen Radiumatoms kann nicht mehr genau, sondern nur noch statistisch vorhergesagt werden. Es lässt sich keine Ursache dafür angeben, dass das einzelne Radiumatom „gerade jetzt und nicht früher oder später zerfällt"[43]. In der Regel sind „nur Schlüsse auf die Wahrscheinlichkeit eines zukünftigen Ereignisses erlaubt"[44]. Dass dies trotzdem nicht im Widerspruch steht zur Kausalitätskategorie von Kant, liegt nach Heisenberg daran, dass „Atome keine Dinge oder Gegenstände mehr sind"[45], wie sie in kausalen Relationen angenommen werden. Trotz dieser Debatte, die schon vor 90 Jahren im Zuge der Quantentheorie geführt wurde, halten einige Neurophilosophen an dem strengen Determinismus fest. Andererseits ist die „objektive Indeterminiertheit von Elementarquanten noch keineswegs ein Beweis für die Freiheit, d.h. jene Indeterminiertheit des Willens, die erst durch die Entscheidung eine Bestimmung erhält."[46]

Kompatibilismus

Der Inkompatibilismus zeigt, dass Freiheit und Determinismus nicht miteinander in Einklang zu bringen sind. Gemäß dem *Kompatibilismus* sollen Freiheit und Determination durch die neuronalen Prozesse im Gehirn kompatibel sein. Damit soll das Problem aus dem Weg geräumt werden, dass die Hirnfunktionen unser Handeln bestimmen und deshalb die Idee der Freiheit letztlich eine Illusion sein muss. Neben einer Reihe von anderen Autoren haben Pauen und Roth mit ihrer „naturalistischen Theorie der Willensfreiheit"[47] versucht, das

---

[40] Vgl. FALKENBURG, Determinismus, 373–374, 378; 400.
[41] Ebd., 374.
[42] Ebd., 51.
[43] Werner HEISENBERG, Der Teil und das Ganze. Gespräche im Umkreis der Atomphysik, München [10]2014, 145.
[44] Ebd., 147
[45] Ebd., 148.
[46] HAEFFNER, Anthropologie, 201.
[47] PAUEN/ROTH, Schuld, 165.

Problem von Freiheit und Determination im Sinne des Kompatibilismus aufzulösen. Letztlich werden aber auch in dieser Theorie *Gründe* auf *Ursachen* zurückgeführt.[48] Freiheit wird naturalistisch aus der Perspektive von Hirnprozessen unterschiedlicher Komplexität gedacht. Das Problem wird einseitig aus der „Sicht des Gehirns"[49] angegangen. Die Sicht des in Freiheit handelnden Subjekts kommt nicht wirklich zum Tragen.

Auch der Kompatibilismus löst das Problem nicht. Habermas fände es z. B. störend, wenn meine Entscheidung determiniert wäre durch ein neuronales Geschehen, „an dem ich nicht mehr als Stellung nehmende Person beteiligt bin: Es wäre *nicht mehr meine* Entscheidung. Nur der *unbemerkte* Wechsel von der Teilnehmer- zu der Beobachterperspektive kann den Eindruck hervorrufen, dass die Handlungsmotivation durch verständliche Gründe eine Brücke zur Handlungsdetermination durch beobachtbare Ursachen baut. Das richtige Konzept der bedingten Freiheit stützt nicht jenen voreiligen ontologischen Monismus, wonach Gründe und Ursachen zwei Aspekte derselben Sache sind."[50]

Einige Autoren rechnen Kant zu den Kompatibilisten, weil er einerseits an der Kausalität als notwendige Verfahrensregel der Naturwissenschaften festhält, andererseits die Realität der Freiheit begründet. Das ist jedoch ein Missverständnis. Nach Kant sind für das Verstehen der Natur kausale Relationen notwendig. Das damit entstehende Wissen ist immer nur unabgeschlossen und bleibt auf Phänomene beschränkt. Freiheit hingegen gehört in den Bereich der praktischen Vernunft, die höher steht als das naturwissenschaftliche Wissen, weil sie deren Möglichkeitsbedingung ist.[51] So besteht eine epistemische Differenz zwischen diesen beiden Weisen des Wissens.

Die Frage nach dem Verhältnis von Determinismus und Freiheit bestimmt zwar weitgehend die gegenwärtige Debatte. Weil man sich

---

[48] Vgl. Günter Rager, Humanismus und Freiheit, in: Adrian Holderegger/Siegfried Weichlein/Simone Zurbuchen (Hg.), Humanismus. Sein kritisches Potential für Gegenwart und Zukunft, Basel und Fribourg 2011, 49–54.
[49] „Aus Sicht des Gehirns" ist der Titel eines Buches von Gerhard Roth, der auf Anhieb einzuleuchten scheint. Bei genauerem Hinsehen muss man sich jedoch fragen, ob das Gehirn überhaupt eine „Sicht" haben kann. Ist es nicht unsere Sicht, unter der wir das Gehirn zu verstehen suchen? Ist es nicht die naturwissenschaftliche, genauer neurowissenschaftliche Methode, mit der wir uns dem Gehirn nähern und es erforschen? Aus Sicht des Gehirns heißt nichts anderes als die Art und Weise, wie wir das Gehirn naturwissenschaftlich konzipieren.
[50] Habermas, Freiheit, 162–163.
[51] Vgl. Haeffner, Anthropologie, 199–200.

aber nicht auf einen Begriff von Determinismus einigen kann und erst recht nicht weiß, ob der Lauf der Welt deterministisch festgelegt ist, kommt diese Debatte zu keinem Ende. Das Verständnis von Determinismus ist nicht nur zwischen den Autoren verschieden, sondern auch bei einzelnen Autoren nicht einheitlich. So wird z. B. in dem Buch „Freiheit, Schuld und Verantwortung"[52] von Michael Pauen und Gerhard Roth der Begriff Determinismus sehr unterschiedlich gebraucht. Dort wird er an einer Stelle als „einigermaßen zuverlässig und gesetzmäßig funktionierendes System"[53] verstanden und dieses gleichgesetzt mit dem Gehirn. An anderer Stelle wird der Determinismus wesentlich strenger gefasst. Ein Ereignis ist dann determiniert, „wenn dessen Eintreten durch vorangegangene Umstände vollkommen festgelegt wird."[54] Es wird aber offen gelassen, ob unsere Welt überhaupt in diesem Sinne determiniert ist. Das menschliche Gehirn jedenfalls wird „nicht als ein streng, sondern nur als ein quasideterministisches System verstanden."[55]

Was bleibt nach solchen Umschreibungen noch vom Determinismus übrig? Ist es unter diesen Voraussetzungen überhaupt noch möglich, den Determinismus der Willensfreiheit entgegenzusetzen und die Frage nach Kompatibilismus oder Inkompatibilismus zu stellen?

Epistemische Differenz

Wenn es nun weder mit dem Kompatibilismus noch mit dem Inkompatibilismus gelingt, Freiheit und Naturgesetze in Einklang zu bringen, dann liegt es vor allem daran, dass Freiheit und Naturgesetze verschiedenen Erkenntnisebenen angehören. Die Naturwissenschaften sind so verfasst, dass sie den Zusammenhang der Ereignisse nach den Regeln der Kausalität untersuchen[56], während die Freiheit im Kontext von Gründen und Begründungen erfahren wird. Obwohl nun alle geistigen Akte ein neuronales Korrelat haben, besteht – wie zuvor gezeigt – keine Äquivalenz zwischen der Ebene der Neurowissenschaften und der Ebene der eigenen Erfahrung oder

---

[52] PAUEN/ROTH, Schuld.
[53] Ebd., 13.
[54] Ebd., 38.
[55] Ebd.
[56] Kant hält „den Determinismus für eine Voraussetzung der Naturwissenschaft und überhaupt jeder Naturerkenntnis". KEIL, Willensfreiheit, 119.

zwischen dem funktionellen menschlichen Nervensystem und dem phänomenalen Bewusstsein. Daraus folgt, dass zwar die neuronalen Prozesse notwendig für die geistigen Akte sind, aber nicht hinreichend, um aus ihnen die geistigen Tätigkeiten herzuleiten.[57] Weil nun keine Äquivalenz zwischen diesen beiden Ebenen besteht, ist auch die Frage, ob Determinismus und Freiheit kompatibel oder inkompatibel sind, nicht entscheidbar. Wir müssen anerkennen, dass eine *Erklärungslücke*[58] bestehen bleibt. Die unterschiedlichen Weisen des Wissens bezeichnet man als *epistemische Differenz*[59]. Die Perspektiven des erlebenden und handelnden Subjekts (erste Person) und der objektivierenden wissenschaftlichen Beschreibung (dritte Person) bleiben verschieden. Wir sind überzeugt, dass wir frei sind. Dennoch lassen sich Bedingungen nennen, die unsere Freiheit einschränken.

Endliche Freiheit

Die heutige Debatte über Freiheit leidet noch unter einem weiteren Missverständnis. Im Gefolge der Willensmetaphysik von Johannes Duns Scotus (um 1266–1308) wird Freiheit als Freisein von jeder Art von Determination verstanden. „Der Wille steht außerhalb des Naturhaften. Der Wille ist nur der Wille, sonst nichts. ... Der Wille ist das eigentliche Selbst des Menschen."[60] Er wird als absolutes anfangen können, als absolute Spontaneität gedacht. Diese Auffassung ist insoweit begründet, als sie über die Freiheit an sich, letztlich über die göttliche Freiheit reflektiert. In dem Gespräch mit den Neurowissenschaften geht es aber nicht um die Freiheit an sich, sondern um unsere menschliche Freiheit – um die Freiheit, wie sie in unserer leiblichen Existenz verwirklicht ist.[61] Es geht um die endliche oder bedingte Freiheit. Würde dieser Sachverhalt wieder stärker berück-

---

[57] Zur Erläuterung folgendes Beispiel: In der Schwarz-Weiß-Fotografie werden Farben auf Grautöne abgebildet oder reduziert. Aus den Grautönen können wir aber nicht mehr eindeutig auf die Farben schließen.
[58] Vgl. Joseph Levine, Materialism and Qualia: The Explanatory Gap, Pacific Philosophical Quarterly 64 (1983) 354–361; David J. Chalmers, The conscious mind. In search of a fundamental theory, New York 1996.
[59] Habermas spricht sogar von einem epistemischen Dualismus. Vgl. Habermas, Freiheit, 170.
[60] Berthold Wald, Willensfreiheit und Einheit der menschlichen Person. Zur Bestimmung der Freiheit im Anschluss an Aristoteles, Manuskript, 11.
[61] Vgl. Günter Rager, Leiblichkeit und Freiheit, in: Martin Hähnel/Marcus Knaup (Hg.), Leib und Leben. Ansichten und Aussichten, Darmstadt 2013, 94–109.

sichtigt, dann dürften sich viele Kontroversen von selbst erledigen. Menschliche Freiheit ist nicht absolute, sondern bedingte Freiheit.

Wenn Peter Bieri[62] von bedingter Freiheit spricht, dann meint er, dass der freie Wille nicht aus dem Nichts kommt. Nach Bieri ist der freie Wille bedingt durch unsere Wünsche, Motive, Überlegungen und Urteile. Von daher erhalten freie Entscheidungen ihren Sinn.

Das Leibapriori

Wie wir im zweiten Teil dieser Ausführungen gesehen haben, korrelieren alle geistigen Akte mit neuronalen Prozessen. Daraus ergibt sich die Bedeutung des Leibes als notwendige Bedingung für unsere geistigen Tätigkeiten. Kant hat den Leib „wohl als erster als transzendentale Bedingung physikalischer Erfahrung im ‚Opus postumum' zur Sprache gebracht"[63]. Wir haben gesehen, dass auch für Freiheit ein funktionsfähiger Leib Bedingung der Möglichkeit ist. Wir können also das Leibapriori, wie es Karl-Otto Apel für die menschliche Sprach- und Erkenntnisfähigkeit eingeführt hat, erweitern auf alle unsere geistigen Fähigkeiten. Unsere geistigen Fähigkeiten sind verankert in der Struktur und Funktion des Nervensystems. Damit ist eine Brücke zu den Neurowissenschaften geschlagen, zugleich aber dem Reduktionismus eine Absage erteilt.

Freiheit und naturgemäßes Handeln

Wenn der Mensch als Leib-Seele-Einheit verstanden wird, dann ergibt sich zwangsläufig, dass endliche Freiheit nur dann vollumfänglich gegeben ist, wenn die Person uneingeschränkt über jene Fähigkeiten verfügen kann, die ihr mit ihrer menschlichen Daseinsweise gegeben sind. Menschliche Daseinsweise bedeutet, dass sie durch die Natur des Menschen bestimmt ist. Die Natur des Menschen ermöglicht einerseits dessen Freiheit, andererseits zieht sie dieser Freiheit Grenzen. Der Mensch kann nur das tun, was von seiner Natur her möglich ist.[64] Im Gegensatz zu einer deterministischen Festle-

---

[62] Siehe hierzu auch Peter BIERI, Das Handwerk der Freiheit, München 2001.
[63] Enzyklopädie Philosophie und Wissenschaftstheorie, hgg. von Jürgen MITTELSTRAß, Bd. 2, Stuttgart 1995, 566.
[64] In der Scholastik gilt der Grundsatz, dass das Handeln dem Sein folgt (agere sequitur esse). Thomas von AQUIN formuliert diesen Grundsatz so: Agere sequitur ad esse in actu (Summa contra gentiles III, 69). Zur Diskussion des Determiniert-Seins durch

gung, lässt die lebensweltlich verstandene Natur des Menschen mit ihren wesentlichen Eigenschaften[65] verschiedene Handlungsmöglichkeiten in einem eingeschränkten Rahmen und in Abhängigkeit von den Umständen zu. Die Willensfreiheit verfügt über einen Spielraum von Möglichkeiten und sie hat die „Fähigkeit der vernünftigen Prüfung und Wahl".[66] Ist die Entscheidung getroffen, dann ist die Willensfreiheit auch in der Lage, sie in Handlungen umzusetzen und gegebenenfalls auch Hindernisse zu überwinden.[67]

Wie ist nun das Verhältnis von Hirnforschung und Freiheit zu bestimmen? Die Hirnforschung zeigt uns immer detaillierter, welche Bedingungen erfüllt sein müssen, damit wir frei handeln können. Sie sagt nichts über die Freiheit selbst. Die Neurophilosophen aber, die sich über Freiheit äußern, können dies nicht im Namen der Hirnforschung tun, sondern formulieren ihre eigenen weltanschaulichen Konstrukte. Die kritische Analyse dieser Konstrukte zeigt, dass die damit verbundene Ablehnung der Freiheit nicht haltbar ist.

Die Ausführungen verdeutlichen, dass wir entsprechend unserer Natur frei handeln können, falls diese Natur nicht durch pathologische Ereignisse beschädigt ist.[68] Diese Freiheit ist aber nicht einfach gegeben, sondern aufgegeben. Erst im Vollzug erweist sie ihre Realität. Als freie Personen können wir einerseits Schuld auf uns laden, andererseits aber auch Verantwortung übernehmen. Wir sind in erster Linie für die eigene Lebensführung verantwortlich, dann aber auch für unser Umfeld. Im Zeitalter der zunehmenden Globalisierung tragen wir vermehrt Verantwortung – auch für größere Bereiche und für die Zukunft, weil unser heutiges Handeln in einem bisher nicht gekannten Ausmaß Folgen für die künftigen Generationen hat.[69]

Ursachen im Vergleich zu den Festlegungen durch die Natur eines Wesens siehe: KEIL, Willensfreiheit, 118–136.

[65] Dispositionen nach: KEIL, Willensfreiheit, 128.

[66] Ebd., 130.

[67] Vgl. die Definition bei: KEIL, Willensfreiheit, 135. Keil spricht deshalb von der „fähigkeitsbasierten" Willensfreiheit.

[68] „Mens sana in corpore sano". Dies ist ein verkürztes Zitat aus der Satire 10, 256 des römischen Dichters Juvenal (um die Wende vom 1. zum 2. Jahrhundert nach Christus): „Orandum est, ut sit mens sana in corpore sano". Das Verhältnis von Leib und Freiheit wird weiter reflektiert, in: RAGER, Leiblichkeit.

[69] Vgl. Hans JONAS, Das Prinzip Verantwortung, Frankfurt a. M. 1984.

Zwischen Einheit und Vielfalt?

Fünf Thesen zur Freiheit in einer polyedrischen Kirche

Johanna Rahner

These 1: Eine katholische Identität war und ist immer eine plurale und daher auf Freiheit gegründete Identität:

Daher gilt es, die Pluralität der eigenen Geschichte wiederzuentdecken und historische Alternativen als mögliche Alternativen für das Heute ernst zu nehmen.

Stimmt diese These, so scheint es, als müssten wir Katholikinnen und Katholiken – und die durchaus ambivalente Rezeptionsgeschichte des II. Vatikanischen Konzils ist ein beredtes Beispiel dafür – erst wieder lernen, wirklich ‚katholisch' zu sein. Das bedeutet, zu lernen, dass es so etwas wie eine feste, unveränderliche, aber vor allem eindeutige Identität des Katholischen *nie* gab, sondern – wie alle anderen Identitäten –, auch das Katholisch-Sein immer eine liquide Identität, eine Identität ‚im Fluss' ist.

Im Zentrum dieses Lernprozesses steht zum einen die ‚Erinnerung an das Geworden-Sein'; sie macht deutlich, dass es „Identität nur in der Weise der geschichtlichen Verwandlungen"[1] gibt. Dazu gehört aber auch die Bereitschaft, diese ‚Erinnerung(en)' zum Erneuerungspotential werden zu lassen[2]; also ihren Gehalt als ‚gefährliche Erinnerung' im Sinne eines „Beitrags zur Ambiguitäts- und damit Innovationstoleranz"[3] fruchtbar zu machen. Wenn also Hubert Wolf in die ‚Krypta' der Kirchengeschichte hinabsteigt, um dort ‚Schätze' für mögliche Veränderungen heute zu heben, darf man ihn

---

[1] Joseph RATZINGER, Das Problem der Dogmengeschichte in der Sicht der katholischen Theologie, Köln-Opladen 1966, 19–20.

[2] Vgl. Wilhelm DAMBERG, Die ‚Lehrmeisterin des Lebens' – Kirchengeschichte und Innovation im Kontext des Zweiten Vatikanischen Konzils, in: Wilhelm DAMBERG/Matthias SELLMANN (Hg.), Die Theologie und ‚das Neue'. Perspektiven zum kreativen Zusammenhang von Innovation und Tradition, Freiburg i. Br. 2015, 81–110, 107.

[3] Georg ESSEN, Die Geschichte, die aus der Wahrheit kommt. Reflexionen zu einer innerkirchlichen Kultur der Innovationstoleranz, in: DAMBERG/SELLMANN, Die Theologie und ‚das Neue', 169–196, 194.

wohl ernst nehmen, wenn er schreibt: Erste Voraussetzung für einen solchen Versuch ist die

> „Anerkennung der historischen Tatsache, dass die Kirche in ihrer Geschichte nie ein monolithischer Block war. Vielmehr haben immer wieder unterschiedliche Katholizismen miteinander um die ideale Verwirklichung des Katholischen gerungen. ... Auf wichtige Fragen wurden ganz unterschiedliche Antworten gegeben, ohne dass dabei zwangsläufig die Einheit der Kirche in Frage gestellt worden wäre"[4].

Wer Kontingenz/Zeitbedingtheit bestimmter, getroffener Entscheidungen aufdeckt, ihre Geschichtlichkeit rekonstruiert, legt eine ‚sichere', ‚immergleiche' katholische Identität als ‚Konstrukt' offen und macht auch das, was häufig als ‚Tradition' gekennzeichnet wird, als ‚konstruierte Kontinuität' sichtbar. Dabei werden die theologiegeschichtlich vorliegenden Alternativen im Bewusstsein gehalten, das Spektrum der Möglichkeiten erweitert und Wege der Selbstkritik und Autokorrektur eröffnet. Gerade weil es zum real Existierenden immer auch eine historische, vielleicht sogar eine bewusst verdrängte Alternative gibt, ist das Katholisch-Sein in seiner Wandelbarkeit und Entwicklung ernst zu nehmen. Kein Wunder, dass Hubert Wolf dann Veränderung und Reform zu einem grundlegenden ‚Strukturprinzip' des Katholischen erklärt.[5] Indes hält hier Georg Essen mit Blick auf die Katholische Kirche zu Recht kritisch fest: „Was sich im Doktrinalhaushalt der Kirche im 19. Jahrhundert ekklesiologisch formiert hat, führt im Ergebnis dazu, dass die innerkirchlichen Diskurse über mögliche Reformen ab ovo ebenso lehramtlich eingehegt werden können, wie die Anstöße, die aus der wissenschaftlichen Theologie kommen"[6] – von Freiheit kann systemisch kaum die Rede sein. So stellt sich die Frage, ob die im 19. Jahrhundert grundgelegte und im 20. Jahrhundert weiter ausgefeilte, ekklesiologische Hermetik des Katholischen überhaupt noch von innen heraus aufzubrechen ist.[7]

---

[4] Hubert Wolf, Krypta. Unterdrückte Traditionen der Kirchengeschichte, München 2015, 21–22.
[5] Vgl. ebd., 17–18.
[6] Georg Essen, „Löscht den Geist nicht aus!" (1 Thess 5,19). Die Kirchengeschichte als rückwärtsgewandte Prophetie, in: ETStudies 10 (2019) 297–318, 314.
[7] Vgl. ebd., 314–315.

These 2: Katholisch-Sein heißt immer in und mit der Welt katholisch zu sein:

Denn die Geschichte der römisch-katholischen Kirche war immer eine Geschichte der Selbstwerdung im Angesicht des Anderen.

Ob es nun in der christlichen Antike die Philosophie Platons, der Stoa, im Mittelalter die Philosophie eines Aristoteles oder – mit einer kleinen Zeitverzögerung – die Ethik und das Freiheitsverständnis der aufgeklärten Neuzeit und Moderne war: Selbst in dieser zugegeben eurozentrischen Perspektive wird deutlich, dass die stets neu zu bewältigende Herausforderung für die Katholische Kirche immer darin lag, die Ressourcen der Welt, in der man lebte, positiv und kreativ zu nutzen, sich auf sie einzulassen und in ein fruchtbares Miteinander umzusetzen. Aus dieser doppelten Ortsbestimmung des Eigenen im Anderen und des Anderen im Eigenen (besser: aus Zeitgeistigkeit und Ver-Weltlichung!) kommt das Katholisch-Sein nie heraus. Nicht ohne Grund ist das ‚et ... et', ein in der katholischen Identität tief verwurzeltes Grundprinzip! Daher kann das II. Vatikanische Konzil mit seiner veränderten Verhältnisbestimmung von Kirche und Welt, von Wahrheit und Freiheit, von individueller Religions- und Gewissensfreiheit und kirchlicher Institution gar „keine ‚neue Kirche'"[8] schaffen, freilich stellt es das Kirche-Sein im Vergleich zum 19. Jahrhundert dann doch auf eine grundlegend veränderte Basis und bewusst anders als zuvor! Und diese Veränderung ist epistemologisch durchaus eine substantielle; auch wenn dieses scheinbare ‚aggiornamento' letztlich ein ‚resourcement' darstellt. Es ist nicht mehr so – so formuliert es Mario von Galli schon zu Konzilszeiten –

> „dass die Kirche eine ewige, sich stets gleichbleibende übernatürliche ‚Lehre' verwaltet, die sich wie ein Tee-Ei in jede Zeit einsenken muss, damit das Leben der Menschen von ihrer Kraft erfüllt werde. [Es] bedeutet vielmehr, dass die Kirche in die Zeit hineinhorchen muss, um mit der ihr gegebenen Unterscheidung der Geister zu erlauschen, wo das Wort Gottes, sein Same, in der Menschheit wächst. Er wächst auch außerhalb der Kirche. Er wächst überall dort, wo der Mensch mehr

---

[8] Stefan GERBER, Kontinuität – Reform – Bruch? Ernst-Wolfgang Böckenförde und die Religionsfreiheit nach dem Zweiten Vatikanischen Konzil, in: Reinhard MEHRING/ Martin OTTO (Hg.), Voraussetzungen und Garantien des Staates. Ernst-Wolfgang Böckenfördes Staatsverständnis, Baden-Baden 2014, 64–89, 82.

und mehr Mensch wird. Die Kirche muss dieses Wachstum wahrnehmen, begrüßen, fördern und durch die Fülle ihrer Botschaft auf das Endziel der Menschheit auszurichten suchen."[9]

Das führt notwendig zu einer veränderten, nun *von außen her* bestimmten, dynamisierten Identität des Katholischen.

Katholische Theologie gewinnt daher im Gefolge des Konzils ihr Profil eben nicht nur aufgrund einer passiven Wechselwirkung des Evangeliums mit den Fragen unserer Zeit; sie sucht aktiv ihre Identität und ihr Profil bewusst ‚da draußen', beim ‚Anderen ihrer selbst', im Diskurs mit den anderen Wissenschaften, im Dialog mit den anderen Religionen, im Gespräch zwischen den Religiösen und den religiös Unmusikalischen in unserer Gesellschaft. *Denn das Eigene wird letztlich nur durch den Mut zum Fremden bewahrt und entwickelt (Karl Rahner*[10]*).* Das konstituiert sie als eine Theologie, die wahrnimmt, die zum stereophonen Hören befähigt ist, d. h. die die Vielfalt der christlichen und der nichtchristlichen Stimmen wahrnimmt und auch mit dem ‚Resonanzraum' des eigenen Gewissens ins Gespräch bringt.[11]

These 3: Wer, wenn nicht wir? – Eine plurale katholische Kirche ist heute notwendiger denn je!

Die Kehrseite des mit dem II. Vatikanischen Konzils verbundenen epistemologischen Wechsels ist das einsetzende ‚Bewusstwerden der Weltkirche', d.h. der Wandel von einer eurozentrischen in eine polyzentrische Kirche[12]; das hat Konsequenzen.

Die entscheidende Herausforderung dieses Perspektivwechsels des Konzils kann wie folgt formuliert werden: Wie lassen sich nun Universalismus des Anspruchs und der Identität (Einheit) und die Einsicht in die unaufgebbaren und unverzichtbaren kulturellen Diffe-

---

[9] Karl Rahner/Mario von Galli/Otto Baumhauer, Reformation von Rom. Die katholische Kirche nach dem Konzil, Tübingen 1967, 115.

[10] Karl Rahner, Austausch statt Einbahn. Ritenstreit – neue Aufgaben für die Kirche, in: Entschluß (Wien) 38, 7 (1983) 8, 28–31, 31.

[11] Vgl. Christoph Theobald, Christentum als Stil. Für ein zeitgemäßes Glaubensverständnis in Europa, Freiburg i. Br. 2018, 43.

[12] Vgl. Giancarlo Collet, Katholischer Aufbruch oder zentralistische Wiederkehr? Zur Bedeutung des II. Vatikanischen Konzils für die Weltkirche, in: Theologie der Gegenwart 57 (2014) 209–224, 221.

renzen, in die Notwendigkeit der Inkulturation, den Dialog mit den Kulturen und den je unterschiedlichen „Zeichen der Zeit" (GS 4) und damit der notwendigen ‚Diversität' (Vielfalt) zusammenbringen? Und zwar ohne, dass sich beides gegenseitig nur relativiert oder in einer beziehungslosen bzw. ‚unverbindlichen' Vielfalt Konflikte schürt bzw. letztlich eine ‚Einheit in Vielfalt' in einer nicht mehr überwindbaren Fragmentierung verschwinden lässt?

Kein Geringerer als Johann Baptist Metz hatte in diesem Kontext vor über drei Jahrzehnten zunächst eine grundlegende Skepsis gegenüber dem mit dem Gedanken der notwendigen ‚Enteuropäisierung' des Christentums zumeist verbundenen Modell einer ‚Entkulturation' des Christentums geäußert. Denn ein solches Modell – so Metz – macht aus dem Christentum eine geschichts- und kontextlose, eine ‚kulturenthobene und (scheinbar) ‚ethnisch unschuldige', leere Chiffre, die sich als geradezu ‚gnostisches' Ideal nur je neue Kulturgewänder umzulegen hätte. Aber ein solches „zu Kultur und Geschichte präexistentes Christentum, ein kulturell entblößtes, ein kulturell nacktes Christentum gibt es nicht"[13], so Metz. Metz plädiert daher epistemologisch wie hermeneutisch für einen anderen Ansatz der Polyzentrik. Dieser soll zwei, der abendländisch-europäische Kultur und der jüdischen wie griechisch-hellenistischen Tradition des Christentums entspringende, Prinzipien beibehalten. Denn diese repräsentieren – nach Metz – eine besondere Gestalt universeller Verantwortung, die zugleich für eine polyzentrische Weltkirche grundlegend und wertvoll sind: Auch eine polyzentrische Weltkirche

> „muss sich", so Metz, „zum einen aus ihrem biblischen Erbe als eine Religion verstehen und bewähren, die im Namen ihrer Sendung Freiheit und Gerechtigkeit für alle sucht. Und sie muss sich – zum andern – als eine Religion verstehen, die aus ihrem biblischen Erbe eine besondere Kultur entfaltet, nämlich die Kultur der Anerkennung der Anderen in ihrem Anderssein, also die schöpferische Anerkennung ethnisch-kultureller Pluralität"[14].

Kurz: Zwei Optionen, die ‚Option für die Armen' und die ‚Option für die Anderen in ihrem Anderssein',[15] sind das entscheidende ‚Ferment' einer ‚hermeneutischen Kultur der Diversität' und daher auch

---

[13] Johann Baptist Metz, Einheit und Vielheit. Probleme und Perspektiven der Inkulturation, in: Concilium 25 (1989) 4, 337–342, 338.
[14] Ebd., 339.
[15] Ebd., 340.

und gerade in einer polyzentrischen Weltkirche stets neu zu aktualisieren. Denn nur so kann es gelingen, „die im europäischen Geist verinnerlichte Tendenz zur Universalität verheißungsvoll ... mit der Weisheit und den Leidenserfahrungen anderer Kulturen" zu verbinden[16].

Wenn das gelänge, hätte das weitreichende Konsequenzen: Denn in einer globalisierten Welt, in der Heimat zum Plural geworden ist und Kulturen in einer auf den ersten Blick unaufhebbaren Fremdheit aufeinandertreffen, ist diese Fähigkeit zu einer inklusiven Diversität eine der entscheidenden, wenn nicht *die* entscheidende Herausforderung. Denn angesichts von Globalisierung und Verstädterung, Klimawandel und Kapitalismus gibt es eine moderne Disposition zur Vernichtung von Vielfalt. Obwohl die Welt voll ist von Ambiguität, sind Menschen tendenziell ambiguitätsintolerant – so Thomas Bauer.[17] Angesichts dieser Situationsbeschreibung könnte die katholische Kirche mit den genannten Prinzipien daher zum Vorbild für ein anderes Modell von Diversität werden.

These 4: Wir brauchen eine grenz(en)überschreitende Theologie:

Die einem solchen Perspektivenwechsel folgende Aufgabenbeschreibung der Theologie muss deren liminalen und experimentellen Charakter betonen und verteidigen.

Papst Franziskus plädiert in seiner Apostolischen Konstitution *Veritatis gaudium*[18] angesichts dieser Herausforderungen nun interessanterweise für eine veränderte Methode der Theologie, die unterschiedliche Denkformen – die in verschiedenen Kontinenten und im Dialog mit den verschiedenen Kulturen sozusagen ‚auf dem Feld' geprüft und ‚vermehrt' worden sind (vgl. VG 3) – im Sinne der Gradualität und der Komplementarität fruchtbar macht. Sie rechnet dabei die situative, historische, sprachliche Differenz, aber auch die Mentalitätsdifferenz als Faktoren ein und pflegt die Neigung, nicht

---

[16] Ebd.
[17] Vgl. Thomas BAUER, Die Vereindeutigung der Welt. Über den Verlust an Mehrdeutigkeit und Vielfalt, Stuttgart 2018, 15.
[18] PAPST FRANZISKUS, Apostolische Konstitution *Veritatis gaudium*. Über die kirchlichen Universitäten und Fakultäten, in: vatican.va, 27. Dezember 2017, https://www.vatican.va/content/francesco/de/apost_constitutions/documents/papa-francesco_costituzione-ap_20171208_veritatis-gaudium.html (01.03.2024).

von den Gegensätzen, sondern von der gemeinsamen Basis her die Unterschiede zu bewerten. Die Identität des Katholischen, ja all das, was diese Identität ausmacht, insbesondere, das was man unter ‚Tradition' versteht, bestimmt sich angesichts dieser Dynamik nicht mehr vom Gedanken der Einheitlichkeit her, sondern von der Idee einer Gemeinschaft von Verschiedenen. Denn, um in einer pluralen Welt heute wirklich fruchtbar zu sein, braucht es die Fähigkeit zur Unterschiedlichkeit. Der Grundsatz ‚das eine nicht ohne das andere':

> „muss daher eine Erkenntnisweise und eine Wirklichkeitsdeutung im ‚Geist Christi' (vgl. 1 Kor 2,17) zur Anwendung kommen, dessen Vorbild und Lösungsmodell nicht „die Kugel [ist], die den Teilen nicht übergeordnet ist, wo jeder Punkt gleich weit vom Zentrum entfernt ist und es keine Unterschiede zwischen dem einen und dem anderen Punkt gibt", sondern ‚das Polyeder, welches das Zusammentreffen aller Teile wiedergibt, die in ihm ihre Eigenart bewahren'". (VG 4d)

Die damit angesprochene Problematik erweist sich bei näherem Hinsehen aber als ein wissenschaftstheoretisches wie epistemologisches Schwergewicht, das, nicht nur bei Papst Franziskus, mitunter allzu leichtfüßig daherkommt. Eines wird dabei recht schnell deutlich: Nur als aufgeklärte, ‚zweisprachige' Grenzgängerin zwischen Kirche und Gesellschaft, zwischen Glauben und Wissenschaft, zwischen universalem Anspruch und den konkreten situativen Herausforderungen erweist sich wissenschaftliche Theologie als geeignetes, womöglich sogar einzig wirksames Instrument dieser, eben skizzierten, religiös begründeten, nicht hegemonialen Hermeneutik der Diversität. Sie entwickelt dazu ein doppeltes, ideologiekritisches Potenzial – sowohl gegenüber einer politisch oder kulturell geformten Identität mit pseudoreligiösen oder gar metaphysischen Ansprüchen, die z. B. das entscheidend Christliche mit politisch-nationalen, ethnischen oder rassischen Interessen verwechselt, als auch gegenüber einer politisch, ökonomisch oder kulturell übergriffigen religiös imprägnierten Identität fundamentalistischen Stils. Schon die dazu notwendige Multidisziplinarität und die daraus folgende Multiperspektivität der Theologie lässt aber die Frage nach einer Mitte der Theologie notwendig offen. Darüber hinaus wird eine solche, liminale Theologie immer vielstimmig und in dieser Vielstimmigkeit irritierend offen und uneindeutig sein müssen. Nur so kann sie das sein, was Papst Franziskus von ihr fordert: ein kulturelles Laboratorium (vgl. VG 3).

These 5: Ohne Freiheit (der Wissenschaft) keine echte Theologie:

Die Geschichte der Theologie war und ist eine „Geschichte des Streites", weil Theologie „nie ein statisches, vom geschichtlichen Wandel unberührtes Gebilde", sondern „immer im Fluss"[19] ist. Dazu aber bedarf es der Freiheit.

Liminale Theologie, die an die Grenzen (und darüber hinaus) geht, hat immer Experimentalcharakter; dazu braucht es eine Trial-and-error-Toleranz der Theologie und gegenüber der Theologie.

> „Damit umzugehen, ist der Theologie [selbst; JR] sowohl inhaltlich wie auch methodisch vertraut. Die Probleme, die damit verbunden sind, werden nicht wegretuschiert, wenn von Dynamik, aber auch von Zersplitterung die Rede ist, oder neben ‚organische Gliederung' Unsicherheit und Relativismus gestellt werden. ...Wenn sie [die Theologie; JR] sich heute im Haus der Wissenschaften bewegt, dann wird sie sich auf die damit verbundenen Aporien und Dynamiken einlassen müssen, ansonsten befindet sie sich am falschen Ort."[20]

Das steht aber in Spannung zu jener ‚Ideologie des Katholischen', die als einzigen Orientierungspunkt das ‚semper idem' kennt und am Ende noch die möglichen Aporien des Gewordenen als pneumatologisch legitimierten Sollens-Zustand verteidigt. Liminale Theologie aber braucht (Wissenschafts-) Freiheit; denn Wissenschaftsfreiheit macht Theologie erst zu einer grenzüberschreitenden, und so zu einer streitbaren und bestreitbaren, damit aber auch wirklich auseinandersetzungs- und rechenschaftsfähigen Disziplin.

Auch hier überrascht der aktuelle Papst mitunter. So mahnt Franziskus die Theologie, dem Streit und dem Konflikt nicht auszuweichen: „In dieser Zeit muss die Theologie sich auch der Konflikte annehmen: nicht nur jener, die wir innerhalb der Kirche erleben, sondern auch jener, die die ganze Welt betreffen und die auf den Straßen ... zu finden sind"[21]. Die Streitbarkeit der Theologie gilt also

---

[19] Magnus STRIET, Zum wem sollen wir gehen?, in: Benjamin LEVEN (Hg.) Unabhängige Theologie. Gefahr für Glaube und Kirche?, Freiburg 2016, 223–233, 227.

[20] Benedikt KRANEMANN, Kulturelles Laboratorium. Das neue päpstliche Dokument über die kirchlichen Hochschuleinrichtungen gibt auch der Theologie in Deutschland ein anspruchsvolles Programm vor, in: HerKorr 72 (2018) 3, 25–28, 28.

[21] PAPST FRANZISKUS, Brief an den Großkanzler der ‚Pontificia Universedad Católica Argentina zum hundertjährigen Jubiläum der Theologischen Fakultät, in: vatican.va,

nach innen wie nach außen; d. h. sie gilt auch den ungelösten Problemen und den unerledigten Fragen der Kirche selbst.[22] Auch hier entwickelt sich erst im offenen Austausch der Argumente, im gegenseitigen Sich-in-Frage-Stellen eine echte ‚Debattenkultur', die den Streit um die ‚bessere Lösung' ernst nimmt und auch die Frage der Pluralität in unserer Kirche konstruktiv und produktiv umsetzt.[23] Daher müssen wir bereit sein, so der Papst weiter,

> „den Konflikt zu erleiden, ihn zu lösen und ihn zum Ausgangspunkt eines neuen Prozesses zu machen", in einer Weise, die erlaubt, „Geschichte in einem lebendigen Umfeld zu schreiben, wo die Konflikte, die Spannungen und die Gegensätze zu einer vielgestaltigen Einheit führen können, die neues Leben hervorbringt. Es geht nicht darum, für einen Synkretismus einzutreten, und auch nicht darum, den einen im anderen zu absorbieren, sondern es geht um eine Lösung auf einer höheren Ebene, welche die wertvollen innewohnenden Möglichkeiten und die Polaritäten im Streit beibehält" (VG 4d).

Ohne offene, argumentative Auseinandersetzung gibt es keine Wissenschaft, ohne Freiheit der Wissenschaft gibt es keinen ehrlichen Streit um die Wahrheit; kurz: Ohne Freiheit gibt es keine echte Theologie. Ob die katholische Kirche als Institution sich auf das Wagnis einer solchen ‚freien' Theologie wird einlassen können? An dieser Frage entscheidet sich wohl nicht nur die Zukunft der wissenschaftlichen Theologie in der katholischen Kirche.

03.03.2015, https://www.vatican.va/content/francesco/de/letters/2015/documents/papa-francesco_20150303_lettera-universita-cattolica-argentina.html (01.03.2024).
[22] Vgl. ebd.
[23] Vgl. Ottmar Fuchs, Dialog im ‚Martyrium' der Wahrheit, in: HThKVatII, Bd. 5, Die Dokumente des Zweiten Vatikanischen Konzils: Theologische Zusammenschau und Perspektiven, Freiburg 2006, 357–371, 363.

Freiheit im Buddhismus

Individuelle und gesellschaftliche Konkretisierungen eines spirituellen Weges

Johann Figl

Ein zentraler und grundlegender Inhalt in der Geschichte der europäischen Moderne ist zweifellos das Postulat der freien Entscheidung des einzelnen Individuums. Es ist eine emanzipatorische und zukunftsorientierte Einstellung, die politisch-gesellschaftliche sowie individuelle Veränderungsprozesse leitet. Das Postulat der Freiheit umfasst alle grundlegenden Bereiche menschlichen Lebens, insbesondere auch die Freiheit der Religionen und der religiösen Entscheidung. Dadurch ist zugleich eine Sinnantwort auf grundlegende Fragen des Daseins angezielt, letztlich angesichts von dessen unausweichlicher Endlichkeit.

Von diesem Hintergrund des europäisch-neuzeitlichen Verständnisses von Freiheit her ist es zwar nicht ohne Weiteres möglich, den dabei leitenden Freiheitsbegriff auf andere Kulturen und Traditionen zu übertragen. Da jedoch ‚Freiheit' zugleich ein Begriff ist, der eine *allgemein-anthropologische* Dimension zum Ausdruck bringt, und insofern in allen Kulturen und Religionen anzutreffen ist, ist es dennoch sinnvoll, diesen Begriff in anderen Kulturen und Religionen zu eruieren, wobei dessen spezifische Merkmale im Einzelnen herauszustellen sind. Dies legt sich umso mehr nahe, als das gegenwärtige Bewusstsein von der Einheit der Menschheit als solches schon zu einer Relativierung spezieller kultureller Aspekte führt, und schließlich ist auch das Faktum zu beachten, dass Weltreligionen ihrem Selbstverständnis nach eine für alle Menschen relevante Botschaft bringen.

In dem Kontext eines zugleich universalen und partikularen Selbstverständnisses einer Weltreligion, wie es der Buddhismus ist, soll dessen Verständnis von Freiheit in seinen charakteristischen Merkmalen vor Augen gestellt werden, und zwar in folgenden drei Dimensionen:

1. ist auf den *spirituellen* Freiheitsweg einzugehen, also auf die *glaubensmäßigen* Voraussetzungen,

2. sind die neuen Akzentuierungen zu erwähnen, die sich in der Begegnung mit dem *westlichen* Freiheitsverständnis ergeben haben, und
3. sind exemplarisch einige *zentrale Themenbereiche* der Freiheit im aktuellen Selbstverständnis dieser Religion darzustellen, und zwar hinsichtlich des Individuums, einer politischen Thematik und innerbuddhistischer Entwicklungen.

Der Freiheitsweg im Buddhismus als Religion

Die gemeinsamen Grundlagen aller Richtungen des Buddhismus sind im Wesentlichen die *Vier Edlen Wahrheiten* und der sich daraus ergebende *Achtgliedrige Pfad*. Es sind zugleich jene Texte, deren Inhalt und Formulierung mit hoher Wahrscheinlichkeit zum ältesten Bestand des buddhistischen Kanons gehören. Diese gelten für *alle Richtungen* und für *alle* Buddhistinnen und Buddhisten: für Mönche und Nonnen, für Männer und Frauen als Lai*innen – für sie alle ist das endgültige Ziel *nibbāna*.

Die vier Edlen Wahrheiten und der Achtgliedrige Pfad

Die vier Wahrheiten besagen, wovon man befreit werden muss. Der Buddha sagte in seiner ersten Rede nach seiner Erleuchtung, die er im Tierpark von Benares seinen fünf wiedergewonnenen Jüngern hält:
1. Die *erste Wahrheit* vom Leiden lautet: „Geburt ist leidvoll, Alter ist leidvoll, Krankheit ist leidvoll, der Tod ist leidvoll" – kurz, das Anhängen an dieser Welt ist leidvoll. Das ist die erste Wahrheit vom Leiden, dass das Leben als solches Leiden ist.
2. Die *zweite Wahrheit* ist die Wahrheit von dem „Entstehen des Leidens. Es ist der Durst, welcher zur Wiedergeburt führt […]". Gemeint ist damit der Lebensdurst; der „Durst nach den Begierden, der Durst nach dem Werden".
3. Die *dritte Wahrheit* ist „die edle Wahrheit vom Vergehen des Leidens". Jenes Vergehen geschieht durch das Aufgeben der Leidenschaft: Die Leidenschaft muss man aufgeben, und zwar vollkommen, dann vergeht dieses Leiden. Es ist „das Verlassen, das *Freiwerden* [kursiv, J. F.], das Sich-Abwenden von dem Durst".

4. Der Weg, der zur Aufhebung des Leidens, „zur Vernichtung des Leides führt", ist die *vierte edle Wahrheit*, nämlich der *Achtgliedrige Pfad*.[1]

Dieser Weg ist eine grundlegende Orientierung, die letztlich zur Befreiung, zur Freiheit führen soll. Der Zentralbegriff, mit dem die endgültige Befreiung im Buddhismus umschrieben wird, lautet *nibbāna*. Darum ist es entscheidend, zu verstehen, worum es bei *nibbāna* geht. Ein generelles Merkmal der angezielten Freiheit wird am Begriff *vimutti* sogleich herausgestellt. Es gibt aber viele Bezeichnungen für das *nibbāna*, und im Zusammenhang mit ihm ist auch der Weg zur Befreiung tiefer zu verstehen.

Edward Conze, der bedeutende Buddhismusforscher, hat ausgeführt, dass „*Nirwana*" als „höchste Erlösung die raison d'être des Buddhismus und seine letzte Rechtfertigung [ist]", und es dafür im Pali-Kanon dutzende Begriffe, genauer gesagt circa 100 Begriffe gibt, die *nirvāṇa* kennzeichnen. In seinem Buch *Buddhistisches Denken*[2] hat er diese Merkmale in drei Gruppen unterteilt und näher beschrieben:

1. *Gruppe: nirvāṇa* ist das *Todlose*, wörtlich ‚ohne Tod' (*a-mrta*), das Unsterbliche und noch ein Dutzend weiterer Begriffe, wie *unwandelbar, unzerstörbar, nicht entstanden*, d.h. *ohne Anfang (an-anta) und zugleich ohne Ende*. Ein großer Teil dieser Bezeichnungen beginnt mit dem ‚a' bzw. ‚an-', wie wir es analog aus dem *Alpha privativum* im Griechischen kennen, z.B. A-theismus, und aus dem indischen Bereich vor allen *a-hiṃsā*, viz. Gewaltlosigkeit. Im Deutschen wird dies mit ‚-losigkeit' bzw. der Vorsilbe ‚un-', wie z.B. un-geschaffen (*a-bhutam*) wiedergegeben. Die negativ-klingenden Bezeichnungen sind aus buddhistischer Sicht das höchst Positive und Erstrebenswerte. Sie sind weder negativ noch positiv, sie sind jenseits solcher Kategorien.
2. *Gruppe:* Worte für *Frieden*, was auf die *Beendigung des Leidens* hinweist; es ist friedvolle Stille.[2]

---

[1] Sutta vom In-Bewegung-Setzen des Rades der Lehre (*Dharmacakra-pravartana-sūtra*), in: *Samyutta Nikaya*, 56, 2–14. Die zitierte deutsche Teilwiedergabe richtet sich nach: Reden des Buddha, aus dem Pali-Kanon, übersetzt von Ilse-Lore GUNSER, mit einer Einleitung von Helmuth VON GLASENAPP, Stuttgart 1957, 32–34; vgl. die Übersetzung von Erich Frauwallner, Geschichte der Indischen Philosophie, Bd. 1, Salzburg 1953, 183–184.
[2] Edward CONZE, Buddhistisches Denken. Drei Phasen buddhistischer Philosophie in Indien, Frankfurt a.M. 1988, 102–103.

3. *Gruppe: Nirvāṇa als Sicherheit,* z. B. verstanden als Freistatt, als Zuflucht, als Insel. Buddha spricht von der „Insel Ohne-Jenseits"; Nirvana ist die „endgültige Befreiung", die „letzte Tilgung des Alterns und Sterbens".[3]

Von diesem *Ziel* des Achtgliedrigen Pfades, zu dem die Vier Edlen Wahrheiten hinführen, ist das primäre Verständnis von ‚Freiheit' im Buddhismus zu verstehen. Dies bezeugen auch die Worte, die Buddha nach Darlegung des ‚Achtgliedrigen Pfades' zu seinen Schülern abschließend sagt:

Nachdem Buddha die vier edlen Wahrheiten „in voller Reinheit" zu eigen geworden waren, sagt er: „Und es stieg in mir Erkenntnis und innere Schau auf", die er mit folgenden Worten wiedergab: „Unwandelbar ist für mich die Befreiung des Geistes. Dies ist die letzte Geburt, nicht gibt es nun ein Wiedersein".[4]

Der Begriff, der in kanonischen Texten für Buddhas endgültige Befreiung verwendet wird, lautet in Pāli: *vimutti,* etymologisch ist darin ein Zusammenhang mit *mokṣa* (Sanskrit) gegeben, ein Begriff, der in westlichen Kontexten für Religionen Indiens und indischen Ursprungs mehr vertraut ist. Denn der Begriff *mokṣa* ist ein Zentralbegriff für Erlösung bzw. spirituelle Befreiung im Buddhismus, Jainismus und Sikhismus, und wird meist mit ‚Erlösung' bzw. ‚Befreiung' übersetzt. Ein weiterer Begriff in Pāli zeigt diesen Zusammenhang deutlicher: nämlich *vimoksa,* auch *vimokka,* der ein Äquivalent zu *vimutti* ist, ferner *mukti* und *vimukti.* Von besonderer Bedeutung ist das *Nimokka-Sutta* (Sutta-Nipāta 1,2), also ‚Freedom-Sutta'. Andere englischsprachige Übersetzungen für dieses Pāli-Wort sind ‚emancipation', ‚liberation'.

Auf weitere exemplarische Stellen für dieses Begriffe und deren Bedeutung im Pali-Kanon kann hier nur hingewiesen werden:

Im *Majjhima-Nikāya* (120,37) werden hinsichtlich von *vimutti* bzw. *vimokka* mehrere Arten von Befreiungen unterschieden, nämlich Gemütsbefreiung und Weisheits-Erlösung; beide gehören aber zusammen, durch beide kann man zur endgültigen Befreiung gelangen, von der man nicht wiederkehren muss: „Und durch eigene Verwirklichung mit höherer Geisteskraft, tritt er hier und jetzt in die Herzensbefreiung, die Befreiung durch Weisheit, die mit der Vernichtung

---

[3] A.a.O., 104.
[4] Reden des Buddha, Anm. 1, 34; vgl. zudem: Kulatissa Nanda Jayatilleke, Early Buddhist Theory of Knowledge, Delhi 1963, bes. 466–467. (Nr. 797).

der Triebe triebfrei ist, ein und verweilt darin. Ihr Bhikkhus, dieser Bhikkhu erscheint nirgendwo und nirgends mehr wieder".[5] Im *Anguttara-Nikāya* (VIII, 66, ebenso im *Digha-Nikāya* 2, 33, u. a.) werden „acht Freiungen [sic.]" *(vimokka)* aufgezählt, die zur Erlösung führen, und viele andere Stellen und ähnliche Begriffe finden sich im Pali-Kanon, die hier nicht ausgeführt werden. Vor diesem Hintergrund wird folgendes Wort verständlich: „Gleichwie der Ozean nur einen Geschmack hat, den Geschmack des Salzes, gerade so, ihr Mönche hat diese Lehre und Ordnung [scil. der Mönche] nur einen Geschmack, den Geschmack der Erlösung" *(vimokka)*.[6]

Spirituelle Wege zur Befreiung

Das elementare religiöse Anliegen, letzte Befreiung von den Leiden des Daseins zu erlangen dokumentiert gerade auch der spirituelle Weg dorthin. Die letzten drei Glieder des achtteiligen Pfades (viz. die Gruppe der ‚Vertiefung', *samādhi*) – nämlich rechte Anstrengung (Mühen), Gedenken, Sich-Versenken – stellen einen meditativen Weg dar, der sich in den verschiedenen buddhistischen Richtungen in unterschiedlichen Formen der Meditation entwickelt. Hier ist auf eine der ältesten einzugehen, nämlich auf die heute im Westen vermutlich bekannteste und oft praktizierte Form des Theravāda-Buddhismus, die *Meditation der ‚Klarsicht'*, *Vipassanā* (Präfix ‚vi' und ‚pas' – sehen) – auch sie will ausdrücklich zu *vimokkha*, zur ‚Befreiung', führen. Es ist eine traditionelle meditative Praxis, auf die in der Moderne wieder zurückgegriffen, die aktuell modifiziert wurde, und die viele Vertreter*innen hat, die sie praktizieren und weiter vermitteln.[7] Die

---

[5] Zitiert nach: Tipitaka (Drei-Korb), der Pali Kanon des Theravāda-Buddhismus in deutsch, www.palikanon.com (26.06.2024).

[6] Etymologisch ist die Wurzel zum dazugehörigen Pāli-Verb *muncati*, und zum Sankrit-Verb *mucyate* bzw. *móksate muc*; im Proto-Indoeuropäischen lautet das erschlossene Wort: **(s)meuk*. Die zwei Bedeutungslinien sind: 1. loslassen, befreien, 2. entschlüpfen; fliehen, entkommen. Eine Variante dazu ist **mewg*. Vgl. Julius POKORNY, Indogermanisches etymologisches Wörterbuch, Bd. 2, Bern/München 1969: Wurzel *meuk, meug*. In mehreren anderen indoeuropäischen Sprachen lässt sich dieser Wortstamm nachweisen.

[7] Einer ihrer bedeutendsten Repräsentanten im Westen ist der amerikanische Psychologe *Jack Kornfield*, vgl. dazu besonders dessen Buch, gemeinsam mit Joseph Goldstein: *Einsicht durch Meditation: Die Achtsamkeit des Herzens – Buddhistische Einsichts-Meditation für westliche Menschen. Ein Meditationshandbuch für die Übung im Alltag. Mit einem Vorwort des Dalai Lama*, Bern 1989; vgl. DERS., *Das Tor des Erwachens. Wie Erleuchtung das tägliche Leben verändert*, München 2001.

grundlegenden Betrachtungen in den klassischen Texten sind jene der Unbeständigkeit, des Leidens oder des Nicht-Selbst, also der drei Grundmerkmale allen Seins: erstens Unbeständigkeit oder Vergänglichkeit (anicca), dann Unzufriedenheit bzw. Leiden (*dukkha*, in älteren deutschen Text-Ausgaben auch übersetzt als Elend), und drittens *Nicht-Selb*st (*anatta*; Sanskrit *an-atman*, ‚ohne ātman', d.h. ‚Seele', also ohne Annahme einer bleibenden personalen Identität). Demgemäß werden drei ‚Tore', also drei Arten unterschieden, die auf dem Wege der Betrachtung dieser Daseinsmerkmale zur Befreiung führen. Im Endstadium der Meditation wird eine von diesen Formen „hervorstechend, wonach der Meditierende sofort das Nibbana erfährt", also jene grundlegende Erfahrung macht, um die es im Buddhismus letztlich geht, und diese hier ebenfalls *vimokka* genannt wird, also *Befreiung*. Je nachdem, welches der drei Daseinsmerkmale betrachtet wird, werden die ‚Befreiungen' terminologisch unterschieden: wenn es ist die Unbeständigkeit ist, dann heißt sie ‚zeichenlose Befreiung'; wenn die Meditation des Leidens zum Ziel führt, dann ‚wunschlose Befreiung'; wenn über das Nicht-Selbst, dann ‚leere Befreiung'.[8]

Für *Nyānaponika* ist Buddhismus *ein Weg zur Leidfreiheit*, wie der Titel eines seiner grundlegenden Beiträge zu dieser Thematik lautet.[9] Darin gibt er einen „Grundriß des Buddha-Dharma". Er meint sogar als Grund für seine Freiheitsthese sagen zu können: „Vom Leiden frei zu werden – dieser Wunsch aller Wesen ist auch der *Ursprung der Religion*. Wäre nicht Leiden da, so gäbe es auch keine Religion. Denn ihr letztes Ziel ist nichts anderes als Leidenserlösung […]".[10] Seine Überlegungen baut er auf Grundaussagen des Buddhismus auf, ausgehend von den Edlen Wahrheiten und dem Achtgliedrigen Pfad, die zur „höchsten, heiligen Weisheit" führen; und die „Befreiung vom Leiden" ist „das hohe Ziel – das ist Nibbana".[11]

Freiheit ist somit *das* grundlegende Ziel des meditativen Weges im buddhistischen Selbstverständnis von der Entstehung an bis zur Gegenwart. Freilich hat sich dessen Gesamtdeutung in der Begeg-

---

[8] Vgl. näher Matara Sri Nanarama MAHĀTHERA, Die sieben Betrachtungen der Einsicht. Eine Abhandlung über die Einsichtsmeditation, aus dem Singalesischen. Deutsche Übersetzung von Peter Meyer, Deutsche Buddhistische Union, München 2002, 122, vgl. 19, 27, 42 und 74; vgl. BUDDHAGOSA, Der Weg zur Reinheit. Visuddhi-Magga, aus dem Pali übersetzt von Nyānatiloka MAHĀTHERA, Uttenbühl ⁷1997, 21. Teil, 764–803.
[9] Im Licht des Dhamma. Buddhistische Texte, hg. von Kurt ONKEN, Konstanz 1989, 17–38.
[10] Ebd., 19.
[11] Ebd., 30.

nung mit anderen Kulturen verändert. Hier soll zuerst auf frühe Etappen der Rezeption des Buddhismus in westlichen Ländern hingewiesen werden, um aufzuzeigen, wie das Verständnis zentraler Begriffe der buddhistischen Religion neu akzentuiert wurde, und zwar insbesondere durch einen *westlichen Begriff von Freiheit*. Der Blick auf diesen Rezeptionsprozess mag ein Beitrag zum Verständnis des Buddhismus und seiner spezifischen *Merkmale in Westen* generell sein, insbesondere seines dadurch modifizierten *Freiheitsverständnisses*.

‚Freiheit' als zentrales Motiv der Konversion in der frühen Begegnung mit dem Buddhismus – aus europäischer Perspektive

Die Europäer*innen, die sich seit Ende des 19. Jahrhunderts zum Buddhismus bekannt haben, kommen aus der säkularen Kultur der Moderne, in der die Prinzipien der *freien Entscheidung* wichtige Motive waren. Ich möchte hier an einem Beispiel zeigen, wie sich das in der Auffassung des Buddhismus aus dieser westlichen Perspektive niedergeschlagen hat, und zwar ausgehend vom *Buddhistischen Katechismus zur Einführung in die Lehre des Buddha Gótamo* des deutschen Buddhisten Friedrich Zimmermann. Er hat unter dem Namen *Subhádra Bhikshu* dieses Werk veröffentlicht; es wurde erstmals 1888 auf Deutsch publiziert und dann in viele andere Sprachen übersetzt.

Eine der ersten Fragen in diesem Katechismus, nämlich wie jemand ein Buddhist wird, wird so beantwortet: „Durch freie Entschliessung. Nicht durch Geburt, nicht durch Nationalität, noch Rasse; nicht durch eine Weihe, Taufe oder sonst eine *rechtsverbindliche Ceremonie*, denn der Buddhismus besitzt weder die *Gewalt* einer Staatsreligion, noch eine Hierarchie."[12] Hier sehen wir also den Grundgedanken der freien, autonomen Entscheidung, der immer stärker an Bedeutung gewinnt. Der Buddhismus sei eine freie Religion, ohne religiöse „Herrschaft".[13]

Das Postulat der *freien Glaubensentscheidung* hängt eng mit der Betonung der Gewaltfreiheit zusammen: „Die buddhistische Lehre ist vom Geiste reinster Duldung durchweht; niemals ist für ihre

---

[12] Subhádra BHIKSHU, Buddhistischer Katechismus zur Einführung in die Lehre des Buddha Gótamo, Braunschweig ³1892, 1–2. Diese Nr. 3 war *noch nicht* in der ersten, „vermehrten und verbesserten" Auflage (Vorwort VI), Braunschweig 1888, enthalten.

[13] Vgl. zu dieser idealisierten Sicht auch das hier unmittelbar folgende Zitat aus diesem Katechismus.

Ausbreitung *Blut* geflossen, nie hat sie, wo sie zur Herrschaft gelangte, *Andersgläubige verfolgt* oder *unterdrückt*. Wer die Wahrheit nicht erkennt oder nicht hören will, schadet nur sich selbst und erregt daher das Mitleid des Buddhisten, nicht seinen Hass."[14]

Dieses Argument, das viele ältere Buddhisten bestimmte, wirkt noch stark weiter; als Beispiel dafür sei das über 700 Seiten umfassende Werk des österreichischen Buddhisten Walter Karwath *Buddhismus für das Abendland* genannt, das schon im Untertitel *Freiheit durch Erkenntnis* zum Ausdruck bringt, worum es primär geht. Es ist eine Bekenntnisschrift zu einem selbstständigen, autonomen, von Bevormundung freien religiösen Selbstverständnis. Der Verfasser, der – wie er im Vorwort zur ersten Auflage sagt – „selbst als Christ geboren und aufgewachsen ist, kann aus eigener Erfahrung sagen, dass man Europäer bleiben und sich doch vollkommen vom Christentum lösen bzw. darüber hinauswachsen kann."[15] Die Begegnung mit dem Buddhismus als einer Religion, die die genannte belastende Hypothek nicht habe, konnte so eine *befreiende* Erfahrung sein.

> „Freiheit und Selbstverantwortung sind Grundzüge des Buddhismus, wobei natürlich Freiheit nicht mit Zügellosigkeit und Selbstverantwortung nicht mit anmaßender Selbstgerechtigkeit verwechselt werden darf. Der Buddhismus schafft eine Atmosphäre geistiger Freiheit, ohne die es keine wirkliche Ent-Wicklung unserer Persönlichkeit und keinen Durchbruch zur wahren Wirklichkeit gibt. Buddhistische Erkenntnis führt zur Befreiung von Angst und Sorge, von Furcht und Aberglauben, von Leidenschaft und Illusion. Sie führt damit zur Befreiung von jedem Leiden und zur wahren Freiheit des Nirvanazustandes; zur Freiheit des Erwachten [...]."[16]

In dieser frühen Begegnung von Europäern hat sich ein Verständnis des Buddhismus als *Religion der Freiheit* herausgebildet, das sich in großer Übereinstimmung mit dem *europäisch-demokratischen* Denken, aber im Gegensatz zur *kirchlich-christlichen* Praxis versteht. Das führt zu einer bedeutenden Veränderung des traditionellen Buddhismus, zugleich zu einem Neuverständnis der zentralen religiösen Aussage

---

[14] A.a.O., 64–65 (Nr. 141).
[15] Walter Karwath, Buddhismus für das Abendland: Freiheit durch Erkenntnis, in drei Teilen, Wien ²1983; das Vorwort zur ersten Auflage (Wien 1971) ist hier, 9–12, wieder abgedruckt.
[16] Walter Karwath, Buddhismus für das Abendland, I. Teil: Das Wesen des Buddhismus, Wien 1983, 247.

dieser Religion, die angesichts einer säkularen Kultur weiterhin ihre Wirkkraft behalten. Sie werden zur Basis der *Freiheit* im Sinne von sozial-gesellschaftlichen Entwicklungen sowie individuell-persönlicher Themen.

Themen und Bereiche des Freiheitsverständnisses im heutigen Buddhismus

Ein so grundlegender und spiritueller Freiheitsbegriff, wie er im Buddhismus gegeben ist, ist auch im Hinblick auf die säkulare Welt relevant. Drei Themenbereiche seien im Folgenden dargestellt: erstens die Begründung *individueller* Freiheit, dann die *politische* Freiheit, und schließlich *Freiheitsintentionen innerhalb der buddhistischen Religion* in der Gegenwart.

„Befreiung" angesichts des Todes

Die umfassende und radikale Infragestellung individueller Freiheit ist das Faktum des unausweichlichen Sterbens. Der einzelne Mensch ist dadurch jeweils betroffen, es gibt hier keine Vertretung. Keine Religion kann diese vorgegebene Begrenztheit menschlichen Daseins übergehen. Buddha spricht sie schon in der ersten Edlen Wahrheit an, wo er die Grundformen des Leidens nennt, die das Leben von der Geburt an über Krankheit und Alter bis zum Tod umschließen. Im Buddhismus haben sich spezielle Wege entwickelt, die den Menschen gerade im Prozess des Sterbens begleiten. Einer der weitaus bekanntesten ist der im ‚Tibetischen Totenbuch' aufgezeigte Weg. Diesen hat ein buddhistischer Lama in den letzten Jahrzehnten in Europa in methodischer Weise bekannt gemacht, nämlich *Sogyal Rinpoche*, der neben dem Dalai Lama noch vor nicht allzu langer Zeit als der bekannteste tibetische Lehrer im Westen galt.[17] Im Jahr 2002 wurde ein Sammelband mit dem Titel *Lebendiger Buddhismus heute* herausgegeben.[18] In dem Aufsatz „Der mittlere Weg" wiederholt der Dalai Lama, dass zusammengefasst „die essentielle Aussage der Lehren

---

[17] *Rinpoche* ist ein tibetischer Ehrentitel, der wörtlich ‚Kostbarer' bedeutet und für tibetische Lamas verwendet wird; er meint eigentlich ‚Lehrer'.

[18] Hg. von Doris WOLTER, Bern u. a. 2002, mit Beiträgen von Dalai Lama und anderen tibetischen Repräsentanten im Westen.

des Buddha" darin besteht, den disziplinierten Zustand des Geistes „mit Glück, Erleuchtung oder *spiritueller Freiheit* [Hervorh., J. F.] gleichzusetzen" – dies sei der „wesentliche Punkt".[19]

In dem Buch, das Sogyal Rinpoche gewidmet ist, verfasste dieser selbst mehrere Beiträge, darunter den Aufsatz „Die Reise zur Befreiung",[20] und zwar im Kapitel „Integration buddhistischer Praxis im 21. Jahrhundert". Darin meint er, dass die Freiheit häufig überbewertet wird, und die „Menschen im Westen [...] ihre Freiheit manchmal nicht nutzen", und so Zeit verlieren und ihr Leben verschwenden.[21] Angesichts des Todes sei es aber „äußerst wichtig", sich hier zu ändern. Denn wenn wir sterben, kommt es darauf an, „wie wir sind", und es zählt „der Zustand unseres Geistes".[22] Ein einzelner „Einblick" reicht nicht aus; manchmal hat man nach einer Belehrung das Gefühl „ganz und gar befreit" zu sein; das hänge damit zusammen, dass wir auf dem spirituellen Pfad manchmal zu viel erwarten.[23] Doch das „Tor zur Wirklichkeit" öffnet sich erst dadurch, dass man das „Auge der Weisheit" hat, und nichtdual sieht – dies geschieht in der „Reise zur Befreiung", in der die Wirklichkeit gesehen und die „Natur des Geistes" enthüllt wird.[24]

Auf dem Weg zur endgültigen Befreiung kommt nach Sogyal Rinpoche dem Verständnis des Todes eine zentrale Rolle zu. Bekannt wurde er vor allem durch seine Publikation: *Das tibetische Buch vom Leben und Sterben: Ein Schlüssel zum tieferen Verständnis von Leben und Tod.*[25] Die Begleitung von Sterbenden sei deswegen besonders wichtig, weil ab Einsetzen des Sterbeprozesses, tibetisch genannt der „schmerzvolle Bardo" (mit ‚Bardo' wird im Tibetischen ein Zwischenzustand bezeichnet, hier also zwischen Beginn dieses Prozesses und dessen Ende, dem „Augenblick des Todes"), in dem „die Möglichkeit für Erleuchtung ganz besonders ausgeprägt ist."[26]

Der Gedanke der ‚Befreiung' wird in dieser Linie primär auf die Vorbereitung auf den Tod bezogen, um Angst abzubauen; ihn gilt es ja zuerst zu überwinden, wenn hinsichtlich der letztgültigen Befreiung des *Nirvāṇa* von einem ‚tod-losen' Zustand gesprochen wird.

---

[19] Ebd., 60–72, Zitat: 67.
[20] Ebd., 299–309.
[21] Vgl. ebd., 299.
[22] Ebd.
[23] Ebd., 300.
[24] Ebd., 308.
[25] 9. Auflage, Bern u. a. 1994.
[26] Sogyal RINPOCHE, Das tibetische Buch vom Leben und Sterben, Anm. 25, 133.

Hier wird spirituelle Praxis mit emotionalen und tröstenden Zugängen verbunden, was sich in der Begleitung von Sterbenden zeigt. Einschlägig dafür ist das Buch von *Christine Longaker*.[27] Sogyal Rinpoche war ihr Lehrer und an ihn schließen sich auch die Ausführungen über „Die Chance im Tod" an.[28]

Innerhalb des westlichen Tibetischen Buddhismus wird diese Thematik ebenfalls von der bedeutsamen amerikanischen Nonne tibetischer Richtung, nämlich *Pema Chöndrön*, in eigenständiger Weise behandelt, wie schon der Titel ihres Buches zum Ausdruck bingt: *Wie wir leben, so sterben wir: Im Fluss des Werdens und Vergehens wahre Freiheit finden*.[29] Auch sie geht von dem als ‚Tibetisches Totenbuch' bekannt gewordenen Text aus, dem *Bardo Thödrol*, was wörtlich bedeutet „die Befreiung durch Hören im Zwischenzustand",[30] von dem „Bardo des Sterbens". Der Gedanke der „Freiheit", der schon im Untertitel ihres Buches als Ziel genannt wird, ist näherhin als „vollständige Befreiung aus dem Samsara, dem leidvollen Kreislauf von Geburt und Tod" zu verstehen.[31]

Begründung der säkular verstandenen und politischen Freiheit

Die Orientierung an einem demokratischen Freiheitsbegriff treffen wir in mehrheitlich buddhistischen Ländern an. Von buddhistischen Gelehrten in Sri Lanka wird betont, dass die *Freiheit des Denkens* Basis der Demokratie ist. Zu der Begründung der Freiheit in einem modernen Sinn (singhalesischer Begriff: *nidahasa*) werden auch klassische Schriften herangezogen, die den Begriff *vimucci* verwenden, so z. B. das schon zitierte Wort, dass die Lehre nur *einen* Geschmack habe, nämlich den der *Freiheit*.[32] Für die Begründung der Freiheit und Autonomie im *profanen* Sinn wird auf die Selbstständigkeit des Menschen hingewiesen. Es wird betont, dass im frühen Buddhismus

---

[27] *Dem Tod begegnen und Hoffnung finden. Die emotionale und spirituelle Begleitung Sterbender*, Übersetzung aus dem Amerikanischen, München/Zürich 1997, Mit einem Vorwort von Sogyal Rinpoche.

[28] Vgl. Christine Longaker, Dem Tod begegnen, Anm. 27, 57 ff., 65 ff. u. ö.

[29] Hg. von Joseph Waxmann, München 2023.

[30] Pema Chöndrön, Wie wir leben, Anm. 29, 12.

[31] Ebd., 12–13.

[32] Vgl. The Spectrum of Buddhism. Writings of Piyadassi, Taipei 1991, bes. 403 und 406–407. Mit solchen Fragen setzen sich vor allem folgende beiden Essays des Buches auseinander: Buddhism in the Western World, 379–402, und: Democracy and its Relation to Buddhism, 403–415.

diese grundliegenden Prinzipien mit den Befunden der heutigen Wissenschaft *übereinstimmen*. Ein skeptischer und nachforschender Geist wird verlangt. Und es wird auf ein wichtiges *Sutta des Pali-Kanons* hingewiesen, nämlich auf das sogenannte *Kalama-Sutta*, das auch als ‚Charta der freien Meinungsäußerung' bezeichnet wird. Darin fordert Buddha die eigenständige *Überlegung*, bevor eine Ansicht angenommen wird.[33] Und das gilt auch für seine eigene Botschaft: er hat den Pfad gelehrt (und gefunden); er hat bloß den Weg *gezeigt* – die Anhänger*innen müssen sich *selbst* bemühen, ihm selbst folgen, um die Befreiung zu erreichen. Der Einzelne muss den Weg selbst gehen.[34]

Durch den Bezug auf klassische buddhistische Texte wird die Freiheitsdimension in vielen gesellschaftlichen Bereichen und individuellen Wegen der Gegenwart eröffnet.

Der politische Weg zur Freiheit – Hinweis auf das Wirken des Dalai Lama

In den zahlreichen Büchern, die vom Dalai Lama in westlichen Sprachen vorliegen, spielt die Frage der chinesischen Besetzung, die er selbst in seiner Jugend erlebt hat, und die ihn zur Flucht gezwungen hat, eine große Rolle.[35]

Ausdrücklich geht er darauf auch in dem Buch *Der Weg der Freiheit: Zentrale tibetisch-buddhistische Lehren*[36] ein. Die Freiheit hebt er mit Bezug auf die Vier Edlen Wahrheiten besonders hervor, gerade auch im Hinblick auf das Schicksal der Tibeter*innen, und er kommt auf die Tatsache zu sprechen, dass die „Tibeter ihre Freiheit verloren haben" – es ist grundsätzlich Unerwünschtes, und es führt zu Trennung von den Geliebten und zu einer Ungewissheit in der Zukunft.[37]

---

[33] Vgl. bes. PIYADASSI, a.a.O., 400, dazu 90–93.
[34] Vgl. DHAMMAPADA, *Das Pfad-Kapitel*, Nr. 275: „Denn wenn ihr diesem Pfade folgt, / Macht ihr ein Ende allem Leid"; und 276: „Ihr selbst müßt eifrig euch bemüh'n, / Die Buddhas zeigen bloß den Weg", zitiert nach: Dhammapada und Kommentar, übersetzt von Nyānatiloka MAHĀTHERA, Uttenbühl 1992, 244.
[35] Vgl. Dalai LAMA, Das Buch der Freiheit. Die Autobiographie des Friedensnobelpreisträgers, Bergisch Gladbach ⁴1994.
[36] Dt. München 1996.
[37] Ebd., 123–124.

In ähnlicher Intention meint er in einem Beitrag mit dem Titel „Die Praxis von heilender Hinwendung zur Weltpolitik",[38] nicht bloß als Tibeter, sondern als Mensch davon überzeugt zu sein, dass es ein Beitrag für die Weltgemeinschaft sei, diese Kultur zu erhalten, und fügt hinzu: „Deshalb halte ich beharrlich an unserem Freiheitsbegehren fest [...]".[39] Hier werden berechtigte Anliegen im Interesse politischer Freiheit zugleich unter Heranziehung zentraler buddhistischer Grundtexte thematisiert.

Gleichberechtigung und Emanzipation angesichts traditioneller Unterordnung der Frauen – insbesondere der Nonnen

Innerhalb des Buddhismus haben sich von Anfang an und dann im Laufe der Geschichte Normen und Vorstellungen ergeben, die in der Moderne von einzelnen Gruppen innerhalb dieser Religion als zeitbedingte und daher als überholte soziale Diskriminierungen bzw. als nicht mehr relevante Glaubensinhalte verstanden werden. So ist es angesichts eines heutigen gleichberechtigten Verständnisses von Mann und Frau ein großes Problem, wenn Nonnen, die die volle Ordination haben, gegenüber den Mönchen als untergeordnet betrachtet würden. Die Nonnenordination hat nicht in allen buddhistischen Ländern bis in die Moderne bestanden, sondern ist – unter anderem – durch Unterbrechung der Sukzession in einigen Theravāda-Ländern gleichsam ‚ausgestorben'. Erst in den letzten Jahrzehnten wurde sie wieder neu belebt bzw. eingeführt (z. B. in Sri Lanka).

Die Grundlegung eines Nonnenordens geht auf Buddha selbst zurück, der vermutlich zunächst gezögert hatte, auch mit dem Grund, dass man Frauen nicht das strenge Leben eines Wandermönchs zumuten könne. Schließlich aber hatte er eingewilligt,[40] was einem wichtigen Schritt in Richtung der religiösen Gleichstellung von Frauen in der damals gegebenen streng patriarchalen Umwelt im Prinzipiellen gleichkommt.

---

[38] In: Dalai LAMA, Logik der Liebe. Aus den Lehren des Tibetischen Buddhismus für den Westen, übersetzt und eingeleitet von Michael von Brück, München 1989, 89–96.

[39] Dalai LAMA, Die Praxis von heilender Hinwendung zur Weltpolitik, in: Logik der Liebe, Anm. 38; 95.

[40] Art. Frau, in: Klaus-Josef NOTZ (Hg.), Lexikon des Buddhismus, Wiesbaden 2002, 166–167.

Die weitere Geschichte zeigt aber eine starke Unterordnung gegenüber den Mönchen, die eine Vormundschaft über Nonnen ausübten.[41] In neuerer Zeit gab es vielfach Intentionen, um die Gleichstellung mit und Unabhängigkeit von den Mönchen zu erreichen. Ein konkretes Anliegen war, dass Nonnen in zentralen disziplinären Fragen nicht weiterhin den Mönchen unterstellt sind.

Von den vielen Frauen, die sich in allen Richtungen des heutigen Buddhismus für dieses Anliegen eingesetzt haben und von großer Bedeutung waren bzw. sind, gehört auch die erwähnte tibetische Nonne *Pema Chöndrön*, die, bevor sie Nonne wurde, verheiratet war und zwei Kinder hat. Besonders aber ist auf *Ayya Khema*, einer bei diesem emanzipatorischen Anliegen bedeutenden Protagonistin, hinzuweisen. Auch sie war verheiratet, aber wandte sich nach Beendigung ihrer Ehe dem Buddhismus zu. Und zwar folgte sie dem oben erwähnten Theravāda-buddhistischem Mönch Nyānaponika Mahāthera, und ging nach Sri Lanka. Dort setzte sie sich besonders für die Wiederbelebung der Nonnen-Tradition in der Theravāda-Richtung ein, die erst 1999 voll realisiert wurde.

Die historische und z. T. auch in einigen Regionen aktuelle Benachteiligung von Nonnen gegenüber den Mönchen betraf bzw. betrifft alle Richtungen dieser Religion, und die Gleichstellung ist zu einem zentralen Anliegen geworden. Insbesondere hat sich auch der Dalai Lama[42] für diesen emanzipatorischen Schritt ausgesprochen und ihn unterstützt.[43]

Die Frage der Gleichberechtigung ist ein Problem, das auch den Buddhismus betrifft und zu lösen ist, wobei vor allem eine Hörigkeitsstruktur, die Abhängigkeit und die in Religionen noch weithin traditionell sowie spirituell gegebene Unterordnung der Frauen zu überwinden wäre. Deren Gleichberechtigung ist generell eine unab-

---

[41] Vgl. Hiroko KAWANAMI, Renunciation and Empowerment of Buddhist Nuns in Myanmar-Burma: Building a Community of Female Faithful, Boston 2013.

[42] Auch in einem anderen Bereich hat der Dalai Lama klar Position im Sinne von Frauen bezogen, nämlich angesichts der gravierenden Missbrauchsvorwürfe gegen *Lama Sogyal Rinpoche*, dem bereits erwähnten bekannten Initiator einer Sterbebegleitung im buddhistischen Kontext. Der Dalai Lama hat ihn deshalb scharf kritisiert und sich von ihm abgewandt; und er hat die betroffenen Frauen darin bestärkt, dass sie in damit in die Öffentlichkeit und Medien gehen sollen.

[43] Ein Film hat die Vorwürfe gegen Sogyal Rinpoche dokumentiert; dessen Titel lautete: *Buddhismus: Mißbrauch im Namen der Erleuchtung*, Arte Dokumentation 2022. Vgl. zu den genannten Problemen: Martin RÖTTING, Rigpa und Shambhala: Aufstieg, Missbrauch, Umbrüche und Neuorientierungen, in: Kurt KRAMMER/Martin RÖTTING (Hg.), Buddhimus in Europa. Facetten zwischen Mode, Minderheit und Mindfulness in interreliösen Bezügen, Wien 2022, 183–196.

dingbare Notwendigkeit innerhalb von Religionsgemeinschaften – sie ermöglicht die angestrebte Freiheit und Gleichheit. Generell gilt für die kontroversiellen Themen zwischen Religionen und säkularer Kultur, dass es anstelle einer wechselseitigen Polemik weiterführend wäre, zu einem eher konsensuellen Verhältnis zu kommen, wozu auch ein offener interreligiöser Dialog Entscheidendes beitragen könnte.

Religionsfreiheit und islamische Traditionen

Das Ringen um ein universelles Freiheitsrecht

Katja Voges

Unter dem Titel „Der Hochmut der Guten" beschrieb Mark Siemons am 26. Dezember 2022 in der Frankfurter Allgemeinen Zeitung, dass Aktionen von Menschenrechtsaktivist*innen im Rahmen der Fußballweltmeisterschaft in Katar starke Abwehrreaktionen in der arabischen Welt provozierten. In Europa, so der Autor, gilt der Einsatz für Menschenrechte „als moralische und politische Pflicht [...] In arabischen Ländern dagegen wurde der Begriff jetzt weithin als ideologischer Ausdruck des fortgesetzten Herrschaftswillens des Westens verstanden, als ressentimentgeladene Zurückweisung selbst jener Kulturen, die nach dem Kolonialismus zu Wohlstand gekommen sind und nun auch globale Anerkennung einfordern."[1]

Die beschriebene Abwehrreaktion vonseiten islamisch geprägter Staaten gegenüber universalen Menschenrechten lässt sich – auch mit Blick auf das Menschenrecht auf Religionsfreiheit – beobachten. Im Folgenden wird anhand einiger Beispiele dargestellt, inwiefern es seit der Ausarbeitung der Allgemeinen Erklärung der Menschenrechte (AEMR) im Jahr 1948 Tendenzen gegeben hat, Religionsfreiheit anders zu formulieren oder zu fassen, oder sogar in Abgrenzung zu dieser Erklärung ein anderes Konzept von Menschenrechten und Religionsfreiheit zu propagieren. Dabei ist es nicht das Ziel, die Frage nach dem *universellen Anspruch* der Menschenrechte und damit nach ihrer kultur- und kontextübergreifenden Geltung zu beantworten. Wohl aber soll die folgende Schilderung dabei helfen, ein Verständnis dafür zu entwickeln, dass im Laufe der Zeit – auch heute noch – unterschiedliche Konzepte und Interpretationen von Menschenrechten aufeinandertreffen.

---

[1] Mark Simons, https://www.faz.net/aktuell/feuilleton/debatten/menschenrechte-und-der-westen-der-hochmut-der-guten-18554941.html (22.03.2024).

Widersprüche bei der Durchsetzung allgemeiner Menschenrechte

Wenn in diesem Artikel konkrete Beispiele für Formulierungen und Konzepte der Religionsfreiheit vonseiten islamisch geprägter Länder beschrieben werden, so ist nicht zu vergessen, dass diese Impulse vielfach mit Abwehrreaktionen gegenüber dem Westen verbunden waren und sind. Ein Grund hierfür ist nicht zuletzt die Wahrnehmung, dass der Westen selbst eklatant vom Konzept allgemeiner Menschenrechte abwich, beispielsweise durch die Fortsetzung des Kolonialismus sowie von Sklaverei und Unterdrückung nach Verabschiedung der AEMR.[2] Immer wieder wurde die Vorstellung universal gültiger Rechte zum Vorwand für Eingriffe, die wiederum mit Menschenrechtsverletzungen verbunden waren: Die Reaktion der westlichen Welt auf den 11. September 2001 und der Krieg gegen den Terror können als „schleichende [...] Aushöhlung der Menschenrechte"[3] verstanden werden, nicht zuletzt da die USA durch ihre Verhörmethoden das Verbot der Folter als „Kernstück der Menschenrechte"[4] relativierten. Der Drohnenkrieg der USA in Afghanistan und weiteren Ländern, dem jedes Jahr zahlreiche Zivilisten zum Opfer fallen und in dem auch die US-Militärbasis Ramstein in der Pfalz eine zentrale Rolle spielt, ist ebenfalls mit gravierenden Menschenrechtsverletzungen verbunden. Neokoloniale Zusammenhänge sorgen weiterhin dafür, dass der Westen einerseits Menschenrechte propagiert und sie andererseits missachtet. So verwundert es nicht, dass der Einsatz für Menschenrechte seit der Verabschiedung der AEMR im Jahr 1948 wiederholt als ein Instrument gewertet wird, um westliche Machtinteressen durchzusetzen. Das Konzept der Menschenrechte wird in der Folge hinterfragt, ihr universeller Anspruch von Kritikern sogar radikal in Frage gestellt.[5]

Bei alldem spielt die Religionsfreiheit – speziell das Recht auf den Religionswechsel – für islamisch geprägte Staaten eine entscheidende Rolle. Die Sorge vor dem Eingriff anderer Staaten war und ist verbunden mit der Angst vor dem Einflussverlust des Islam als identi-

---

[2] Vgl. Hans MAIER, Menschenrechte. Eine Einführung in ihr Verständnis, Kevelaer 2015, 40–41.
[3] Ebd., 43.
[4] Ebd.
[5] Vgl. Franziska MARTINSEN, Grenzen der Menschenrechte. Staatsbürgerschaft, Zugehörigkeit, Partizipation, Bielefeld 2019, 137–147.

tätsstiftendes Element.[6] Der vermeintliche Einsatz für Menschenrechte war in der Tat vielfach mit dem Ziel verbunden, die islamische Religion zurückzudrängen. So wollten die Vereinigten Staaten von Amerika – unter Verletzung von Menschenrechten – im Irak und in Afghanistan die Rolle des islamischen Rechts in den Verfassungen mindern und zugleich bürgerliche und politische Rechte durchsetzen. Menschenrechte wurden und werden vielerorts als Werkzeug westlicher Mächte wahrgenommen, um islamisches Recht zu bekämpfen.[7]

Die islamisch geprägten Formulierungen und Konzepte von Menschenrechten, die im Folgenden skizziert werden, sind in diesem Sinne vielfach auch Ausdruck einer aggressiven Abwendung von der europäisch-amerikanischen Kultur, eines religiös-kulturellen Nationalismus und eines Rückzugs auf die islamische Identität. Verbunden ist damit die Vorstellung, dass die Stärke des eigenen Landes und der gesamten Region durch den Islam wiederhergestellt werden kann.[8]

Opposition islamisch geprägter Länder im 20. Jahrhundert

Einige Vertreter islamisch geprägter Staaten haben sich wiederholt kritisch zu den von den Vereinten Nationen formulierten Menschenrechten positioniert. Drei Beispiele seien hier genannt:

Ausarbeitungsprozess der AEMR und des UN-Zivilpakts

Die Protokolle der Sitzungen zur Ausarbeitung der AEMR von 1948 zeigen nicht nur, dass von Beginn an eine lebhafte Diskussion darüber geführt wurde, wie weit oder eng die Religionsfreiheit gefasst sein sollte. Sie geben auch kontroverse Diskussionen über den Religionswechsel, einen bis heute neuralgischen Punkt der Religions-

---

[6] Mahmoud Ayoub arbeitet heraus, dass die Apostasie im Islam erst mit der westlichen Kolonisierung und den damit verbundenen missionarischen Aktivitäten ein politisch relevantes Thema wurde. (Mahmoud Ayoub, Religious Freedom and the Law of Apostasy in Islam, in: Islamochristiana 20 [1994] 75–91, 90–91.)

[7] Vgl. Ann Elizabeth Mayer, Islam and human rights. Tradition and politics, New York ^{5}2013, 57–58.

[8] Für weiterführende Aufsätze, in denen arabische Denker sich mit Islam, Demokratie und Moderne auseinandersetzen und dabei auch die Abgrenzung von der westlichen Welt reflektieren, vgl. Erdmute Heller/Hassouna Mosbahi (Hg.), Islam, Demokratie, Moderne. Aktuelle Antworten arabischer Denker, München ^{2}2001.

freiheit in islamisch geprägten Ländern, wieder. Jamil Baroody, Repräsentant Saudi-Arabiens und libanesischer Christ, wandte sich besonders stark dagegen, den Religionswechsel in der Erklärung explizit zu nennen. Dafür zog er insbesondere die Begründung heran, dass in der Vergangenheit Mission häufig Vorläufer militärischer Interventionen war.[9] Zugleich fragte er, ob Frankreich und andere Kolonialmächte wüssten, wie sich die Muslime in ihren Kolonien – beispielsweise in Nordafrika – zu der Frage positionieren würden. Er argumentierte, dass das Recht auf Religionswechsel im Prinzip der Glaubensfreiheit eingeschlossen und eine Nennung des Rechts auf Religionswechsel somit überflüssig sei.[10] Die Repräsentanten des Irak und Syriens schlossen sich seinem Anliegen an, die explizite Nennung zu verhindern.[11]

Die skizzierten Differenzen im Ausarbeitungsprozess der AEMR können nicht auf eine bloße Gegenüberstellung von westlichen und arabischen, von christlichen und islamischen Ländern reduziert werden – oder gar auf eine doktrinär begründete Inkompatibilität von Islam und Religionsfreiheit. Einige Wortmeldungen bezeugen dies. So verwies beispielsweise der pakistanische Delegierte Muhammad Zafrullah Khan in der Debatte auf Sure 18:29[12] um zu erläutern, dass Pakistan nicht zuletzt auf der Grundlage religiöser Quellen die Religionsfreiheit verteidige.[13] Repräsentanten weiterer islamischer Länder hoben wiederholt hervor, dass das Recht auf einen Religionswechsel in den entsprechenden Formulierungen bereits enthalten sei. Nicht zu vergessen ist jedoch, dass viele islamisch geprägte Länder zur Zeit der Ausarbeitung unter Kolonialherrschaft

---

[9] Vgl. UN GENERAL ASSEMBLY THIRD COMMITTEE, 3rd Session, 127th Meeting, 9 November 1948 (A/C.3/SR.127) 391–392.

[10] Vgl. ebd., 403–404.

[11] Vgl. ebd., 402–403. Auch andere Länder waren aus unterschiedlichen Gründen für die übersichtliche, kürzere Form, die Saudi-Arabien vorgeschlagen hatte. Der dänische Repräsentant verwies darauf, dass Muslime die gesamte Formel nicht akzeptieren könnten und dass der erste Teil des Satzes ausreichen würde (vgl. UN GENERAL ASSEMBLY THIRD COMMITTEE, 3rd Session, 128th Meeting, 9 November 1948 [A/C.3/SR.128] 407). Der Repräsentant von Afghanistan merkte nach der Abstimmung an, er würde sich das Recht vorbehalten, die Vorgaben an islamisches Recht anzugleichen (vgl. ebd. 408). Für einen Überblick über die verschiedenen Stimmen in dieser Debatte, vgl. Johannes MORSINK, The Universal Declaration of Human Rights. Origins, drafting and intent, Philadelphia 2000, 25.

[12] „Sprich: ,Die Wahrheit kommt von eurem Herrn. Wer will, der glaube, und wer da will, der bleibe ohne Glauben.'"

[13] Vgl. UN GENERAL ASSEMBLY, 3rd Session, 182nd Plenary Meeting, 10 December 1948 (A/PV.182) 890–891.

standen. Welche Positionierungen zur Religionsfreiheit sie in die Diskussionen eingebracht hätten, lässt sich daher nicht sagen. Der muslimische Theologe Abdulaziz Sachedina ist der Meinung, dass zumindest die Anwesenheit von Personen mit grundlegendem islamisch-theologischen Wissen für die Debatten wichtig gewesen wäre. Dies hätte verhindern können, dass die AEMR in manchen Ländern als Fortführung eines kolonialistischen Diskurses verstanden wird: „This lack of serious Muslim participation has continued to cast a long shadow of doubt over the cultural and political contours of the Declaration that reveal an indubitable secular-Western bias."[14]

Im Prozess der Entstehung des Internationalen Pakts über bürgerliche und politische Rechte (IPbpR), auch UN-Zivilpakt genannt, flammten ähnliche Diskussionen wieder auf. Die Zahl der Mitgliedsstaaten der Vereinten Nationen nahm noch während des Entstehungsprozesses zu; zwischen 1954 und 1966 traten insbesondere viele nun unabhängig gewordene islamische Länder bei. Dies bedeutet zugleich, dass nicht alle Repräsentanten von Anfang an an der Ausarbeitung beteiligt waren. So ist es auch kaum möglich, langfristige und länderspezifische Positionierungen auszumachen.[15]

Artikel 18 des IPbpR behandelt die Religionsfreiheit und orientiert sich dabei eng an den Inhalten der AEMR. Wiederum war Jamil Baroody als Repräsentant Saudi-Arabiens Teil der Arbeitsgruppe und wollte die explizite Nennung des Religionswechsels verhindern, führte dafür allerdings weiterhin keine doktrinären Gründe an. Der Vertreter von Afghanistan hingegen unterstrich, dass es Muslimen in einem islamisch geprägten Land nicht gestattet sei, die Religion zu wechseln. Der Repräsentant des Jemen argumentierte, dass das nationale Recht seines Landes im Ursprung religiös sei und sich neben dem Religionswechsel für islamische Länder verschiedene weitere Probleme ergäben, beispielsweise durch das Diskriminierungsverbot mit Blick auf Hochzeit, Scheidung und Erbangelegenheiten. Für ihn sei der Pakt akzeptabler, wenn der Religionswechsel nur implizit genannt würde. Auch der Vertreter des Irak hielt eine explizite Nennung für überflüssig, verneinte jedoch nicht den Religionswechsel als Recht von universaler Anwendung.[16]

---

[14] Abdulaziz A. Sachedina, Islam and the challenge of human rights, Oxford 2009, 11.

[15] Susan E. Waltz, Universal Human Rights. The Contribution of Muslim States, in: Human Rights Quarterly 26 (2004) 4, 799–844, 806–807.

[16] Vgl. Paul M. Taylor, Freedom of religion. UN and European human rights law and practice, New York 2005, 28–31. Taylor zeichnet den Verlauf der Diskussion detailliert nach. Bei ihm sind auch Hinweise auf die entsprechenden Dokumente der Vereinten

Infolge dieser Diskussionen wurde ein Kompromiss geschlossen und der Religionswechsel nicht mehr explizit im Vertragstext genannt.[17] Die Formulierung „freedom to have or to adopt a religion or belief" soll stattdessen suggerieren, dass eine Religionszugehörigkeit nicht zwangsläufig dauerhaft ist, und dass somit auch der Religionswechsel Teil des beschriebenen Rechts einer jeden Person ist.

Islamische Gegenmodelle zur AEMR

Neben den beschriebenen Diskussionen und Kompromissen im Kontext der Ausarbeitungsprozesse der AEMR und des UN-Zivilpakts gab es im Laufe der Zeit muslimische Denker, die Gegenmodelle zu den universalen Menschenrechten entwickelten. In dieser islamischen Konzeptualisierung entsprechender Rechte spiegelt sich eine bewusste Opposition zur westlichen Welt wider. Als einer der ersten Muslime, die sich öffentlichkeitswirksam mit den von den Vereinten Nationen propagierten Menschenrechten beschäftigte, gilt der sunnitische Pakistani Sayyid Abū l-Aʻlā Mawdūdī. In seinem Buch „Human Rights in Islam"[18] von 1976 hebt er den göttlichen Ursprung der Menschenrechte hervor, die er als zeitlos und unveränderlich beschreibt, und die seiner Ansicht nach durch den Islam grundgelegt sind. Er unterstreicht die Gleichheit der Menschen unabhängig von Farbe, Rasse, Sprache und Nationalität. Geschlecht und Religion, die Hauptkonfliktpunkte in der Auseinandersetzung zwischen islamischem Recht und modernen Menschenrechten, schließt er dabei nicht ein. Zugleich greift er den Westen hart an, kritisiert die westliche Philosophie und Arroganz, die in seiner Wahrnehmung mit den als universal bezeichneten Menschenrechten zusammenhängen,

---

Nationen zu finden. Die hier zitierten Dokumente sind *Summary Records* des UN-Menschenrechtsausschusses aus den Jahren der Ausarbeitung der Pakte, auf die Taylor wie folgt verweist: A/C.3/15/SR.1023 (1960) 206 (Saudi-Arabien), A/C.3/9/SR.565 (1954) 108 (Afghanistan), A/C.3/5/SR.290 (1950) 122 (Jemen), A/C.3/9/SR.577 (1954) 176 (Irak).

[17] Aus menschenrechtlicher Perspektive gehört sowohl die Mission als auch der Wechsel der religiösen oder weltanschaulichen Überzeugung zur Religionsfreiheit. Die Allgemeine Bemerkung Nr. 22 macht unmissverständlich deutlich, dass der Religionswechsel Teil der religiösen Freiheit ist. Vgl. UN HUMAN RIGHTS COMMITTEE, General Comment No. 22, The right to freedom of thought, conscience and religion (ICCPR Article 18) 20 July 1993, Ziffer 5 (CCPR/C/21/Rev.1/Add.4).

[18] Sayyid Abū l-Aʻlā MAWDŪDĪ, Human rights in Islam, Leicester ²1976 (Nachdruck).

und hebt die Überlegenheit der islamischen Zivilisation hervor.[19] Andere muslimische Vertreter argumentierten zu dieser Zeit ähnlich. So unterstreicht etwa der Iraner Mohammad Javad Zarif im Jahr 1982 vor dem Ausschuss der Vereinten Nationen für soziale, humanitäre und kulturelle Angelegenheiten die Bedeutung der Menschenrechte, die für ihn in besonderer Weise durch den Islam verkörpert werden, und kritisiert zugleich die AEMR und die internationalen Pakte. Als Produkte des westlichen Liberalismus seien sie religionsfeindlich, und zwar insbesondere mit Blick auf Auflagen zu Hochzeit und Ehe. Er wirft den Vereinten Nationen vor, Religionsfreiheit falsch zu verstehen, mit diesem Verständnis gegen das Recht der freien Glaubensausübung zu verstoßen und Religion in die Privatsphäre abzudrängen.[20]

Neben diesen Interventionen, die beispielhaft für eine islamische Kritik und gleichzeitige Übernahme und Reformulierung des Menschenrechtsgedankens stehen, liegt mit der *Kairoer Erklärung der Menschenrechte* im Islam ein konkretes Gegenmodell zur AEMR vor. Die Kairoer Erklärung ist am 5. August 1990 von der 19. Außenministerkonferenz der damals 45 Staaten der Organisation der Islamischen Konferenz – seit 2011 die Organisation für Islamische Zusammenarbeit (OIC) – beschlossen worden. Trotz dieses gemeinsamen Beschlusses ist die Kairoer Erklärung nicht als Konsens islamischer Staaten zu verstehen und spiegelt auch nicht die Rechtswirklichkeit und die Praxis in islamisch geprägten Ländern wider. Sie weist jedoch auf einige grundlegende Spannungen hin, die zwischen islamischen Traditionen einerseits sowie Menschenrechten und Religionsfreiheit andererseits existieren können. In der Erklärung spiegelt sich die Überzeugung wider, dass Menschenrechte göttlichen Ursprungs und in ihrer Reinform im Islam verwirklicht sind. Zugleich stellt die Erklärung alle Rechte und Freiheiten unter den Vorbehalt, dass diese mit der Scharia vereinbar sind.[21] Diese Rückbindung an die Scharia als umfassendes Werte- und Rechtssystem, das erheblichen Interpretationsspielraum mit sich bringt, lässt auch potenziell schwerwiegende Verletzungen der Religionsfreiheit und anderer Menschenrechte zu, so auch schwere Strafen für einen Religionswechsel.

---

[19] Vgl. ebd., 22–23.
[20] Vgl. UN GENERAL ASSEMBLY THIRD COMMITTEE, 37th Session, Summary Record of the 56th Meeting, 26 November 1982 (A/C.3/37/SR.56) 16.
[21] Vgl. ORGANISATION OF THE ISLAMIC CONFERENCE, The Cairo Declaration of Human Rights in Islam (OIC Doc Annex Res. no. 49/19-P) unter: www.oic-iphrc.org/en/data/docs/legal_instruments/OIC_HRRIT/571230.pdf (14.01.2024).

Im Jahr 2021 hat die OIC nach einem Prozess von zehn Jahren – nicht zuletzt aufgrund anhaltender Kritik vonseiten nicht-islamischer Länder – eine neue Version der Kairoer Erklärung der Menschenrechte herausgegeben, die die kritischsten Punkte der alten Erklärung entschärft.[22] Sie hebt in der Präambel die völkerrechtlichen Verpflichtungen hervor und verweist in Artikel 20 explizit auf die Religionsfreiheit. Der in der alten Erklärung formulierte Schariavorbehalt fällt weg. Stattdessen verweist die neue Erklärung an vielen Stellen auf die Vorrangstellung nationalen Rechts. Da dieses jedoch ebenfalls menschenrechtlich problematische Vorgaben enthalten kann, bleibt das Dokument umstritten.[23]

Religionsfreiheit – kein Schutz von Religion

Zwischen 1999 und 2010 waren die Vereinten Nationen mit einem besonderen Missverständnis in Sachen Religionsfreiheit beschäftigt. In diesem Zeitraum legte die Organisation für Islamische Zusammenarbeit (OIC) eine Reihe von Resolutionen vor mit dem Ziel, die Diffamierung von Religionen zu bekämpfen. Diese Vorstöße wurden kontrovers diskutiert, denn nach menschenrechtlichem Verständnis schützt die Religionsfreiheit Personen, nicht aber Religionen. Der Versuch, Religionen zu schützen, spiegelt sich etwa in Blasphemiegesetzen wider, die zu einer Zensur von Meinungsäußerungen führen können, die besonders Mitglieder religiöser Minderheiten trifft.[24] Im Jahr 2011 fand die Debatte vorläufig ein positives Endes, weil die OIC die vom UN-Menschenrechtsrat verabschiedete Resolution 16/18 unterstützte, die den Menschen als Träger des Rechts der religiösen Freiheit sieht und darauf verweist, dass Religionsfreiheit Personen schützt – vor Hassreden und Gewaltakten, Diskriminierung, direkter Beleidigung und Gruppenverleumdung, die mit ihrer Religion in Verbindung stehen.[25] Diese Resolution folgt der Logik des Men-

---

[22] ORGANISATION OF THE ISLAMIC CONFERENCE, The Cairo Declaration of Human Rights in Islam, unter: https://www.oic-oci.org/upload/pages/conventions/en/CDHRI_2021_ENG.pdf (14.01.2024).

[23] Turan KAYAOGLU, The Organization of Islamic Cooperation's Declaration on Human Rights: Promises and Pitfalls (Policy Breefing September 2020), Brookings Doha Centre.

[24] Vgl. Heiner BIELEFELDT, Religionsfreiheit – ein umkämpftes Menschenrecht, in: Concilium 52 (2016), 426–435, 430–431.

[25] UN HUMAN RIGHTS COUNCIL, Resolution 16/18, Combating intolerance, negative stereotyping, stigmatization, dis-crimination, incitement to violence and violence

schenrechtsansatzes und fungiert seitdem in entsprechenden Debatten als Referenzdokument.[26]

Dennoch führt die beschriebene Logik, statt der Person die Religion als zu schützendes Gut in den Mittelpunkt zu stellen, in verschiedenen Ländern weiterhin zu gravierenden Verletzungen der Religionsfreiheit. In Pakistan sorgen etwa hochproblematische Blasphemiegesetze dafür, dass Menschen wegen einer vermeintlichen Verunglimpfung des Koran oder des Propheten Muhammad in Lebensgefahr geraten oder für Jahrzehnte ins Gefängnis kommen. Geradezu absurd mutet es an, dass dasselbe Land weiterhin im Kontext der Vereinten Nationen Einfluss auf das Thema Religionsfreiheit zu nehmen versucht: In Reaktion auf die Koranverbrennungen in Schweden im Sommer 2023 brachte Pakistan im Namen der OIC einen Resolutionsentwurf in den UN-Menschenrechtsrat ein, in dem „alle Befürwortungen und Äußerungen von religiösem Hass" verurteilt und Länder aufgerufen werden, Gesetze gegen solche Handlungen zu verabschieden. Während einer Dringlichkeitssitzung wurde diese Resolution kurze Zeit später durch den Menschenrechtsrat angenommen. Kritiker dieser Entscheidung verweisen auf eine mögliche Aufweichung des Rechts auf freie Meinungsäußerung und erinnern vorsorglich an den Konsens über die oben genannte Resolution 16/18 aus dem Jahr 2011, die generelle Blasphemiegesetze für unvereinbar mit dem UN-Zivilpakt erklärt. Auch wenn die Koranverbrennungen scharf zu verurteilen sind, muss das Anliegen weiterhin sein, sowohl die Meinungs- als auch die Religionsfreiheit in ihrer Substanz zu wahren.

Ausblick

Ein kurzer Blick in die Geschichte hat gezeigt, dass es bei der Durchsetzung allgemeiner Menschenrechte durch den Westen Ambivalenzen gab und gibt, die zu Abwehrreaktionen gegenüber Menschenrechten – inklusive der Religionsfreiheit – vonseiten islamisch geprägter Länder führen. Drei Schlaglichter haben illustriert, inwiefern seit Mitte des 20. Jahrhunderts unterschiedliche Formulierungen, Interpretationen und Konzepte dessen, was die Religi-

---

against persons, based on religion or belief, 16th session, 24. März 2011 (A/HRC/RES/16/18).

[26] Vgl. BIELEFELDT, Religionsfreiheit, 127.

onsfreiheit ausmacht, aufeinandergetroffen sind. Sie zeigen beispielhaft, dass immer wieder – und auch weiterhin – Aushandlungsprozesse bezüglich entsprechender Rechte und Freiheiten notwendig sind.

Angesichts dieser permanenten Herausforderungen, die die Verwirklichung universaler Menschenrechte mit sich bringt, ist es wichtig, hoffnungsvolle Erfahrungen aus der Menschenrechtsarbeit weiterzugeben. So zeigt der Rechtsanwalt und Menschenrechtsexperte Wolfgang Kaleck, dass sich in den vergangenen zwei Jahrzehnten weltweit ein breites Spektrum von Organisationen, Netzwerken, individuellen und kollektiven Initiativen in der juristischen Menschenrechtsarbeit gebildet hat. Er führt Erfolge der internationalen Gemeinschaft bei Strafverfolgungen und den Ausbau der universellen Jurisdiktion an und erkennt nicht zuletzt in neuen zivilgesellschaftlichen Koalitionen Potenziale im Kampf für universale Menschenrechte.[27]

In diesem Sinne können die unterschiedlichen Herausforderungen und Spannungen mit Blick auf die Religionsfreiheit als ein notwendiges Ringen wahrgenommen werden. Auch in Ländern, in denen das Recht auf Religionsfreiheit aufgrund einer restriktiven staatlichen Gesetzgebung oder herausfordernder gesellschaftlicher Entwicklungen unter Druck ist und in denen alternative Konzepte dieses Freiheitsrechts propagiert werden, gibt es Initiativen, in denen sich Menschen gegen das Unrecht stellen und in Reaktion auf konkrete Leiderfahrungen vehement die Anerkennung der Menschenwürde und der Menschenrechte fordern.[28]

---

[27] Vgl. Wolfgang Kaleck, Fundierte Hoffnung. Der Kampf für Menschenrechte in Krisenzeiten, in: APuZ 20 (2020) 11–15.
[28] Katja Voges, Religionsfreiheit im christlich-muslimischen Dialog. Optionen für ein christlich motiviertes, dialogorientiertes Engagement, Zürich 2021, 234–235.

Von Gott befreit?

Jean-Claude Wolf

Erster Teil: Freiheit ohne Gott in der Moderne

Der Glaube an Gott fordert eine Unterwerfung unter einen anderen Willen. So ließe sich das moderne Unbehagen an Gott zusammenfassen; Unterwerfung unter einen anderen, fremden Willen ist das Gegenteil von Autonomie, im kantischen oder anomischen Sinne eines Ideals, nach selbst gewählten Regeln oder nach Lust und Laune zu leben.

Die Erfahrung der Unfreiheit ist vielfach biographisch erfahrbar: Als Gebetszwang am Elterntisch, als Kirchenzwang, Gruppen- und Loyalitätszwang, als „Gesetz", dem *unbedingter* Gehorsam geschuldet sei, als Auslieferung an einen unverständlichen, unerforschlichen „höheren Willen", oder auch als innere Zensur, die den Menschen auf Knochen und Mark prüft und kontrolliert. Moderne Freiheit ist u. a. von Gott geschieden, vom Glaubenszwang befreit und von inneren Skrupeln der „Gedankensünde" geheilt.

Nicht nur die Existenz einer höchsten Macht, die sich nicht durch demokratische Prozesse bestätigen oder abwählen lässt, sondern auch der verstörende Druck von sog. „Gottesbildern", die widersprüchlich und furchterregend sind: Ein liebender und ein verstoßender, ein gerechter und ein gnädiger Gott, allgegenwärtig und doch nicht da, wenn man ihn braucht. Wer „Gottes ledig" ist, bleibt der Verpflichtung des fruchtlosen Grübelns darüber, warum er den Gerechten leiden lasse, oder spitzfindiger dogmatischer Spekulationen über die Widersprüche in Gott enthoben.

Emanzipation im modernen Sinne ist nicht mehr die paternalistische Entlassung des Sohnes durch den Vater, sondern die Absetzung des Vaters, der symbolische Vatermord. Die von Gott „Befreiten", die ihn „getötet" haben, und ihre dankbaren Nachkommen sind von spekulativer Reflexion über Gott und die Schöpfung entlastet, ehemals von ihm Enttäuschte oder auch Erleichterte, militante Kämpfer gegen Gott und den Aberglauben, oder religiös Indifferente – jene meist schweigende Mehrheit, die sich nicht für (Debatten über) Gott interessiert und der es nichts ausmacht, ohne Gott und Gottesdienst zu leben; es mangelt den gottlos „Stillen im Lande", wenn sie mit ihrem Anteil an Wohlfahrt und Freiheit zufrieden sind, nichts.

Eine Apologetik, die unterstellt, dass die Gottlosen ihren Mangel an Gott und Gottesvertrauen durch „Götzen" kompensieren müssen, scheint sich im Sand zu verlaufen. Es gibt hier und jetzt genug, ja im Übermaß Sinn-Angebote für ein erfülltes und glückliches Leben. Zum einen gibt es „Spiritualität", zum anderen gibt es Freundschaft, Wissenschaft, Kunst, Sport und eine möglichst nicht-entfremdete Arbeit als bewährte Sinnquellen. Es gibt darüber hinaus nicht-kirchliche Angebote, mit menschlichen Grenzsituationen wie schweren Verlusten, Krankheit, Behinderung, Benachteiligung, Tod umzugehen, sofern sie nicht „technisch-praktisch" zu ändern sind. Auch die Funktion von Religion als „Kontingenzbewältigung" ist längst nicht mehr ohne Konkurrenz. Es sind Rezepturen oder Anleitungen, Appelle an veränderte Einstellungen und anspruchsvolle oder sozialnützliche Tätigkeiten, um mit den Erfahrungen von Kontingenz umzugehen. Die Kirchen brauchen das Leben der „Gottlosen" nicht mehr schlecht zu reden; es geht nicht um jene Form von Polemik, die nachweist, dass Menschen „eigentlich krank, aber ohne Krankheitseinsicht" sind. Gottlose müssen weder unvernünftig (irrational) noch pathologisch sein, und es trifft offenbar auf Individuen und Gruppen zu, dass ihnen nichts fehlt, wo Gott fehlt. Oder sie haben sich von der Tradition entfernt und sind religiös lau oder „mild religiös".[1]

Mit Heidegger, der die traditionelle Substanzmetaphysik, Gott als „höchstes Seiendes" und den metaphysischen Essentialismus ablehnt[2], könnte man sagen, dass es eine „Gottvergessenheit" gibt, die analog zur Seins-Vergessenheit *unauffällig* ist, jeder Dramatik entbehrt – so wie die „blasierte" Haltung jener, die sich nicht für Gott und Kirche interessieren, keine Eiferer pro oder kontra sind, sondern „natürliche Menschen", die ihr Leben in ihren Kreisen gestalten und vom Alltag, der Arbeit, Familie, Quartier und Verein weitgehend absorbiert sind. Sie haben nach einer populären Ausdrucksweise vergessen, was sie vergessen haben.

Ganz anders als „tolerant" oder in gelassener Übereinstimmung mit dem Faktum des Pluralismus der Lebensformen und Charaktere lesen sich auch heute noch einige Texte von Friedrich Nietzsche; sie haben mit ihrem Elan der befreiten Geister, der melancholischen Er-

---

[1] Zum Überblick über die empirische Forschung zur Kirchen- und Religionsdistanz vgl. Christian FECHTNER, Mild religiös. Erkundungen spätmoderner Frömmigkeit, Stuttgart 2023; Jan LOFFELD, Wenn nichts fehlt, wo Gott fehlt. Das Christentum vor der religiösen Indifferenz, Freiburg u. a. 2024.

[2] Vgl. Rosa Maria MARAFIOTI, Heidegger und die Gottesfrage, Nordhausen 2024.

innerung an den langen Schatten des toten Gottes und dem Imperativ einer permanenten Überwindung des Allzu-Menschlichen, anachronistische Züge; Texte wie *Der tolle Mensch* und *Also sprach Zarathustra* gehören mit ihrem Pathos und ihrer allegorisierenden Bilderwut im Übergang von der Spätromantik zum Naturalismus und Frühexpressionismus ins *Fin de Siècle*, in dem „atheistische Manifeste" oder gar Aufrufe zum Kirchenaustritt noch Skandale, gesellschaftliche und staatliche Sanktionen wie Amtsenthebungen oder Berufsverbote provozierten und bereits in ihren Anfängen bei Jean Paul, den pseudonym erschienenen *Nachtwachen. Von Bonaventura* und Max Stirner und den Junghegelianern in Deutschland vereinzelt oder „nur" literarisch blieben, privat geäußert wurden oder in sozialistischen, anarchistischen und proletarischen Milieus subversiv wucherten, in denen Menschen oder ganz Klassen unter dem Kapitalismus nichts mehr zu verlieren hatten. Wer z. B. als Staatsbeamter oder Universitätsprofessor gegen Gott und die Kirche schrieb, musste bis in die Anfänge des 20. Jahrhunderts mit den letzten Blasphemie-Prozessen noch damit rechnen, sich gesellschaftlich unmöglich zu machen, mit dem (Blasphemie-)Gesetz in Konflikt zu geraten, in eine Subkultur abgedrängt und gesellschaftlich und akademisch marginalisiert zu werden. Nur in dieser gereizten soziokulturellen Atmosphäre lassen sich Nietzsches Texte wie z. B. sein *Antichrist*[3] noch als kühn und riskant auszeichnen.

Hier und heute dagegen unterliegen solche Exklamationen wie „Gott ist tot!" weitgehend einer „repressiven Toleranz": Sie werden durch Spott oder Nichtbeachtung entschärft; sie verlieren ihre spektakuläre Pointe und provokatorische Kraft im unübersichtlichen Markt der Meinungen. Religion ist weniger als eine lebendige existentielle Option, wie sie noch William James im Aufsatz *The Will To Believe* (1897)[4] bezeichnete, sondern längst ein Warenangebot unter vielen anderen. Lebenssinn wird käuflich. Durch ihr quasi-prophetisches Pathos sind einige der vielzitierten Texte Nietzsches im Datum abgelaufen, in der Wirkung verpufft.

Angesichts dieses Verschleißes durch eine oberflächliche Rezeption ist der Aufwand einer Lektüre erforderlich, welche die Texte von ihrer verstaubten Gestalt befreit. Der Aufwand einer „Close lecture"

---

[3] Jean-Claude WOLF, Selbstaufhebung des Christentums in Nietzsches ‚Antichrist', in: Mariano DELGADO/Volker LEPPIN, Der Antichrist. Historische und systematische Zugänge, Stuttgart 2011, 445–460.

[4] Vgl. William JAMES, The Will to Believe and Other Essays in Popular Philosophy, Cambridge u. a. 1979.

und erhöhten Lesekompetenz richtet sich insbesondere gegen den sog. „Trigger-Wert" von Zitaten, die einige Individuen oder Communities im Internet positiv oder negativ aufwühlen, andere kalt lassen.

Dieser emotionalisierte Austausch in den elektronischen Medien könnte daran anknüpfen, dass Nietzsches Alias Zarathustra selbst gegen den „alten Gott" kein umständliches Argument entwickelt, sondern Gott absetzt und sich mit Geschmacksreaktionen zu begnügen scheint – Zarathustra ist der alte Gott, der richtet und straft, „wider den besseren Geschmack", während der mitleidige und verzeihende Gott als Großmutter verhöhnt wird. Gott sei an seinem eigenen Mitleiden gestorben.

Beweise für oder gegen die Existenz Gottes richten wenig aus gegen den Glauben als affektiv verankerte Grundoption, der mit moralischen Überzeugungen verklammert ist. Vertrauen oder Misstrauen in Gottes Güte und Autorität sowie eine Geschmacksbildung lassen sich nicht durch Argumente (allein) bewirken. Treue oder Abfall von Gott zehren von affektiven Tiefeneinstellungen, die sich der Kontrolle und Manipulation durch Vernunft teilweise entziehen.

Zweiter Teil: „Außer Dienst". Zarathustra begegnet dem Ex-Papst

Nietzsche schildert im Kontext des vierten Buches des *Zarathustra* die Begegnung mit dem Papst nach dem Tod Gottes. Der Papst ist außer Dienst, weil Gott tot ist.

Nach dem „Gerücht", Gott sei tot, das im 19. Jahrhundert noch nicht überall angekommen sei, wird auch der „Papst ohne Gott und ohne Fromme" arbeitslos. Mit dem Tod Gottes ist der letzte Papst nicht tot, aber sein Heiliger Stuhl und sein Amtscharisma sind verschwunden.

Zarathustra ist kein traditioneller Lehrer; er hat kein *Magisterium* oder *Officium* im normativen Sinne des wahrhaften Vorbilds, das seine Schüler zur Suche nach der Wahrheit verpflichtet. Zarathustra verkörpert das Paradox eines selbst-deklarierten und bekennenden Harlekins, er desavouiert sich selbst, wenn er im Refrain wiederholt: „Nur Narr, nur Dichter"[5] zu sein. Er glaubt von Gott und der las-

---

[5] Vgl. Friedrich Nietzsche, Also sprach Zarathustra, Kritische Studienausgabe (zitiert als KSA), Bd. 6, München 1980, 371–374 (Das Lied der Schwermut).

tenden Frömmigkeit befreit zu sein, doch der entlassene Papst konfrontiert ihn mit einer verblüffenden Sequenz:

> „[…] du bist frömmer, als du glaubst, mit einem solchen Unglauben! Irgendein Gott in dir bekehrte dich zu deiner Gottlosigkeit. / Ist es nicht deine Frömmigkeit selber, die dich nicht mehr an einen Gott glauben ließ? Und deine übergroße Redlichkeit wird dich auch noch jenseits von Gut und Böse wegführen! / Sieh doch, was blieb dir aufgespart? Du hast Augen und Hand und Mund, die sind zum Segnen vorherbestimmt seit Ewigkeit. Man segnet nicht mit der Hand allein. / In deiner Nähe, ob du schon der Gottloseste sein willst, wittere ich einen heimlichen Weih- und Wohlgeruch von langen Segnungen: mir wird wohl und wehe dabei. / Lass mich dein Gast sein, Zarathustra, für eine einzige Nacht! Nirgends auf Erden wird es mir jetzt wohler sein als bei dir!" – „Amen! So soll es sein! sprach Zarathustra mit großer Verwunderung, dort hinauf führt der Weg, da liegt die Höhle Zarathustras. […]"[6]

Es wäre naheliegend, diese Äußerung als Satire über einen senilen Papst zu deuten, der Zarathustra im Sinn einer väterlichen Einvernahme gütig kanonisiert oder gar zu seinem bekehrten Follower wird, doch eine solche Abwertung des Papstes und seines Ausspruchs ist nicht die einzig mögliche, auch nicht eine besonders plausible Lesart. Da es sich beim *Zarathustra* um ein hochartifizielles fiktionales Werk handelt, sind viele Deutungen möglich und wünschbar, aber nicht alle sind beliebig und gleichermaßen fruchtbar oder inspirierend. Ein philosophischer Kommentar dieses Textes müsste mehrere Deutungen nebeneinanderstellen und teilweise gelten lassen, und nicht die „einzig mögliche" Deutung finden.

Nicht nur ist der Ex-Papst beeindruckt von Zarathustra, sondern umgekehrt: Zarathustra begegnet ihm nach anfänglicher Abscheu mit einem gewissen Respekt, nachdem er den Verdacht, wieder einem „Schwarzkünstler" auf den Leim zu gehen, überwunden oder vergessen hat. Er hört den Papst „mit großer Verwunderung" reden.

Die Abwehrreaktion Zarathustras bei der ersten Wahrnehmung des alten Asketen ist heftig und emotional. Er wünscht ihn zum Teufel

---

[6] NIETZSCHE, KSA 4, 325. Auf die Thematik des Segnens bei Nietzsche hat Georg Picht aufmerksam gemacht. Vgl. Jean-Claude WOLF, Georg PICHT: Geschichtsphilosophie als Transzendentalphilosophie, in: Eike BROCK/Jutta GEORG (Hg.), ‚– ein Leser, wie ich ihn verdiene' (Nietzsche-Lektüren in der deutschen Philosophie und Soziologie), Stuttgart 2019, 75–90.

und verflucht den Teufel dafür, dass er nie zur Stelle sei, wenn man ihn brauche; er ist willens, an dieser düsteren Figur „vorbei zu schlüpfen". Aber der düstere Mann springt auf, „als ob ihm ein unvermutetes Glück zustößt". Beide nähern sich einander in gleichsam telepathischer Ahnung. Der Brütende stellt sich als der Ex-Papst vor, und „scharfen Auges" scheint er Zarathustra zu erkennen.

Der Papst weicht nicht aus, sondern erblickt Zarathustra und interessiert sich für den Wanderer. Er findet sich in dieser fremden Welt nicht mehr zurecht, bittet Zarathustra um Hilfe und jammert: „Nun bin ich außer Dienst, ohne Herrn, und doch nicht frei, auch keine Stunde mehr lustig, es sei denn in Erinnerungen."[7]

Damit verrät der Ex-Papst die Verfassung eines einst glücklichen Knechts, der zum unglücklichen, weil herrenlosen Niemand geworden ist. Er möchte in die Abhängigkeit zurück, doch sein Herr lebt nicht mehr, er findet sein Glück nur noch in der Imagination oder Erinnerung an die schönen Zeiten seiner Dienstjahre.

Der Papst beklagt den Tod jenes „letzten Frommen", dem Zarathustra bereits im Abschnitt 2 der Vorrede begegnet ist, der im Wald lebte und als Heiliger, „ein Bär unter Bären, ein Vogel unter Vögeln" noch an Gott glaubte und ihn „mit Singen, Lachen, Weinen und Brummen" lobte.

> „Nun aber ist er selbst todt, der frömmste Mensch, jener Heilige im Walde, der seinen Gott beständig mit Singen und Brummen lobte. / Ihn selbst fand ich nicht mehr, als ich seine Hütte fand, – wohl aber zwei Wölfe darin, welche um seinen Tod heulten – denn alle Tiere liebten ihn. Da lief ich davon."[8]

Zarathustra ergreift die Hand des alten Papstes und betrachtet sie lange mit Bewunderung.

> „Siehe da, du Ehrwürdiger, sagte er dann, welche schöne und lange Hand! Das ist die Hand eines solchen, der immer Segen ausgeteilt hat. Nun aber hält sie den fest, welchen du suchst, mich, Zarathustra."[9]

Seltsamerweise stimmen Papst und Zarathustra in der Diagnose des Todes Gottes überein: er sei, wie ein Gerücht laute, zu dem beide nicht

---
[7] NIETZSCHE, KSA 4, 322.
[8] Ebd.
[9] Ebd., 322–323.

Stellung nehmen, an seinem Mitleiden mit dem Menschen erstickt. Diese Todesursache wird bereits im Kapitel *Von den Mitleidigen* erwähnt. Hier stellt sich die Frage an Nietzsches Text, ob dem Autor beim ekstatischen Schreiben die beiden Kunstfiguren des Zarathustras und des letzten Papstes teilweise ineinanderfließen, zu Doppelgängern mit fluider Identität und Verwechslungspotential werden: Der letzte Papst könnte ein Avatar Zarathustras sein, oder umgekehrt: Es ließe sich ein anderes Buch mit dem Titel *Also sprach der letzte Papst* schreiben, in dem dieser einer Figur namens Zarathustra und anderen „höheren Menschen" begegnete. Der Text lädt nicht zum reproduzierenden Kommentar ein, sondern zur kreativen Weiterbildung und literarischen Deutung, nach dem Diktum *Adornos*, dass sich über das Ästhetische nur ästhetisch sprechen lasse. Die Rollentexte des Zarathustra sind Dramatisierungen des erkenntniskritischen Perspektivismus Nietzsches.

Das Doppelgänger-Motiv, wie es bereits in Zarathustras Rede *Von den Priestern* anklingt, könnte erklären, in welch hohem Maße sich die beiden Figuren gegenseitig ineinander spiegeln, sei es auch nur als feindliche Brüder, die einen Waffenstillstand eingehen. Auch wird der Papst Zarathustra wie sein Schatten folgen und in seiner Höhle übernachten. Diese Interaktion fiktiver Figuren macht beide lebendiger; sie nähern sich dem „Menschen mit seinem Widerspruch". Beide erfahren in chiastischer Überkreuzung vom jeweils andern etwas über sich selbst, was ihnen selber nicht ganz zugänglich schien, als wäre der Ex-Papst eine Stimme in Zarathustra, und Zarathustra eine Stimme („ein innerer Gott") im alten Papst.

Der Ex-Papst scheint in der Konfrontation mit dem letzten frommen Menschen (zunächst dem Einsiedler im Wald, danach mit Zarathustra) sich selbst besser zu verstehen; er hat mit dem Verlust des Amts und damit der offiziell-segnenden Funktion auch seinen Glauben, seinen „inneren Gott" verloren und wird damit wie Zarathustra zu einer Gestalt des Suchens nach dem „inneren" Gott oder „dem höheren Menschen" *in anderen* – er ist kein hochresilientes religiöses Individuum inmitten einer feindlichen oder gleichgültigen Gesellschaft, das ohne gesellschaftliche Anerkennung oder Stützgruppe unbeirrt weiter glaubt, wie das der letzte Fromme im Wald durch einsiedlerische Abschottung vom Zeitgeist bis zu seinem Tod unter wilden Tieren tat, die er offenbar wie der *Heilige Franziskus* nach der Legende durch seine Liebe zähmte und mit denen er selbst ein Stück weit verwilderte. Ausgerechnet Zarathustra, der Gottlose, ist in seiner kompromisslosen Konsequenz, dem totalen Traditionsbruch, und seinem pseudoprophetischen Eifer oder poetisch-rasenden Wahn in den immer noch suchenden Augen des Ex-Papstes der Frömmste unter den Gottlosen.[10]

So wie die Begegnungen Zarathustras und des Papstes mit dem letzten Frommen im Walde Parallel-Episoden und Erfahrungen sind, die beide auf ihrem verschiedenen Weg prägen, so wird jetzt Zarathustra zum verwandelten Frömmsten seiner Art.

Umgekehrt wird Zarathustra zum „Chiromanten", der mit Ehrfurcht die Hand des Papstes betrachtet und berührt, vielleicht eine Botschaft daraus liest, die besagt, dass diese Hände nicht nur eine große Vergangenheit haben, sondern auch eine Zukunft, die darin bestünde, das Leben, die Erde, die Welt zu segnen – die Welt in ihrer zunehmenden religiösen Indifferenz. Segnen im Namen des Lebens, aus dem Leben heraus, nicht durch die Autorisierung einer „höheren Macht". Und der Papst spricht mit ähnlicher esoterischer Vollmacht über das „Segnen nicht nur mit der Hand", zu dem Zarathustra fähig und vorbestimmt sei.

Wie auch immer die „Botschaft der segnenden Hand" lauten mag: Hier wird der letzte Papst durch seine Hand, seine Geste, seine symbolische Tätigkeit des Segnens aufgewertet und Zarathustra angenähert. Eine eindimensionale Abwertung des alten Mannes außer Dienst ist ebenso wenig angebracht wie eine böse Satire. Aus dem Missverstehen und dem Missverstanden-Werden verfolgt Zarathustra eine Spur des Glaubens, die ihm selbst zuvor noch nicht vor Augen war: dass die einzig angemessene christliche Antwort auf den Fluch nicht das Mitleid, sondern – der Segen ist. Dem Fluchen folgt der Segen als Überwindung des „Geistes der Rache". Es wird zum Privileg des befreiten Menschen, sich vom Schema der mimetischen Vergeltung (Gleiches durch Gleiches) lösen zu können.

Zarathustra geht mit einem Aspekt des alten Gottes – seiner richtenden und strafenden Funktion – hart ins Gericht, er richtet den Richter und verflucht die lebensfeindliche Mentalität der Verleumdung des Lebens, aber er eignet sich den anderen Aspekt Gottes und des Papstes an: die Segnung und Affirmation des Lebens.

Ist der Frömmste (man beachte den Superlativ!) unter den Gottlosen auch der Freiste oder jedenfalls freier als der fromme Gläubige? Der literarische Text stellt vor Antinomien, die das Denken weiter

---

[10] Zum erweiterten Wortgebrauch Nietzsches vgl. „Inwiefern auch wir noch fromm sind." Fröhliche Wissenschaft, Abschnitt 344; KSA 3, 374–377. Auch die Wissenschaften verfahren nicht voraussetzungslos und ohne unbeweisbare Bewertungen.

beschäftigen, weil es sie nicht knacken kann. Es könnte neben der „Freiheit des Christenmenschen in der schlechthinnigen Abhängigkeit von Gott" auch eine andere Freiheitserfahrung geben, nämlich bei den religiös indifferenten Charakteren oder Lebensformen der „Lauen" oder religiös Sprachlosen. Sie erleiden Gott nicht mehr als Voyeur und Kontrolleur ihres Innenlebens und ihres sittlichen Wertes. Beide Phänomene – der Rückgang sozialer Kontrolle durch Religion und die Verbreitung von erfüllten Biographien ohne Gott – scheinen in unserer „freien Welt" real geworden zu sein. Die Kunstfigur Zarathustra gehört nicht zu den Lauen, aber er ist auch nicht mehr vom Eifer eines „tollen Menschen" oder Predigers des Todes Gottes besessen und wird in seiner Selbst- und Fremdbezeichnung des „Gottlosen" zum Lobredner des Lebens. Der resignierte Ex-Papst dagegen, der wie kein anderer den Verlust empfindet und *deshalb* immer noch Ausschau hält nach einem einzigen frommen Menschen (oder letzten Gerechten), ist überstürzt bereit, Zarathustra für einen „heiligen Gottlosen" zu halten; insofern ist er freier als der einst mächtige Papst, als er nun sein ketzerisches Gegenüber *nicht* verflucht und verbannt, sondern als letzten Frommen und Redlichen in Betracht zieht oder miss/versteht, ihn durch seine seltsame Auszeichnung als letzten Frommen erhöht, nicht erniedrigt. Der Papst spricht wie Zarathustras Doppelgänger, wenn er selbst ketzerische Kritik am alten Gott, seinem ehemaligen Herrn, übt. Wäre die Begegnung nichts als ein intellektueller Wettstreit, so bliebe der Punktesstand zwischen den beiden Spielern unklar. Im gegenseitigen produktiven Missverstehen aber sind sie höhere Menschen auf gleicher Augenhöhe.

Statt die Frage nach der Freiheit direkt zu beantworten, wurde in diesem Abschnitt der Weg über einen literarischen Text gewählt, in dem die Antipoden in sich selbst differenziert werden. Jeder ist sich selbst auch ein Anderer und dem Anderen ein „Verwandter". Bedeutet dieses Spiel mit Figuren die Kapitulation der Philosophie? Welcher Philosophie? Einer Philosophie ohne Dialektik?

Damit drängt sich die prinzipielle Frage nach der Rolle und Leistung von narrativen Texten für Denk- und Lernprozesse auf, die mehr sind als didaktische Lehrbeispiele, nämlich verrätselte Texte der Moderne oder verpixelte Einblicke ins Innere, für die es keinen kulturell und gesellschaftlich verankerten und leicht verständlichen „Schlüssel", keine gemeinsam geteilte Moral gibt wie in der traditionellen Allegorese oder in typischen Tierfabeln.

Die Tiere in Nietzsches Zarathustra sind ebenfalls schillernde Rätselfiguren und lassen sich nicht nach einem traditionellen Code entschlüsseln. Im Kapitel „Außer Dienst" haben sie u. a. die Funktion, den Gegensatz zwischen der von allem Animalischen abgehobene Aura des Papstes (der sich vor Tieren fürchtet und sie meidet, so wie die Kirche Tierkulte verbietet) und Zarathustras vertrautem Umgang mit seinen Begleittieren zu markieren.

Was kann oder leistet eine von allen Funktionen autonome Erzählung, was diskursives Denken nicht vermag? Das Lesen wird „ratlos", die Deutung desorientiert, die Wühlarbeit des forschenden Maulwurfs stößt an Grenzen der Erkenntnis und der Sprache. Die schöpferische Arbeit am ästhetisch autonomen Text und den Rätselfiguren und Bildern von Nietzsches *Zarathustra* eignet sich eher für die Ausarbeitung von Fragen und Problemen, als für das Ordnen und Organisieren des analytisch-systematischen Denkens, das Probleme präzisiert und löst. Probleme der Freiheit und Abhängigkeit mit oder ohne Gott, nach der Spur der Frage: „Ist der Mensch ohne Meister frei?" sind persistente Probleme, die sich vertiefen, aber wohl kaum wie eine rechnerische Aufgabe oder im Medium einer universalen Philosophia Perennis lösen lassen.

Dritter Teil: Kreatives Lesen?

Unter diesem „Problemtitel" wird programmatisch angedeutet, was eine Alternative zu den Fächern „systematische" und „historische" Philosophie darstellt, nämlich eine Texthermeneutik, die systematische Probleme durch Lektüre und Deutung von autonomen literarischen Texten erhellt und weiterspinnt. Es wird – in nicht-theologischer Bedeutung – „inspiriert" oder „mit dem Heiligen Geist" gelesen. Autonom wird der Text durch seinen Abstand von „Gebrauchstexten" und kanonischen Schriften; er glänzt durch seine „Funktionslosigkeit", im Unterschied zu erbaulichen oder religionskritischen Schriften. Ästhetisch-autonome, oft „vertrackte" literarische Texte, wenn sie gelungen sind, entziehen sich hartnäckig einer eindeutigen Lesart. Kein Kommentar schöpft sie aus oder kann sie ersetzen. Dem entspricht Deutungsfreiheit auf der Ebene der Texthermeneutik.

Nietzsches *Zarathustra* wurde und wird auch als „Pubertätslektüre" verschlungen; er dient oft der Ablösung vom Kinderglauben und von emotional tiefliegenden Loyalitäten gegenüber Herkunft und Kirche. Doch im Literaturstudium und insbesondere durch lebenslängliches Lesen innerhalb des Kanons „klassischer Literatur" und darüber hinaus, hat sich die Lesekompetenz weitergebildet und die Lektüre von Literatur aus einer mittleren Distanz gefördert: Ich versuche, weder überidentifiziert noch allzu distanziert zu lesen. Hilfreich ist zusätzlich die Erfahrung und Erforschung literarischer Schreibprozesse, um sich in Nietzsches hektische Schreibattacken hineinzudenken, die ich auch als „telepathisches Schreiben" bezeichne: der Verfasser liest Gedanken seiner Figuren, und die Figuren lesen teilweise untereinander Gedanken.

Die vermeintliche „Degradierung" der wissenschaftlichen zur literaturkritischen Philosophie hat den Vorzug, trotz einer unvermeidlichen Regression der analytischen Schärfe, eine „Narrenfreiheit" einzuüben, die nicht direkt und gruppenbezogen-kommunikativ aufs Ziel zugeht, so wie man in einem wissenschaftlichen Team arbeitet, sondern aus dem Prozess des solitären Lesens ein vorgegebenes oder selbst erfundenes Thema (wie in der Musik) variiert, umtanzt und gelegentlich bis fast zur völligen Unkenntlichkeit verwandelt und wieder ins Ursprungsthema zurückführt. Abschließend wird nun festgehalten, inwiefern eine solche Arbeit am Text, an Erzählungen und Metaphern, wie sie hier vorgeschlagen wird, das Denken bewegt und beweglicher macht.

Die Weltanschauungsfronten von Theisten und Atheisten haben an begrifflicher Klarheit und Präzision eingebüsst und werden in den Nebel einer bizarren „Doppelgänger-Geschichte" verlagert. Zwei Parteien sind nicht nur durch Eifer und Pathos, sondern auch in ihrer segnenden Haltung verwandt. Beide sind „gottlos", doch auf verschiedene Weise, mit unterschiedlichen Erfahrungen von Freiheit und Unfreiheit. Der Ex-Papst trauert einem nicht-substituierbaren Gott nach, während Zarathustra den irreversiblen Tod Gottes verkündet und zur Erschaffung neuer Götter aufruft. Beide unterscheiden sich von einer wachsenden, wahrscheinlich sogar mehrheitlichen Gruppe der religiös Lauen und Indifferenten um uns herum, in der ersten Hälfte des 21. Jahrhunderts, denen das segnende und fluchende Pathos und der hymnische „Ewigkeitsbezug" bzw. die großen Metaphern der Ewigkeit wie Meer, Berge, Himmel und Gestirne fremd geworden sind. Der „Fehl Gottes", das Ausbleiben seiner Parusie, wird nicht mehr vermisst.

Eine *befreiende* „Kunst" des Lesens kann sich an literarischen Texten üben und bewähren, die „belastbar" sind, einer Zweit- und Dritt-Lektüre standhalten, eine Jahrhundertrezeption überleben und immer wieder andere Zugänge des Miss-Verstehens öffnen. So erschöpfend es sein mag, sie zu lesen, so unerschöpflich-ergiebig können sie sich erweisen. Besonders geeignet ist das aktive Lesen als Antwort auf „unheilige" Texte, die einem träumenden oder „telepathischen" Schreiben entstammen, wie z. B. Gestalten der modernen Lyrik oder beinahe verschollene Texte aus der jiddischen Literatur. Oft sind es „Nister", „Verborgene", die unterirdisch am Werk sind.

Am Anfang des Verstehens steht zunächst das Missverständnis, oder eine „hermeneutische Ratlosigkeit", mit der Versuchung, die Lektüre abzubrechen und zu kapitulieren. Nietzsches Abschnitt „Außer Dienst" baut allerdings eine starke Spannung oder Leserbindung auf: Der Titel ist ebenso unbestimmt wie das anfängliche Wissen der beiden Figuren, die aufeinanderstoßen. Der Schreibfluss verfährt ekstatisch oder traumhaft oszillierend und insofern mitreißend – Zarathustra und der letzte Papst prallen als Rätselfiguren aufeinander und miss/verstehen sich. In dieser Verfugung von Miss- und Verstehen können Verstehen und Missverstehen nebeneinander koexistieren oder sich aneinander reiben.

Der letzte Papst wird von Zarathustra anfänglich nur als „Priester" und „düsterer Asket" wahrgenommen, aber noch nicht besser beachtet. Die Figuren werden von Nietzsches „telepathischem Schreibprozess" erfasst und geführt – sie scheinen sich auf eine somnambule Weise gegenseitig ins Innerste zu blicken, die Gedanken des anderen als ihre eigenen zu lesen, bis an die Grenzen einer Symbiose. So mag es dem Leser ergehen, der sich der Dynamik des Textes hingibt, ohne ihr vollständig zu verfallen: Er oder sie liest sich in beide Figuren hinein. *Lector in Fabula* – was im Text steht, geht auch die Leserin etwas an. Wer z. B. erfahren hat, was der verlorene (Kinder-)Glauben an den zornigen und erbarmenden Vater im Himmel für Folgen hat oder haben kann, wird vom Text ergriffen oder abgestoßen. Ebenso jene Kirchentreuen, die an Werktagen oder in der eigenen Familie umgeben sind von religiösen Analphabeten und mehr oder weniger glücklichen Indifferenten. Es lassen sich nur Resonanzen aus dem Text herauslesen, die eine kompetente und inspirierte Leserin mitbringt und in den Text hineinliest.

In meiner Lektüre wird das Doppelgänger-Motiv im Kapitel „Außer Dienst" als ein möglicher Leitfaden des Missverstehens vorgeschlagen. Es ist eine von zahlreichen Variationen des Leitmotivs vom Wanderer und seinem Schatten bzw. von Zarathustras Schatten. Der Lesevorgang verleiht der Opposition von Theisten und Atheisten fließende Konturen und neue Farben.

Zwei antagonistische Persönlichkeiten sind sich nicht nur in ihrem Pathos, sondern auch in einer gesteigerten Beachtung des Anderen verwandt. Von *Verwandten* hat Zarathustra bereits im Kapitel „Von den Priestern" gesprochen. Beide sind „gottlos", doch auf verschiedene Weise, mit unterschiedlichen Erfahrungen von Freiheit und Unfreiheit.

Am Anfang einer Begegnung sind erste Missverständnisse zu korrigieren; daraus folgt vielleicht provisorische Schein-Einigkeit, oder ein projizierendes Missverstehen, oder ein Machtkampf und Einvernahme des „Schwächeren" durch den „Stärkeren". Zarathustra und der letzte Papst können sich einen Moment lang blendend verstehen, bevor eine neue Misshelligkeit auftaucht im Wettbewerb der höheren Menschen.

Diese Lesart entspricht ganz besonders den *experimentellen und poetischen* Texten Nietzsches, die mit dem Lehrhaften und Doktrinären spielen, ohne einen Anspruch auf Nachfolge zu erheben. Zarathustra verkörpert das paradoxale Modell eines Vorbilds, das Nachahmer zurückstößt. Es mag die artistische Qualität von Nietzsches *Zarathustra* sein, die manche philosophische Kommentatorinnen abschreckt oder zu langweiligen Paraphrasen veranlasst. Zarathustra ist nicht ein atheistischer Influencer, sondern vielmehr ein – Skeptiker, der sich hinter einem rasanten Maskenspiel verbirgt, verwandelt und in euphorischen oder depressiven Momentaufnahmen zeigt. „Man lasse sich nicht irreführen: Alle großen Geister sind Skeptiker. Zarathustra ist ein Skeptiker."[11]

---

[11] Nietzsche, Der Antichrist, Abschnitt 54; KSA 6, 236. Einen soliden Inhaltskommentar und Kommentare zu Nietzsches Selbstdeutung seines Zarathustra (als Buch und als Figur) bietet Hans Weichelt, Zarathustra-Kommentar, 2., neu bearbeitete Auflage, Leipzig 1922. Wegweisend für eine konsequente literaturhermeneutische Lektüre ist Claus Zittel, Das ästhetische Kalkül von Friedrich Nietzsches ‚Also sprach Zarathustra' (Nietzsche in der Diskussion), Würzburg 2000.

Verbindlichkeit kirchlicher Lehre und Freiheit der Theologie[1]

Peter Hünermann

Das Thema: „Verbindlichkeit kirchlicher Lehre und Freiheit der Theologie" ist ein ungemein komplexes Thema, und zwar aus einem doppelten Grund: Zum einen nimmt die Verbindlichkeit kirchlicher Lehre im Verlauf der Geschichte – von der frühen Patristik bis in unsere Tage – unterschiedliche Gestalten und Ausdrucksformen an, zugleich variiert die Begründung. Nicht minder vielgestaltig zeigt sich die Freiheit der Theologie. Um die ungemein reiche geschichtliche Aufarbeitung zu straffen, soll in einem ersten Teil lediglich eine knappe Skizze der kirchlichen Praxis hinsichtlich der kirchlichen Zensuren vorgelegt werden. In einem zweiten Teil sollen die theologischen Grundlagen für die Verbindlichkeit kirchlicher Lehre und die Beurteilung der Theologie vorgelegt werden, wie sie im 19. Jahrhundert vor allem von Matthias Joseph Scheeben in seiner Erkenntnislehre entfaltet werden. In einem dritten Teil wird die Neubestimmung des Verhältnisses kirchlicher Lehre und Freiheit der Theologie im II. Vatikanischen Konzil reflektiert.

Geschichtliche Skizze zur Verbindlichkeit kirchlicher Lehre, zu den Zensuren und den kirchlichen Autoritäten zur Verhängung von Zensuren

Die Beurteilung der Wahrheit und Falschheit einer Lehre, ihrer Verbindlichkeit bzw. Verwerflichkeit, findet sich bereits im Neuen Testament.[2] Verwerfungen und Abgrenzungen werden vielfach mit dem Wort „Anathema" charakterisiert, um so die Grenzen der christlichen Gemeinschaft zu markieren.[3] Basis ist die Überzeugung, dass Glaubensgemeinschaft und das gemeinsame rechte Glaubensbekenntnis unlösbar zusammengehören.[4] Die Leugnung des rechten Bekennt-

---

[1] Der Artikel fußt auf der Überarbeitung eines Vortrags in der Ökumenischen Arbeitsgemeinschaft in Tübingen, der ursprünglich in der *Theologischen Quartalsschrift* 187 (2007) 21–36 veröffentlicht wurde.
[2] Vgl. Gal 1,6–8; 1 Tim 6,20; 4,7; 2 Tim 2,16 und Tit 1,4.
[3] Vgl. 1 Kor 12,3; 16,22 und Gal 1,8–9.
[4] Vgl. Walter KERN (Hg.), Die Theologie und das Lehramt, Freiburg 1982.

nisses führt mithin zum Ausschluss aus der Gemeinschaft, zur Auslieferung an den Bösen mit dem Ziel der Heilung. In dieser Form werden nicht nur Lehrmeinungen, die vom Bekenntnis der Gemeinschaft der Glaubenden, sondern auch Verhaltensweisen, die von Denk- und Handlungsweisen der Kirche abweichen, verurteilt.[5]

Mit der Ausbildung einer schulmäßigen Theologie im Mittelalter findet ein tiefgreifender Wandel statt. In Paris, aber auch an anderen führenden theologischen Fakultäten, werden regelmäßig im Konvent der Professoren theologische Lehrmeinungen und Texte beurteilt. Zu diesem Zweck werden die in Frage stehenden theologischen Texte in Propositionen gefasst und mit Zensuren bzw. Noten versehen. Diese universitäre Beurteilung von theologischen Lehren hat zunächst nur Bedeutung für den akademischen Lehrbetrieb. Gewisse Lehren dürfen im Rahmen der Lehrveranstaltungen nicht mehr vorgetragen werden, die Studierenden können sich bei ihren eigenen Arbeiten und bei den Examina nicht darauf berufen etc. Diese Form der Beurteilung durch ein Gremium von Fachleuten mit den zwei Schritten – der Bildung von Propositionen und der anschließenden kollegialen Benotung – wird sehr schnell von Bischöfen übernommen. Ein frühes Beispiel setzt der Erzbischof von Paris 1277. Er beruft eine Kommission von Doktoren, lässt die strittigen Lehren des Thomas von Aquin in Propositionen fassen und beurteilen und übernimmt dieses Urteil.

Dieses Pariser Verfahren von 1277 setzt sich dann sehr schnell bei den entstehenden Inquisitionstribunalen durch, die im königlichen und kirchlichen Auftrag handeln. Die Maßstäbe, die hier angelegt werden, variieren und berücksichtigen auch die öffentliche Interessenlage und die grundlegenden Orientierungen der säkularen öffentlichen Autoritäten. Die Urteilskriterien zwischen den verschiedenen Inquisitionsorganen in Europa und dem relativ spät (1542) eingerichteten Inquisitionstribunal in Rom, weichen so häufig voneinander ab.[6] Überall wird aber ein Zweistufensystem beibehalten. Zunächst haben das Wort theologische Kommissionen bzw. Gruppen von Doctores. Auf der Grundlage der Propositionen und der häufig voneinander abweichenden Urteile der Theologen erfolgt dann die

---

[5] Diese Praxis der Beurteilung von „Fides et mores" findet ihren Ausdruck in Synodal- und Konzilsentscheidungen der patristischen Kirche ebenso wie in Einzelentscheidungen von Bischöfen.

[6] Vgl. zu dieser Problematik Bruno Neveu, Censures Romaines, Censures inquisitoriales, Censures universitaires: Trois expressions du magistère, in: L'université catholique à l'époque moderne – De la réforme à la revolution sixième – dixhuitième siécle, Paris 2003, 417–437.

Beratung durch die Bischöfe oder Kardinäle und ihre Entscheidung. In Rom wird die Entscheidung dem Papst vorgelegt, wenn die Kardinäle – die sich mittwochs in Santa Maria sopra Minerva versammelten – nicht zu einer Entscheidung kommen. Es gibt keine universelle Kodifikation hinsichtlich der Urteile.

Im Unterschied zu der akademischen Beurteilung und Zensurierung theologischer Lehren wird durch die Inquisition die Strafgerichtsbarkeit ausgeübt. Der Autor verurteilter Lehren muss zunächst befragt werden und erhält die Möglichkeit zum Widerruf von Propositionen. Wird der Widerruf abgelehnt, kann das entsprechende Urteil vollstreckt werden.

Mit der aufkommenden Neuzeit werden zahlreiche Abgrenzungen und Abstufungen in den theologischen Zensuren bzw. Verwerfungen aufgeführt. Es entstehen Fachtermini, die die jeweilige Form der Abweichung bzw. Gefährlichkeit einer Doktrin benennen und sich aus dem Modus der Ableitung solcher Lehren aus grundlegenden Glaubenslehren, wie sie in den neutestamentlichen Schriften oder in Konzilsentscheidungen zu finden sind, hergeleitet werden. Solche Fachtermini und differenzierten Qualifikationen tauchen in den Prozessen und Auseinandersetzungen um Petrus Johannes Olivi[7], Durandus, Wilhelm von Ockham[8] und Meister Eckhart auf. Das Konzil von Konstanz bedient sich dieser Urteilsweise. So wird im Fragebogen für Wyclifiten und Hussiten gefragt:

> „Ebenso soll insbesondere ein Gebildeter gefragt werden, ob er glaube, dass das vom Heiligen Konstanzer Konzil gefällte Urteil über die weiter oben niedergeschriebenen 45 Artikel John Wyclifs und 30 Jan Hus' wahr und katholisch sei: d.h. dass die oben genannten 45 Artikel John Wyclifs und 30 Artikel Jan Hus' nicht katholisch seien, sondern einige von ihnen offenkundig häretisch seien, einige irrig, andere leichtfertig und aufrührerisch, andere fromme Ohren verletzend. (Notorie haeretici, erronei, temerarii, seditiosi, piarum aurium offensivi.)"[9]

---

[7] Vgl. dazu Constantin KOSER, Autorità ed obbedienza nella vita religiosa, Mailand 1978.
[8] Von Wilhelm von Ockham stammt die erste theologische Ausarbeitung von Noten. Vgl. Constantin KOSER, Die älteste bekannte Deutung theologischer Noten: Wilhelm von Ockhams Dialogus, P. I, Lib. II, in: Franziskanische Studien 38 (1956), 66–77.
[9] Vgl. DH 1251.

Eine so detaillierte Fachterminologie setzt eine rezipierte Theoriebildung voraus.[10] Mit diesen Urteilen, die in sich eine kolossale Breite umfassen und keineswegs die einzelnen Propositionen zu solchen Sammelurteilen in Beziehung setzen, fiel es den entscheidenden Bischofs- bzw. Kardinalsgremien bzw. dem Papst leichter, die oft voneinander abweichenden Voten der Doctores zusammenzufassen.

Es ist auffällig, wie vom Ende des 17. Jahrhunderts an, vor allem aber dann im 18. Jahrhundert, die Urteile nochmals differenzierter werden. Es werden mögliche geschichtliche Auswirkungen von Sätzen beurteilt, Sätze können den Verdacht wecken, dass sie eine Häresie fördern usw. So werden in der Synode von Pistoia (1786) Dekrete erlassen, die von Pius VI. in 85 ausgewählten Lehrsätzen verurteilt werden. Die hier auftauchenden Verurteilungen lauten: sententia haeretica (DH 2603); inducens in systema alias damnatum ut haereticum (DH 2605); sententia schismatica, ad minus erronea (DH 2606); inducens in schisma et subversionem hierarchici regiminis, erronea (DH 2608); sententia falsa, erronea, favens haeresi pelagianae (DH 2616); sententia suspecta favens haeresi semipelagianae (DH 2618) etc.

Die Grundlinien für ein solches diversifiziertes System von Verbindlichkeiten werden u. a. von François Veronius[11], Henry Holden[12] und Philipp N. Chrismann[13] entfaltet.

Entscheidend ist weiter, dass von der zweiten Hälfte des 17. Jahrhunderts ab die Zensurierung von theologischen Texten durch die Sorbonne bzw. andere theologische Fakultäten von Rom her abgelehnt wird. Es kommt zu einem ersten scharfen Zusammenstoß

---

[10] Juan de Torquemada OP, ein wichtiger Teilnehmer des Konzils, hat einen solchen Entwurf in seiner Summa de Ecclesia vorgelegt.

[11] Vgl. François Véron, Methodus veroniana Sive brevis et perfacilis modus, quo quilibet catholicus ... potest ... Religionis praetendentem Ministrum evidenter mutum reddere [etc.] / auctore Francisco Veronio; Coloniae Agripp., 1619. Außerdem von diesem Autor: Tractatus generales de controversiis fidei/per Adrianum et Petrum de Walenburch, 1671.

[12] Henry Holden, Divinae fidei analysis seu De fidei christianae resolutione, cum Appendice de Schismate. P 1652; Nachdruck: Theologiae cursus completus, Bd. 6, P 1841, 791–878. Vgl. zu Holden auch folgende Forschungsliteratur: Louis E. Dupin, Bibliothèque des auteurs ecclésiastiques du XVIIe siècle, Bd. 2, Paris 1708, 151–177; außerdem: Jacques LeBrun, L'Institution dans la théologie de Henry Holden (1596–1662): RSR 71 (1983), 191–202.

[13] Philipp Neri Chrismann OFM, Regula fidei catholicae et collectio dogmatum credendorum. Kempen 1792. Vgl. auch: Johannes Beumer, Die Regula fidei catholicae des Philipp Neri Chrismann OFM und ihre Kritik durch J. Kleutgen SJ: FS 46 (1964), 321–334.

zwischen Alexander VII. und der Pariser Fakultät, welche einen Satz, der von der Unfehlbarkeit des Papstes sprach, mit einer Zensur belegt hat. Der Papst antwortet mit der Bulle „Cum ad aures nostras"[14], indem er alle Privilegien der theologischen Doktoren revoziert. Das Parlament stützt die Fakultät und verhindert, dass diese Bulle vollzogen wird. Einige Jahrzehnte später erklärt Clemens XI. im Zusammenhang mit den Auseinandersetzungen um die Irrtümer Pasquier Quesnels[15]:

> „Aber wie groß auch der Name der Theologen sein mag, es ist eure Aufgabe, erlauchte Vorsteher der Kirchen, in Sachen des Glaubens endgültig zu entscheiden; euch alleine ist es gegeben, welche der Heilige Geist zu Bischöfen eingesetzt hat, um die Kirche Gottes zu regieren, nicht den Presbytern, noch viel weniger den Laien, mit welcher Würde sie auch ausgestattet sein mögen, Richter in Streitfragen des Glaubens zu sein; euch allein ist die heilige Hinterlassenschaft (des Glaubens) anvertraut"[16].

Mit dem Ende des Ancien Régime endet die Funktion der theologischen Fakultät der Sorbonne, ebenso die verschiedenen Inquisitionstribunale. Die zunächst staatlich etablierte Zensur wird schrittweise abgebaut. Es ergibt sich damit im frühen 19. Jahrhundert eine völlig neue Situation: es besteht nur noch die römische Inquisition, das sogenannte Heilige Offiz. Die Frage der Verbindlichkeit der kirchlichen Lehren, der Freiheit der Theologie wird im Umfeld des I. Vatikanums in intensiver Weise theologisch diskutiert. In der theologischen Erkenntnislehre von Matthias Joseph Scheeben[17] hat diese Auffassung wohl ihre adäquateste Gestalt gefunden. Die von ihm gekennzeichneten Strukturen finden sich bis hin zur Argumentation von Johannes Paul II. in der Instruktion der Glaubenskongregation *Donum veritatis* vom 24. Mai 1990.[18]

---

[14] Vgl. Jacques M. GRES-GAYER, Le gallicanisme de Sorbonne, Paris 2002, 170–171.
[15] DH 2400–2502, Konstitution *Unigenitus Dei Filius*.
[16] Zitiert nach Jacques M. GRES-GAYER, La vérité et son discernement: Le magistère de la Sorbonne au XVIIIe siècle, in: L'Université Catholique à l'époque moderne, 436.
[17] Matthias Joseph SCHEEBEN, Theologische Erkenntnislehre (Handbuch der Katholischen Dogmatik, 1. Buch), in: DERS., Gesammelte Schriften, Bd. 3, Freiburg 1959.
[18] Vgl. DH 4870–4885.

Die Verbindlichkeit kirchlicher Lehre und die Freiheit der Theologie im 19./20. Jahrhundert – dargestellt anhand von Scheebens Theologischer Erkenntnislehre

Scheeben formuliert die Grundlage seiner Ausführungen in vier Sätzen:

> „Um ihrem Zwecke vollkommen zu entsprechen muss
> I. die Verkündigung des Wortes Gottes von Seiten ihrer Organe erfolgen durch göttliche, im Namen Gottes auftretende Gesandte, welche dieselbe kraft wirklichen Auftrages, wirklicher Vollmacht und mit einer ihnen von Gott übertragenen göttlichen Gewalt öffentlich vollziehen, und muss demnach zugleich eine offizielle, authentische und autoritative Übermittlung des Glaubensobjektes und Promulgation des Glaubensgesetzes sein.
> II. An die Bestallung oder Betreuung mit der Verkündigung muss ferner durch Verheißung Gottes, von dem die Mission ausgeht, eine dreifache Mitgift oder Mitwirkung von Seiten Gottes geknüpft sein, sodass sie unter göttlicher Garantie und mit göttlicher Legitimation und Sanktion vollzogen wird und demnach unfehlbar, unleugbar und unabweisbar auftreten kann.
> III. Der Akt der Verkündigung muss als Elemente, woraus er besteht, in sich begreifen den Lehrvortrag, wodurch der Inhalt der Offenbarung mitgeteilt und erklärt, das Zeugnis, wodurch er als Wort Gottes beglaubigt, und die Glaubensvorschrift, wodurch er geltend gemacht wird. In der Weise jedoch, dass einerseits sowohl die ganze Verkündigung als ein Lehren, wie andererseits das Lehren als eine Ergänzung der Verkündigung betrachtet werden kann.
> IV. Endlich muss die Verkündigung von Seiten ihres Objektes nicht bloß den direkten Inhalt der Offenbarung selbst reflektieren, sondern auch, um ihr direktes Gebiet vollkommen zu beherrschen und die Offenbarung vollkommen geltend zu machen, kraft derselben Mission und unter derselben Garantie die Beurteilung aller indirekt zum Offenbarungsgebiet gehörigen Wahrheiten enthalten, soweit dieselben im allgemeinen Interesse zugunsten der Integrität der Anwendung und Durchführung der Offenbarung festgestellt werden müssen."[19]

---

[19] SCHEEBEN, Theologische Erkenntnislehre, 46, Nr. 67.

Die kirchliche Offenbarung Gottes wird so wesentlich als Akt göttlicher Souveränität konzipiert, durch den Gott seinen Willen mitteilt. Die kirchliche Verkündigung dieser Offenbarung erfordert deswegen die Form der souveränen Autorität, welche Macht und Recht umschließt. Nur so kommt der allgemeine, einheitliche und gehorsame Glaube zustande.[20]

Entsprechend dieser Grundkonzeption unterscheidet Scheeben – mit der genannten theologischen Tradition der Gegenreformation – zwei Hauptformen in der Ausübung des Verkündigungsauftrages: 1. Die authentische Bezeugung etwa in den Formen der Predigt, der Katechese etc. Er setzt diese Ausübung der Verkündigungsvollmacht in Beziehung zur potestas ordinis der Bischöfe bzw. nachgeordnet der Presbyter und Diakone.

Von dieser ersten Hauptform unterscheidet Scheeben die „autoritative Lehrvorschrift". Sie ist ein „gesetzgebender, respektive richterlicher Akt".[21] Diesem Typus werden die „verwaltenden und beaufsichtigenden Akte"[22] zugeordnet. Sie entspringen der Potestas iurisdictionis. Dazu gehören alle formellen Lehrentscheidungen, von dogmatischen Definitionen bis zu den nachgeordnetsten lehramtlichen Vorlagen und Anweisungen. Die Abstufung der Jurisdiktion spielt bei diesem zweiten Typus der Lehre eine entscheidende Rolle. So schreibt Scheeben dem Papst aufgrund seines Jurisdiktionsprimates die Prärogative zu, dass seine Glaubensvorschrift „gesetzliche Kraft" habe, während der bischöflichen Jurisdiktionsvollmacht nur eine einfach richterliche Kraft zukommt, und die Bischöfe mithin auf dem Gebiet des Glaubens nicht wie auf dem der Disziplin Kraft ihrer eigenen Autorität wahre, d. h. allgemein verpflichtende, Gesetze erlassen können.[23]

Beide Formen – Verkündigung und Lehrvorschrift – gehören zusammen. Die Lehrvorschrift kann den Glauben nicht gebieten, ohne die Glaubwürdigkeit des Inhalts zu verbürgen. Deshalb gehört sachlich die höchste Ausübung der Lehrautorität im jurisdiktionellen Sinne mit der Prärogative der Infallibilitas zusammen.

Während die Wahrheiten, welche durch den ersten Typus der Vorlage gekennzeichnet werden, veritates de fide divina heißen,

---

[20] Vgl. ebd., 47, Nr. 68.
[21] Ebd., 73, Nr. 116.
[22] Ebd.
[23] Vgl. ebd., 76, Nr. 122.

werden die Lehrvorschriften *veritates de fide divina et catholica* oder *de fide divina definitae* genannt.

Ich übergehe hier die Ausführungen Scheebens in Bezug auf Konzilien, die mannigfachen Stufen, in denen Päpste und Bischöfe ihre Lehrautorität ausüben: dogmatische Konstitutionen, Enzykliken, Apostolische Schreiben, Dekrete und Erklärungen der Kongregationen, Synoden etc.

Zur Freiheit der Theologie

Die Beziehung zwischen der Verbindlichkeit der kirchlichen Lehre und der Freiheit der Theologie bestimmt sich in diesem Kontext von der Verhältnisbestimmung Glaube – Vernunft her. Die Relation Glaube – Vernunft wird in dieser Epoche der Kirchen- und Theologiegeschichte bestimmt nach dem Schema Natürliches – Übernatürliches, wie es sich im Bereich der Barockscholastik, dann vor allen Dingen in der Auseinandersetzung um die Gnadenlehre von Bajus und im Streit um die Jansenisten herausgebildet hat.[24] Den systematischen Abschluss dieser Entwicklung bildet die dogmatische Konstitution des 1. Vatikanischen Konzils *Dei filius* über den katholischen Glauben. Hermann Joseph Pottmeyer hat diese gnadentheologische Matrix der Verhältnisbestimmung von Glaube und Vernunft für das Erste Vatikanum sehr überzeugend aufgewiesen.[25]

Fassen wir diese Verhältnisbestimmungen zusammen:

a) Die Vernunft ist ein eigenständiges Erkenntnisprinzip. Sie reicht bis an die Erkenntnis Gottes heran (DH 3004) und hat ihren eigenen Erkenntnisbereich wie ihre eigene Erkenntnisordnung (DH 3015). Sie ist in ihrem Erkenntnisbereich autonom.

b) Der Glaube ist ebenso ein eigenes Erkenntnisprinzip, das dem Menschen von Gott her geschenkt ist. Er hat einen eigenen Bereich, eine eigene Ordnung, weil das, was Gott offenbart und der Glaube bejaht, der Vernunft von sich her nicht zugänglich ist.

c) Beide Erkenntnisprinzipien stammen von Gott und können sich deswegen unmöglich entgegengesetzt sein.

---

[24] Vgl. dazu Henri DE LUBAC, Surnaturel: études historiques; avec la traduction intégrale des citations latines et grecques, Paris 1991.
[25] Vgl. Hermann Joseph POTTMEYER, Der Glaube vor dem Anspruch der Wissenschaft, Die Konstitution über den Katholischen Glauben *Dei filius* des 1. Vatikanischen Konzils und die unveröffentlichten Voten der vorbereitenden Kommission, Freiburg 1968, 82–120.

d) Die Vernunft kann – vom Glauben erleuchtet – „aufgrund der Analogie mit dem, was sie auf natürliche Weise erkennt", eine gewisse Erkenntnis der Geheimnisse Gottes gewinnen, ohne sie in der gleichen Weise zu erfassen wie die Wahrheiten, die ihre eigentlichen Erkenntnisgegenstände sind (DH 3016).

Die Konsequenzen, die daraus gezogen werden, sind in sich logisch: Aufgrund der unterschiedlichen Erkenntnisprinzipien und der unterschiedlichen Erkenntnisordnungen kann die Vernunft von ihrer Seite her nicht beanspruchen, den Glauben und die Glaubenserkenntnisse bzw. -aussagen in Frage zu stellen, umgekehrt ist der Glaube gefordert, die Autonomie der Vernunft zu respektieren. Aufgrund des Prinzips der Eigenständigkeit des Glaubens müssen die Christen mögliche Irrtümer der Vernunft zurückweisen und aufklären. Die Irrtümer erweisen sich darin, dass hier scheinbare Widersprüche zwischen der Vernunfterkenntnis und der Glaubenserkenntnis auftreten.

Positiv gewendet ist die Vernunft herausgefordert, die Präambula fidei, die Voraussetzungen des Glaubens zu klären, und die Glaubwürdigkeit des Glaubens herauszustellen. Sie muss sich ferner um den intellectus mysteriorum bemühen. Der Glaube hingegen hat sich für die wahre Würde der Vernunft einzusetzen. Er hat sich ihrer zu bedienen.

Das Verhältnis, das sich für die Theologie als theologische Wissenschaft im Verhältnis zum verbindlich lehrenden Lehramt ergibt, entspricht dem Verhältnis von Vernunft und Glaube. Dabei ist zu beachten, dass sowohl Vernunft wie Glaube – im Sinne der Unterscheidung von naturale/supernaturale – jeweils verstanden werden im Ausgang von einem „rationalen *Natur*begriff". Vernunft und Glaube kommen nur in den Blick, insofern sie Erkenntnisprinzipien sind und einen zugeordneten Bereich haben. Sie werden nicht hinsichtlich ihrer Vollzüge thematisiert.

Die Theologie wird sacra doctrina genannt, weil sie aus dem Prinzip des Glaubens entspringt und sich in der Ordnung des Glaubens bewegt. Ihre Aufgabe ist es, die Glaubwürdigkeit des Glaubens darzustellen und einen intellectus fidei zu vermitteln, indem sie auf die Analogien der Vernunft zurückgreift. Aufgrund ihrer konstitutiven Bezogenheit auf die Offenbarung Gottes und deren Bezeugung in Lehrvorschriften ist sie strikt an diese authentischen und verbindlichen Darlegungen der Offenbarung gebunden. Scheeben charakterisiert das sich daraus ergebende Verhältnis von Theologie und

Lehramt wie folgt: „Dieser selbe Charakter (der Theologie, der Verfasser) verlangt (...), dass der Betrieb der Theologie zugleich mit dem Glauben in ganz besonderer Weise unter die Obhut und Leitung der Kirche als des Organes des Heiligen Geistes gestellt werden. Während nämlich die profanen Wissenschaften nur indirekt und negativ einer Kontrolle von Seiten der Kirche unterstellt sind, muss die Theologie als ein heiliges und geistliches Gut und als höchstwichtiges und einflussreiches Mittel für die Zwecke der Kirche direkt und positiv nicht bloß unter die Aufsicht, sondern auch unter die Verwaltung der Kirche gestellt sein ... Die gedeihliche Pflege der Theologie (ist, der Verfasser) nur möglich im Schoß der Kirche, im engsten Anschluss an ihre Autorität und unter Benützung der mannigfachen von ihr dargebotenen Hilfsmittel; namentlich aber kann sie nur unter diesen Bedingungen sich des segensreichen Einflusses des Heiligen Geistes, von welchem ihre gedeihliche Entfaltung abhängt, versichert halten."[26]

Die holzschnittartige Darlegung des Verhältnisses von Vernunft und Glauben aus dem Blickwinkel der natura rationalis und einer entsprechenden Charakteristik des Glaubens mag leistungsfähig und dienlich sein im Hinblick auf die Zurückweisung einer ideologischen Überhöhung der Vernunft wie des Glaubens. Das ist dem I. Vatikanum gelungen. Es hat zur Entmythisierung der modernen Vernunft beigetragen.

Dass mit der Abgrenzung dieser Bereiche zugleich ein handhabbares Instrument für die Lösung theologischer Probleme gegeben ist, erweist sich bereits im Vorfeld des I. Vatikanums als Fehlschluss. Es ist auffällig, wie stark im Streit um die Lehrsätze des Bajus, des Jansenius und der Synode von Pistoia ein Problemüberschuss auftritt, der durch die grundsätzliche Bestimmung des I. Vatikanums nicht beantwortet werden kann. In der Auseinandersetzung um Bajus, Jansenius und den Jansenismus und die Synode von Pistoia spielt die Frage nach dem Verständnis der Texte im Sinn des Autors eine ganz entscheidende Rolle und führt zu Streitigkeiten. Dass es im Verständnis von theologischen Sätzen um höchst komplizierte hermeneutische Vorgänge geht, zeigt sich deutlich. Die Abgrenzung von Vernunft und Glaube, wie sie im I. Vatikanum vorgenommen wird, hat einen gewissen heuristischen Wert, sie gibt aber nicht einfach

---

[26] SCHEEBEN, Theologische Erkenntnislehre, 440, Nr. 1009.

rechtliche Handlungsmöglichkeiten vor.[27] In der Konstitution *Auctorem fidei* vom 28. August 1794 werden den einzelnen Sätzen der Synode von Pistoia jeweils Zusätze zugefügt: „Wenn die (propositio, der Verfasser) so verstanden wird, dass ... dann ist sie häretisch" bzw. es folgt irgend eine andere Verurteilung. Mit diesen Zusätzen (DH 2602–2693) wird am Ende des 18. Jahrhunderts ausdrücklich in einem kirchenamtlichen Lehrdokument von unterschiedlichen Verständnishorizonten ausgegangen.

Man hat es hier mit ersten Anzeichen eines geschichtlichen Verständnisses von Texten zu tun. Der Durchbruch geschichtlichen Denkens, wie er im 19. Jahrhundert in den Geisteswissenschaften erfolgt, wird vom I. Vatikanum wie vom Lehramt allerdings ignoriert. Groteske Beispiele für unbesehene Applikation der Verhältnisbestimmung Glaube – Vernunft, abgelesen an der Entgegensetzung Natur – Übernatur des I. Vatikanums, bieten Auskünfte der Päpstlichen Bibelkommission.[28] Gerechtfertigt werden diese Aussagen unterschwellig jeweils mit dem Argument, hier handle es sich um Glaubensaussagen; die historische Vernunft besitze in diesem Bereich keine Autorität. Erst das II. Vatikanische Konzil bringt hier eine fundamentale Veränderung.[29]

---

[27] Die Zensur, durch welche die Thesen des Michael Bajus verurteilt werden, lautet bezeichnenderweise:
„Diese Sätze nun wurden in unserer Gegenwart in einer genauen Untersuchung abgewogen: Obwohl einige *irgendwie* aufrecht erhalten werden könnten *im strengen und eigentlichen von ihren Vertretern beabsichtigten* Sinn der Worte, verurteilen, bestimmen und verwerfen wir sie und alles, was über sie mündlich und schriftlich verlautbart wurde, kraft des vorliegenden Schreibens als – je nachdem – häretisch, irrig, verdächtig, leichtfertig, anstößig und gegenüber frommen Ohren verletzend" (DH 1980). Im Unterwerfungsformular, das den Jansenisten vorgelegt wird, heißt es: „Ich... verwerfe und verurteile mit aufrichtigem Herzen die fünf Sätze, die dem Buch des Cornelius Jansen, das den Namen ‚Augustinus' trägt, entnommen sind, auch in dem von demselben Autor beabsichtigten Sinne, wie sie der apostolische Stuhl durch die genannten Konstitutionen verurteilt hat. Und so schwöre ich..." (DH 2020).

[28] Vgl. insbesondere DH 3394; 3400; 3507; 3508; 3512–3514; 3524.

[29] Anfängliche Formen solcher Veränderung finden sich in der Bibel-Enzyklika Pius' XII., *Divino afflante spiritu*, in: DH 3825–3831.

Zur Neubestimmung des Verhältnisses von kirchlicher Lehre und Freiheit der Theologie im II. Vatikanischen Konzil

Zur Neubestimmung der Grundlagen

1. Die vier Leitsätze Scheebens setzen voraus, dass die Offenbarung einen bestimmten Informationsgehalt darstellt, der durch die Verkündigung bekannt gemacht und durch die Lehrvorschrift verpflichtend promulgiert wird. Demgegenüber charakterisiert die dogmatische Konstitution über die göttliche Offenbarung *Dei verbum* die Offenbarung Gottes in einer anderen Weise. In DV 2 heißt es: „Es hat Gott in seiner Güte und Weisheit gefallen, sich selbst zu offenbaren und das Geheimnis seines Willens bekannt zu machen [vgl. Eph 1,9]". Bewusst wird hier statt der „decreta voluntatis suae" des I. Vatikanums der Epheserbrief 1, 9 zitiert: „mysterion" bzw. „sacramentum" seines Willens. Offenbarung wird als „Anrede" Gottes charakterisiert, der die Menschen als seine Freunde anspricht. Und dieses Ansprechen ereignet sich „in Taten und Worten", „so dass die Werke, die in der Heilsgeschichte von Gott vollbracht wurden, die Lehre und die durch die Worte bezeichneten Dinge kundtun und bekräftigen, die Worte aber die Werke verkündigen und das in ihnen enthaltene Mysterium ans Licht bringen". Christus wird abschließend als „Fülle der ganzen Offenbarung" bezeichnet. Im Mittelpunkt stehen also nicht die „revelata", sondern die „revelatio Dei" und entsprechend wird der Glaube als eine Bewegung charakterisiert, durch welche der Mensch „sich zur Gänze frei Gott anvertraut". Darin liegt der Gehorsam des Glaubens (Röm 16,26). Dies geschieht in einer Umkehrbewegung, die die Gnade Gottes und die Hilfen des Heiligen Geistes bewirken.

2. Nach *Dei verbum* 3 richtet sich Gott in seiner Selbstmitteilung an alle Menschen. Er hat sich „den Ureltern von Anfang an kundgetan. Nach ihrem Fall aber hat er sie durch die Verheißung der Erlösung zur Hoffnung auf das Heil aufgerichtet (vgl. Gen 3,15) und ohne Unterlass für das Menschengeschlecht Sorge getragen, um allen, die gemäß der Beharrlichkeit des guten Werkes das Heil suchen, das ewige Leben zu geben (vgl. Röm 2,6–7)". Diese Offenbarung aber wird in Christus „durch seine ganze Gegenwart und Verkündigung, durch Worte und Werke, durch Zeichen und Wunder, vor allem aber durch seinen Tod und seine glorreiche Auferstehung von den Toten, schließlich durch die Sendung des

Geistes der Wahrheit" (DV 4) vollendet vollzogen. So wird durch göttliches Zeugnis bekräftigt, „dass Gott wirklich mit uns ist, um uns aus der Finsternis der Sünde und des Todes zu befreien und zum ewigen Leben zu erwecken". Diese Offenbarung Gottes wird im Glauben der Gemeinschaft der Gläubigen angenommen und bejaht.[30]

3. Demgegenüber betont Scheeben und die Tradition, die er repräsentiert, dass die Offenbarung ein „fruchtbares Prinzip übernatürlichen Erkennens und Lebens und ein souveränes Gesetz des Glaubens, Denkens und Handelns für alle Menschen (ist, der Verfasser), im Ganzen wie im Einzelnen, durch welches diese in einem Reiche der Wahrheit und Heiligkeit, dessen König Gott selbst ist, vereinigt werden soll"[31]. Von dorther ist Gott es sich selbst schuldig, für die entsprechend autorisierten Übermittler zu sorgen. Das Moment, dass auch die Apostel und die Osterzeugen primär Glaubende sind, die den Glauben der Kirche bezeugen und leben, kommt so gar nicht in den Blick.

4. Im Unterschied zu der formalen Begründung, welche Scheeben für die Ausstattung der bevollmächtigten Autoritäten gibt, spricht DV 7 in anderer Weise von der Weitergabe der göttlichen Offenbarung. Um der „unversehrten Fortdauer" und der Weitergabe an alle Geschlechter willen erhalten die Apostel den Auftrag, das Evangelium, welches Christus „selbst erfüllt und mit eigenem Munde verkündet hat, als den Quell aller sowohl heilsamen Wahrheit als auch Sittenlehre allen zu predigen und ihnen so göttliche Gaben mitzuteilen". Es wird dann im Folgenden beschrieben, wie dieses Evangelium, verstanden als die revelatio Dei, die Frohe Botschaft, durch mündliche Predigt, Beispiele, Einrichtungen und durch die Abfassung der inspirierten Schriften verbreitet wird.

In der Aufgabe „das Evangelium in der Kirche stets unversehrt und lebendig" zu bewahren, sind die Bischöfe Nachfolger der Apostel. Man wird zu diesen Aussagen in DV 7,2 Lumen gentium 18,1 hinzuziehen müssen: „Christus, der Herr, hat, um das Volk Gottes zu weiden und ständig zu mehren, in seiner Kirche verschiedene Dienste

---

[30] Dieselbe Grundbeziehung, Offenbarung und Gemeinschaft der Gläubigen, als fundamentale Beziehung wird in den unterschiedlichsten Formen im II. Vatikanischen Konzil immer wieder betont. In *Lumen gentium* etwa im Kap. 2, wo die Glaubensbezeugung zu einem wesentlichen Vollzug des Volkes Gottes gehört.

[31] SCHEEBEN, Theologische Erkenntnislehre, 44, Nr. 62.

eingesetzt, die sich auf das Wohl des ganzen Leibes richten. Denn die Diener, die über heilige Vollmacht verfügen, dienen ihren Brüdern, damit alle, die zum Volk Gottes gehören und sich daher der wahren christlichen Würde erfreuen, zum Heil gelangen, indem sie frei und geordnet auf dasselbe Ziel hin zusammenwirken". Es ist ein Dienst an dem bereits offenbarten, gleichsam konstituierten Evangelium in der bereits konstituierten Kirche, der das Wirken der Bischöfe charakterisiert. DV 10 charakterisiert diese Aufgabe der Bischöfe im Hinblick auf das Evangelium näherhin so: „Die Aufgabe aber, das geschriebene oder überlieferte Wort Gottes authentisch auszulegen, ist allein dem lebendigen Lehramt der Kirche anvertraut, dessen Vollmacht im Namen Jesu Christi ausgeübt wird. Dieses Lehramt steht also nicht über dem Wort Gottes, sondern dient ihm, indem es nur lehrt, was überliefert ist, insofern es jenes nach göttlichem Auftrag und mit dem Beistand des Heiligen Geistes fromm hört, heilig bewahrt und treu darlegt, und all das aus dieser einen Hinterlassenschaft des Glaubens schöpft, was es als von Gott geoffenbart zu glauben vorlegt".

Als Ergebnis dieser Reflexion auf das II. Vatikanische Konzil halten wir fest:

1. Im Gegensatz zur Position bei Scheeben wird Offenbarung Gottes als das Sich-selbst-Mitteilen, die Anrede Gottes *an* den Menschen gesehen, sie vollzieht sich durch die gesamte Heilsökonomie. Die Vermittlung des Glaubens ist so wesentlich geschichtlich und umfasst die ganze Breite menschlichen Vermittlungsgeschehens.
2. Weitergabe und Bezeugung der Offenbarung Gottes ist der Gemeinschaft der Glaubenden im Ganzen anvertraut. Der Glaubende, die Gemeinschaften der Glaubenden, sind aktive Subjekte dieser Übermittlung.
3. Die Vermittlung durch Bischöfe ist notwendig um des Volkes Gottes willen, das frei und geordnet seine Sendung vollziehen soll. Die öffentliche Autorität der Bischöfe stellt eine spezifische Teilnahme an der Vollmacht Jesu Christi dar: Kirche wird geleitet im Namen Jesu Christi, nicht in einem anderen Namen. Ihre sachgemäße Mühe um die unversehrte und integre Bewahrung und Auslegung des Evangeliums ist – unter dem Beistand des Heiligen Geistes – authentische Auslegung des Evangeliums, d. h. es kann und soll Vertrauenswürdigkeit beanspruchen. Der Dienst der Bischöfe ist ein spezifischer Dienst, der wesentlich und notwendig für die Gemeinschaft der Glaubenden ist, der aber kein exklusiver Dienst ist. Er steht neben mannigfachen anderen Formen der Vermittlung und der Weitergabe des Evangeliums.

Zum Verhältnis Glaube – Vernunft im II. Vatikanischen Konzil

Wurde das Verhältnis Glaube – Vernunft im I. Vatikanum sehr abstrakt von den unterschiedlichen Erkenntnisprinzipien und den jeweils zugeordneten Bereichen Natur – Übernatur her charakterisiert, so wird das Verhältnis von Glaube und Vernunft im II. Vatikanum wesentlich komplexer gesehen und von den Vollzügen, d. h. vom Glauben – im Sinne des Verbums – und ebenso vom Denken im Sinne des Vernunft – Brauchens her verstanden. Dies manifestiert sich in einer generellen Weise in vielfältiger Form in den Konzilstexten. Ein erstes Beispiel: Es heißt in Bezug auf die höchste Form der Ausübung des Magisteriums, die Definition eines Glaubenssatzes, dass der römische Bischof und die Körperschaft der Bischöfe dabei wie folgt verfahren:

> „Um sie (die Offenbarung, der Vf.) recht zu erforschen und geeignet zu verkünden, mühen sich der römische Bischof und die Bischöfe eifrig mit geeigneten Mitteln entsprechend ihrer Pflicht und dem Gewicht der Sache; eine neue öffentliche Offenbarung aber, die gleichsam zur göttlichen Hinterlassenschaft des Glaubens gehört, empfangen sie nicht".

Diese Arbeit an dem Verständnis, der Auslegung und der Vorlage des Glaubens wird z. B. im Hinblick auf die Schrift in *Dei verbum* 12 ausführlicher dargelegt:

> „Da aber Gott in der Heiligen Schrift durch Menschen nach Menschenart gesprochen hat, muss der Ausleger der Heiligen Schrift, um zu durchschauen, was er uns mitteilen wollte, sorgfältig erforschen, was die Hagiographen wirklich zu sagen beabsichtigten und Gott mit ihren Worten kundtun wollte".

Es wird dann auf die literarischen Gattungen verwiesen, auf die Erforschung der Bedingungen von Zeit und Kultur, unter denen der Hagiograph schrieb, es werden Denk-, Sprach- und Erzählformen genannt, es wird auf den jeweiligen Inhalt des Textes und seine Einbindung in den Kanon und die Einheit der Schrift abgehoben. Es wird ausdrücklich darauf hingewiesen, dass solche Arbeit Zeit braucht, so dass erst langsam ein Urteil der Kirche heranwachsen kann, d. h. eine Rezeption der entsprechenden wissenschaftlichen Erkenntnisse mit in Rechnung zu stellen ist.

In *Ad gentes* wird ebenso wie in *Gaudium et spes* auf die mannigfachen und so unterschiedlichen kulturellen Implikationen im Glaubensvollzug und im Glaubensverständnis hingewiesen (AG 22, GS 44), dabei wird ausdrücklich der erschließende Charakter von kulturellen und gesellschaftlichen Entwicklungen genannt, von denen her sich ein vertieftes Verständnis des Glaubens und des Lebens der Kirche ergibt. Natürlich können sich auch Gefährdungen und Verdunkelungen aus den Kulturen und den gesellschaftlichen Entwicklungen ergeben. Zusammenfassend wäre zu sagen: Der Vollzug des Glaubens impliziert die ganze Breite der Vernunftvollzüge, umgekehrt wirkt die Vernunft durch ihre jeweils neuen Erschließungen von Realität auf die Glaubensvollzüge ein.

Der Glaube unterscheidet sich von der auf sich gestellten Vernunft folglich nicht einfach material, sondern formal dadurch, dass er dem Menschen die Möglichkeit eröffnet, sich und die Realität im Ganzen vom sich selbst mitteilenden Gott her zu vollziehen. Diese Charakteristik des Glaubens durch das II. Vatikanische Konzil korrespondiert der Glaubensanalyse des Thomas von Aquin, der den Glauben in formaler Hinsicht dadurch kennzeichnet, dass der Glaubende sich in allen konkreten Glaubensvollzügen auf Gott als die prima veritas bezieht und alles – auch die obiecta materialia fidei – nur bejaht, insofern es aus Gott als der prima veritas hervorgeht, bzw. zu dieser prima veritas zurückführt.[32] Der Glaube ist so die vertrauende Antwort auf die sich erschließende, heilbringende Wahrheit Gottes.

Was ergibt sich aus einer solchen Bestimmung der Relation von Vernunft und Glaube für die Aufgabe des kirchlichen Magisteriums? Es obliegt dem öffentlichen Amt und seinen Amtsträgern, d.h. Papst und Bischöfen, die Sorge für den diachronen und synchronen Konsens der Kirche, um so Glaubwürdigkeit des Evangeliums und Identität der Gemeinschaft der Glaubenden zu wahren. Dieser Konsens umfasst ebenso die Bekenntnissätze wie die korrespondierenden Lebensformen, ohne welche solche Bekenntnissätze und die Identität der Glaubensgemeinschaft Schaden nehmen. Das II. Vatikanische Konzil stellt in sich selbst das Modell einer solchen Wahrnehmung öffentlicher Verantwortung in der Kirche dar. Es ist nicht zufällig, dass sich die Texte des II. Vatikanischen Konzils erheblich von definierten Dogmen unterscheiden. Die Herausstellung einzelner Sätze

---

[32] Somit gehört es für Thomas zum Glaubensvollzug, Auffassungen der obiecta materialia fidei, die sich als menschliche Konjekturen bzw. Mutmaßungen erweisen, als solche auszugrenzen. Vgl. STh II–II, q. 1, a. 3.

ist angesichts der Aufgaben des Magisteriums unterkomplex, da die anstehenden Probleme, vor denen die Autorität in der Kirche in der Neuzeit steht, mit Satzdefinitionen nicht mehr beantwortbar ist.

Die Aufgabe des öffentlichen Magisteriums unterscheidet sich damit spezifisch von der Aufgabe der Theologie, welche unter Ausnutzung der unterschiedlichen Methoden, der diversen Sprachebenen etc. das Glaubensverständnis, den intellectus fidei, auszuloten hat. Dabei ist die freie Bewegung theologischer Forschung selbstverständlich zurückgebunden an die Offenbarung und die Gemeinschaft der Glaubenden, deren Glaubenskonsens und dessen Förderung der Sorge des öffentlichen Magisteriums anvertraut ist.[33] Theologie ist folglich immer eine zweiphasige Bewegung: die freie Erkundung und Ausmessung des Glaubens wie die jeweilige Vermittlungsarbeit mit dem überlieferten Glaubenszeugnis.

Wie sieht die praktische Beziehung zwischen dem Magisterium der Kirche und der Theologie im Hinblick auf Verbindlichkeit kirchlicher Lehre und Freiheit der Theologie in der Nachkonzilszeit aus?

Die nachkonziliare Zeit ist für die katholische Kirche gekennzeichnet durch eine gespaltene Praxis. Auf der einen Seite beobachtet man eine gewisse Fortschreibung des alten Grundschemas, wie es anhand der Scheebenschen Ausführungen gekennzeichnet wurde. Auf der anderen Seite zeigt der Umgang mit konkreten Problemfällen, dass sich das Magisterium in einer neuen Weise zu verstehen beginnt, die den Grundbestimmungen des II. Vatikanischen Konzils näher kommt. Wie zeigt sich dies? Hier wäre auf die Instruktion der Glaubenskongregation *Donum veritatis* vom 24. Mai 1990 zu verweisen.[34] Zur Frage der Freiheit der Forschung in der Theologie heißt es dort:

> „Die Freiheit der Forschung, die allen Wissenschaftlern mit Recht als kostbarstes Gut am Herzen liegt, bedeutet die Bereitschaft, die Wahrheit so anzunehmen, wie sie ist, nach erfolgter Forschung, der sich kein Element beigemischt hat, das den Erfordernissen der Me-

---

[33] In diesem Kontext ist eine Neubestimmung der infallibilitas fidei und der Weise, wie von einer infallibilitas des öffentlichen Magisteriums zu sprechen ist, vonnöten.

[34] Die Ausführungen über den Dissens zwischen Theologie und Lehramt in diesem Dokument lassen vermuten, dass die Kölner Erklärung von 1989 und anschließende Veröffentlichungen den Anlass für dieses Dokument boten. Vgl. zum Folgenden DH 4870–4885.

thode fremd ist, welche dem Sachverhalt, um den es sich handelt, entspricht. In der Theologie wird diese Freiheit der Forschung innerhalb einer rationalen Erkenntnis eingeschrieben, deren Gegenstand durch die Offenbarung dargeboten wird, wie sie in der Kirche unter der Autorität des Lehramtes weitergegeben und ausgelegt und durch den Glauben angenommen wird. Diese Elemente, die als Grundsätze anzusehen sind, zu vernachlässigen, ist dasselbe, wie aufzuhören, Theologie zu treiben".

Damit wird den Theologen jene Freiheit des Auslotens und Ausmessens von Sachverhalten des Glaubens nicht zuerkannt, deren Ergebnis zunächst noch nicht absehbar ist und sich erst im kritischen Umgang mit Zwischenergebnissen und entsprechenden öffentlichen, wissenschaftlichen Diskussionen abklären kann.

Das Lehramt wird dann dadurch gekennzeichnet, dass es nicht nur definitive, unfehlbare Lehren vorlegen kann, die in der Offenbarung enthalten sind, sondern auch Wahrheiten, „die Glauben und Sitten betreffen", auch wenn sie nicht in den Glaubenswahrheiten enthalten, „wohl aber mit ihnen zuinnerst so verknüpft sind, dass der definitive Charakter solcher Aussagen sich letztlich von der Offenbarung selbst herleitet"[35]. Was in der Folge in diesem Dokument nicht erörtert wird, sind die zahlreichen Probleme, die sich aus kirchlichen Verlautbarungen, welcher Art auch immer, ergeben: sie setzen immer einen bestimmten Verständnishorizont voraus, pflegen gewisse Zugangsarten zu Fragen der Schriftinterpretation und des Zugangs zur Überlieferung, so dass sich von dorther theologisch begründete Aufweise von Grenzen bzw. Einseitigkeiten lehramtlicher Feststellungen ergeben. Das Dokument entwickelt keine Leitlinien zur Klärung solcher möglicherweise strittigen Fragen zwischen Theologen und dem Lehramt. Es wird vielmehr gleich vom Dissens gesprochen und Dissens mit Leugnung der Autorität des kirchlichen Magisteriums, mit einer Relativierung des Glaubens und der Behauptung eines parallelen Lehramtes der Theologen verbunden.

---

[35] DH 4874. Diese Ausführung ist im Motu Proprio *Ad tuendam fidem*, vgl. DH 5065–5066, aufgegriffen. Es wird darin die Professio fidei und der Treueeid von 1989 bekräftigt. Die zuletzt genannten Texte wurden – wegen der äußerst zögerlichen Rezeption – 1998 nochmals veröffentlicht, vgl. DH 5070–5072. Eine Berufung auf die so umrissene Kompetenz des Lehramtes findet sich auch in der Enzyklika *Evangelium vitae* (DH 4990–4993) sowie in der Antwort auf die Anfrage zu *Ordinatio sacerdotalis* (DH 5040–5041.). Im II. Vatikanischen Konzil war diese Frage nicht entschieden worden (vgl. LG 25).

Soweit zum ersten Teil der anfänglichen Behauptung: Es gibt nach dem II. Vatikanischen Konzil eine gewisse Fortschreibung des alten Grundschemas.

Vergleicht man aber die Zeit vor dem II. Vatikanischen Konzil mit der Zeit danach, so fällt auch ein anderer Vorgang ins Auge, der das Verhältnis von Theologie und lehramtlichen Dokumenten betrifft. Mit dem Ende des Konzils entstehen in steigendem Maße theologische Stellungnahmen zu amtlichen Lehrdokumenten. Es werden Voraussetzungen und Verständnishorizonte untersucht, die vorgetragenen Lehren einer kritisch-argumentativen Diskussion unterzogen und Gewichtungen bzw. Differenzierungen im Blick auf Ergebnisse vorgelegt.

Diese Entwicklung beginnt mit der Erklärung: „Die Freiheit der Theologen und der Theologie", die in der Zeitschrift *Concilium* 1, 1969 veröffentlicht wird und institutionelle Veränderungen in den Behörden der römischen Kurie, insbesondere in der Kongregation für die Glaubenslehre, und hinsichtlich ihrer Arbeitsweise einfordert. Die Verfahrensordnungen werden scharf kritisiert. Zu den Erstunterzeichnern gehören unter anderem neben Yves Congar oder Schillebeeckx bzw. Hans Küng auch Karl Lehmann, Walter Kasper und Joseph Ratzinger neben einer ganzen Reihe anderer höchst illustrer Theologen wie Karl Rahner, Pierre Benoit, Franz Böckle u. a.

Für die Folgezeit sei auf einige Beispiele hingewiesen. Ein frühes Beispiel bildet die Enzyklika *Humanae vitae* vom 25. Juli 1968[36], die eine intensive theologische Diskussion auslöste. Es gab zahlreiche Publikationen von Moraltheologen, und eine Reihe von Bischofskonferenzen veröffentlichten höchst differenzierende Stellungnahmen.

Die Erklärung der Glaubenskongregation *Inter insignores*[37] zur Frage der Zulassung von Frauen zum Priestertum vom Oktober 1976 führte ebenso zu zahlreichen theologischen Untersuchungen und kritischen Stellungnahmen.

Weitere Brennpunkte einer solchen theologischen Diskussion sind die Instruktion der Glaubenskongregation *Libertatis nuntius*[38] vom 6. August 1984 zur Theologie der Befreiung und die darauffolgende Instruktion der Glaubenskongregation *Libertatis conscientia*[39] vom

---

[36] Vgl. DH 4470–4479.
[37] Vgl. DH 4590–4606.
[38] Vgl. DH 4730–4741.
[39] Vgl. DH 4750–4776.

22. März 1986 mit gewissen Korrekturen und Differenzierungen, die sich aus der Diskussion ergeben hatten. Die Instruktion der Glaubenskongregation *Donum vitae*[40] über die Achtung vor dem beginnenden menschlichen Leben und die Würde der Fortpflanzung, welche unter anderem Invitro-Fertilisation, und zwar die heterologe und die homologe behandelt, reiht sich hier ein.

Nicht minder ausgedehnt ist die Diskussion um die Instruktion *Donum veritatis*[41], die oben bereits zitiert wurde. Das Schreiben *Communionis notio* der Glaubenskongregation führt ebenso zu kritischen Stellungnahmen. Sie leben wieder auf mit dem Motu proprio *Apostulos suos*[42] von 1998 über die theologische und juridische Natur der Bischofskonferenzen. Im Gedächtnis ist die Kontroverse der Kardinäle Kasper und Ratzinger darüber. Ähnliches gilt für die Enzyklika *Veritatis splendor*[43] zu Fragen der Moraltheologie vom 6. August 1993 und die erneute Stellungnahme zur Ordination von Frauen mit dem Apostolischen Schreiben *Ordinatio sacerdotalis*[44]. Herauszuheben wäre noch das Motu proprio *Ad tuendam fidem*[45] zusammen mit der neuformulierten Professio fidei und die Erklärung *Dominus Jesus*. Mir ist nicht bekannt, dass katholische Theologen oder Theologinnen, Autoren solcher argumentativen Stellungnahmen, belangt oder verurteilt worden wären.

Eine Wandlung zeigt sich auch in der Art der Verurteilung von Theologen. War im 19. Jahrhundert und in der ersten Hälfte des 20. Jahrhunderts eine Verurteilung von theologischen Lehrmeinungen nicht nur mit dem Lehrverbot, sondern zumeist auch mit Suspension (bei Priestern) und mit der Exkommunikation verbunden, so ändert sich dies nach dem II. Vatikanischen Konzil deutlich. Bei Leonardo Boff wird eine Buße verhängt. Bei Hans Küng wird in Bezug auf die Frage der Unfehlbarkeitsdebatte zunächst vereinbart, dass er sich zu dieser Frage nicht mehr äußert. Als er dann wiederum dazu publiziert, wird ihm das Nihil obstat entzogen, es wird aber nie eine Suspension oder Exkommunikation ausgesprochen. Es gibt Fälle, in denen zunächst ergangene Verurteilungen wieder revidiert werden. Eine solche Praxis stellt die traditionelle Konzeption, wie sie bei Scheeben vorkommt, in Frage: dass es nämlich eine vollendete

---

[40] Vgl. DH 4790–4807.
[41] Vgl. DH 4870–4885.
[42] Vgl. DH 5067–5068.
[43] Vgl. DH 4950–4971.
[44] Vgl. DH 4980–4983.
[45] Vgl. DH 5065–5066.

Deckungsgleichheit zwischen der juristisch konzipierten „Lehrvorschrift" und der Bezeugung des Glaubens durch das Magisterium gebe.

Im Ganzen bewerte ich die aufgewiesene Polarität zwischen der Instruktion zu Lehramt und Theologie *Donum veritatis* auf der einen Seite und der skizzierten Praxis auf der anderen Seite als Indiz für einen Prozess, der von den veränderten Grundlagen des II. Vatikanums her auf eine bislang noch nicht gefundene rechtliche Ausgestaltung und Praxis in der Ausübung des Magisteriums zielt. Damit dieser Prozess gelingt, wäre es allerdings dringlich, die Fragen der Infallibilitas wieder aufzunehmen und einer sorgfältigen theologischen Analyse zu unterziehen. Ich erlaube mir in diesem Kontext auf das letzte Kapitel meiner „Dogmatischen Prinzipienlehre" zu verweisen, wo ich einen entsprechenden Versuch vorgelegt habe.[46]

---

[46] Vgl. Peter HÜNERMANN, Dogmatische Prinzipienlehre, Münster 2003, 252–275.

Die Freiheit des Geistes als Dynamik der Geschichte

Zur Geschichtstheologie des Joachim von Fiore

Mariano Delgado[1]

„Und das erloschene Evangelium wurde wieder angezündet, vielmehr lux nova in ihm: das von den Joachiten so genannte Dritte Reich".[2] Diese Worte Ernst Blochs stehen für eine bestimmte Rezeption des Werkes Joachims von Fiore (ca. 1135–1202), wonach er „die folgenreichste Sozialutopie des Mittelalters" formulierte und es ihm nicht einfach darum ging, „Kirche, gar Staat von ihren Greueln zu reinigen, sie wurden statt dessen abgeschafft".[3] Der kritischen Forschung über Joachim von Fiore, die im deutschen Sprachraum mit Herbert Grundmann ansetzt, geht es „weder um Apologie noch um Polemik, sondern um unbefangene Erkenntnis und geistesgeschichtliches Verständnis". Sie versucht „sorgfältig zu unterscheiden zwischen dem, was Joachim selbst dachte und zumeist in vielfacher Wiederholung und Abwandlung schrieb, und den Folgerungen, die sich daraus ergeben konnten und von Anhängern oder Widersachern tatsächlich gezogen wurden, die er selbst aber vielleicht nicht hätte wahrhaben wollen, jedenfalls nicht aussprach und wahrscheinlich sich nicht eingestand."[4] Ein anderer prominenter Joachim-Forscher hat davor gewarnt, sich bei seiner Auslegung vorwiegend „teleologisch" zu orientieren: „Joachim in seiner Zeit und das, was aus ihm später gemacht wurde, sind zwei verschiedene Dinge".[5]

Die quellenkritische Ausgabe der Werke des Florensischen Abtes ist immer noch nicht abgeschlossen. Aber nach jahrzehntelanger Unterbrechung des Projektes, das 1929 Herbert Grundmann und

---

[1] Mit dem Titel „... in der vollen Freiheit des Geistes'. Zur ,trinitarischen Geschichtstheologie' des Joachim von Fiore" hat der Autor eine Version dieses Beitrags publiziert, in: Sieben Positionen zum Logos, hg. von Felix UNGER (Book series of the European Academy of Sciences and Art 24), Weimar 2014, 67–79.
[2] Ernst BLOCH, Das Prinzip Hoffnung, 3 Bde., Frankfurt am Main ⁶1979, hier Bd. 2, 591.
[3] Ebd., 590–591.
[4] Herbert GRUNDMANN, Neue Forschungen über Joachim von Fiore, Marburg 1950, 84, 70.
[5] Kurt-Victor SELGE, Trinität, Millennium, Apokalypse im Denken Joachims von Fiore, in: Gioacchino da Fiore tra Bernardo di Clairvaux e Innocenzo III. Atti del 5° Congresso internazionale di studi gioachimiti. San Giovanni in Fiore – 16–21 settembre 1999, a cura di Roberto RUSCONI, Rom 2001, 47–69.

Ernesto Buonaiuti anvisierten, kommt dieses nun in Zusammenarbeit zwischen den „Monumenta Germaniae Historica", dem „Istituto Storico Italiano per il medio evo" und dem „Centro Internazionale di studi Gioachimiti" gut voran.⁶ In Kongressen, monographischen Studien und Sammelbänden wird um die Deutung des imposanten Œuvres intensiv gerungen; und bei allem Unterschied in der Gewichtung wird darin einhellig die Meinung vertreten, dass Joachim von Fiore einer der innovativsten und wirkungsreichsten Autoren des Mittelalters ist.

Während nur wenige mittelalterliche Denker einen großen eigenständigen Gedanken zu Geltung gebracht haben, findet Robert E. Lerner bei Joachim gleich drei davon: „die Hermeneutik der Entsprechungen, die Annahme einer ‚Vollständigkeit' der Apokalypse des Johannes und die Anwendung eines trinitarischen Deutungsschemas auf die Heilsgeschichte",⁷ die unterwegs zur Freiheit des Geistes ist. Letzteres steht im Zentrum dieses kleinen Beitrags im Bewusstsein dessen, dass diese drei Gedanken in seinen Hauptwerken ineinander greifen und „auf eine umfassende Gesamtschau" angelegt sind.⁸

Die Denkform

Zum besseren Verständnis seiner Denkform müssen wir nun einige Eckdaten aus seinem Leben und Werk vorausschicken.⁹ Geboren um das Jahr 1135 als Sohn eines gut gestellten Notars in Kalabrien, fühlte er sich im reifen Alter aufgrund eines Bekehrungserlebnisses zum monastischen Leben hingezogen. Seitdem ist seine Vita die eines unruhigen Herzens, das sich nach der Kontemplation und dem Studium der Schrift sehnt, ohne die daraus erwachsene Einsicht in die Notwendigkeit einer Kirchen- und Ordensreform zu vernachlässigen. Nach einer wahrscheinlichen Pilgerfahrt ins Heilige Land war er zunächst Einsiedler bei Cosenza, in der Nähe der Zisterzienserabtei Sambucina (Kalabrien), in die er schließlich eintrat; er wurde zum

---

⁶ Bisher sind 5 Bände erschienen, vgl. Ioachim Abbas FLORENSIS Opera Omnia, curantibus Robert E. LERNER/Alexander PATSCHOVSKY/Gian Luca POTESTÀ/Roberto RUSCONI/Kurt-Victor SELGE, Rom 1995 ff.

⁷ Robert E. LERNER, Joachim von Fiore, in: TRE 17 (1988) 84–88, hier 85.

⁸ Ebd., 85.

⁹ Vgl. dazu u. a. LERNER, Joachim von Fiore, Anm. 7, 84–85; Grundmann, Neue Forschungen, Anm. 4, 31–64.

Priester geweiht, und gegen 1177 war er Abt der Benediktinerabtei Corazzo, wo er die Zisterzienserregel einführen wollte. Dazu nahm er Kontakt mit der Zisterzienserabtei Casamari in Latium auf, wo er sich 1183–1185 aufhielt. Hier – die Quellenlage erlaubt keine sicheren Aussagen – scheint er die entscheidenden „mystischen" Erlebnisse gehabt zu haben; hier arbeitete er auch parallel an seinen drei Hauptwerken, vor allem aber am *Psalterium decem chordarum*, das er 1187 nach seiner Rückkehr nach Corazzo abschloss. Die anderen zwei Hauptschriften seiner exegetischen und geschichtstheologischen Trilogie wurden um 1191 (*Concordia Novi ac Veteris Testamenti*) bzw. um 1196 (*Expositio in Apocalipsim*) abgeschlossen. Probleme mit der Mönchsgemeinschaft in Corazzo sowie die erwähnte Unruhe seines Herzens führten dazu, dass er die Gründung einer neuen Klostergemeinschaft anvisierte, die noch kontemplativer als die zisterziensische sein sollte. Mit Erlaubnis von Papst Clemens III. konnte er um 1189 in der Abgeschiedenheit des Silagebirges (Kalabrien) das Kloster San Giovanni in Fiore gründen, dem er bis zu seinem Tode 1202 vorstand. Dieses Kloster wie der neue Orden der Floriazenser, den er 1196 gründete, sind Ausdruck seiner Hoffnung auf ein neues Zeitalter der Kirche, in der diese unter der Führung des Heiligen Geistes mehr „mystisch-johanneisch" als „klerikal-petrinisch" sein werde.

Wir sprachen oben von den mystischen Erlebnissen in Casamari. Joachim erzählt von einer Pfingst- und einer Ostervision. Die Pfingstvision, die er in der Vorrede zum *Psalterium decem chordarum* beschreibt, fand wahrscheinlich 1184 statt. Die Ostervision, von der Joachim zu Beginn der *Expositio in Apocalipsim* spricht, dürfte sich 1185 ereignet haben. Die Pfingstvision hat die Einheit und Dreifaltigkeit der Trinität zum Inhalt. Als Joachim beim Psalmodieren am Trinitätsglauben zweifelte, „als ob es für den Intellekt oder den Glauben nur schwer fassbar wäre, dass die drei Personen ein Gott sind, und ein Gott drei Personen ist (acsi difficile esset intellectu vel fide esse tres personas unum Deum, et unum Deum tres personas)", erflehte er den Beistand des Heiligen Geistes: „Ohne Verzögerung begegnete in meinem Inneren (animus) bald die Form des zenhsaitigen Psalters und in demselben so licht und deutlich das Mysterium der Heiligen Trinität (et in ipsa tam lucidum et apertum sacre misterium Trinitatis)".[10] Das mit zehn Saiten bespannte dreieckige Psal-

---

[10] Joachim VON FIORE, Psalterium decem cordarum, hg. von Kurt-Victor SELGE (Monumenta Germaniae Historica: Quellen zur Geistesgeschichte des Mittelalters 20; Opera omnia Ioachimi Abbatis Florensis 1), Hannover 2009, 9–10. (fol. 227^{rb-va}). Deutsch

terium mit einem gerundeten Schalloch erschien ihm „als das beste kreatürliche Gleichnis zu einem analogen Verständnis der Drei-Einigkeit".[11]

In der Ostervision geht es um die Vollständigkeit der Apokalypse des Johannes und um die Entsprechung beider Testamente. Als Joachim sich in der Osternacht mit dem hermeneutischen Zugang zur Apokalypse schwer tat („perpessus sum angustias intellectus"), so als ob ein Stein ihm der Zugang zu diesem Buch versperrte, und über die Worte „Am Tag des Herrn wurde ich vom Geist ergriffen..." (Offb 1,10) nachsann, erlebte er eine eigene Offenbarung: dann „wurde mir bei der Meditation plötzlich eine Offenbarung über die Fülle dieses Buches und die ganze Konkordanz zwischen Altem und Neuen Testament zuteil, die ich in einer gewissen Helligkeit der Einsicht mit meinen Verstandesaugen wahrnahm (subito mihi meditanti aliquid quadam mentis oculis intelligentie claritate percepta de plenitudine libri huius et tota veteris ac novi testamenti concordia revelatio facta est)".[12] Die konstitutiven Elemente seiner geschichtstheologischen Apokalypsenexegese, seiner Konkordanztheorie und sein Verständnis der Trinität und ihrer Personen, „die Verbindung zwischen ihnen, ihr Zusammenspiel in der Komposition der Heilsgeschichte",[13] sind für Joachim nun klar.

Wir wissen nicht, ob diese Visionen wirklich so stattfanden oder literarische Konstruktionen sind, und auch die Reihenfolge ist umstritten. Auffallend ist aber, dass Joachim bei einer Aporie in seiner Schriftauslegung immer wieder Hilfe beim Gebet und in der Kontemplation findet, indem ihm dabei das innere Auge des Verstandes geöffnet und ein plötzliches, intuitives, „mystisches" Verstehen geschenkt wird, ein Verstehen, „das er aufgrund seiner Unmittelbarkeit nicht als Resultat eines Denkprozesses begreifen kann, sondern nur als Eingebung des Heiligen Geistes", als ein geistliches Verstehen, das Joachim immer wieder „intelligentia spiritualis" nennt.[14] Gewiss,

---

nach Matthias RIEDL, Joachim von Fiore. Denker der vollendeten Menschheit (Epistemata. Würzburger wissenschaftliche Schriften, Reihe Philosophie 361), Würzburg 2004, 207.

[11] SELGE, Trinität, Anm. 5, 60.

[12] (Joachim VON FIORE) Expositio in Apocalypsim, Venedig, 1527 (unveränderter Nachdruck: Frankfurt a. M. 1964), pars I, fol. 39va. Deutsch nach RIEDL, Joachim von Fiore, Anm. 10, 233.

[13] Julia Eva WANNENMACHER, Hermeneutik der Heilsgeschichte. De septem sigilis und die sieben Siegel im Werk Joachims von Fiore (Studies in the History of Christian Traditions 118), Leiden-Boston 2005, 23.

[14] RIEDL, Joachim von Fiore, Anm. 10, 208.

Joachim spricht nicht von einer mystischen Vereinigung mit Gott, aber seine Terminologie erinnert oft „an die Beschreibung mystischer Erkenntnisse".[15]

Nicht zuletzt aus dem Grund spricht man im Bezug auf Joachim von einer monastischen Theologie mit einer „kontemplativ-anagogischen Denkform"[16] oder von einer „kontemplativ-monastischen Theologie" in der „Tradition der mystischen Schriftauslegung"[17]. Dies gilt für seine drei Hauptwerke, auch wenn die *Concordia* und die *Expositio* zum Teil auch „dem genus der lectio" zuzuordnen wären, wie Kurt-Victor Selge angemerkt hat.[18] Das trinitarische Konzept der Trilogie reifte während der kontemplationsintensiven Zeit in Casamari heran. Daran spielt Joachim von Fiore selbst an, wenn er am Ende der 1187 entstandenen Vorrede zum *Psalterium*, die früher begonnenen, aber noch nicht abgeschlossenen Werke *Concordia* und *Expositio* dem Vater und dem Sohne widmet, das *Psalterium* aber dem Heiligen Geist.[19]

Aufgrund dieser schriftbezogenen und heilsgeschichtlich orientierten Denkform hatte Joachim Mühe mit der scholastischen Dialektik, ihrer philosophisch-theologischen Sprache und ihren Subtilitäten. So missverstand er die Trinitätstheologie des Petrus Lombardus, der gemäß der lateinisch-scholastischen Tradition seit Augustin von der Einheit der den drei Personen gemeinsamen göttlichen Wesenheit oder Natur ausgeht. Ihm warf Joachim vor, „statt einer Dreifaltigkeit eher eine Vierfaltigkeit" errichtet zu haben, „nämlich die drei Personen und gleichsam als vierte [Person] jene gemeinsame Wesenheit".[20] Joachim hingegen legte den Akzent auf die Dreiheit der Personen, wie sich diese heilsgeschichtlich und fortschreitend manifestieren, und verstand die Einheit nur „als eine gleichsam kollektive

---

[15] Ebd., 289.
[16] Axel MEHLMANN, Confessio trinitatis. Zur trinitarischen Hermeneutik Joachims von Fiore, in: Von der Suche nach Gott. Helmut Riedlinger zum 75. Geburtstag, hg. von Margot SCHMIDT und Fernando DOMÍNGUEZ REBOIRAS (Mystik in Geschichte und Gegenwart. Texte und Untersuchungen: Abteilung I, Christliche Mystik 15), Stuttgart-Bad Cannstatt 1998, 83–108, hier 85. Zur Trinitätstheologie Joachims vgl. auch Peter GEMEINHARDT, The Trinitarian theology of Joachim of Fiore, in: Archa verbi: yearbook for the study of medieval theology 9 (2012) 9–33.
[17] SELGE, Trinität, Anm. 5, 62–63.
[18] SELGE, Einleitung, in: Psalterium, Anm. 10, XI–CCXCVII, hier CXLVI.
[19] Vgl. Psalterium, Anm. 10, 10–11. (fol. 227^{va-vb}).
[20] Dekrete der Ökumenischen Konzilien, hg. von Giuseppe ALBERIGO, Bd. 2: Konzilien des Mittelalters: vom ersten Laterankonzil (1123) bis zum fünften Laterankonzil (1512–1517), im Auftrag der Görres-Gesellschaft ins Deutsche übertragen und hg. von Josef WOHLMUTH, Paderborn 2000, 231.

und auf Ähnlichkeit beruhende" gemäß der biblischen Sprache: „Denn es sind drei, die Zeugnis ablegen im Himmel: der Vater, das Wort und der Heilige Geist, und diese drei sind eins" (1 Joh 5,7, nach der Vulgata). Joachim übersah, dass hinter der subtilen scholastischen Sprache sich letztlich nichts anderes als die von ihm gemeinte Trinität verbarg. Das IV. Laterankonzil verurteilte zu Recht seine Kritik an Lombardus als „Irrtum des Abtes Joachim" und optierte für die scholastische Trinitätstheologie: „Wir hingegen glauben und bekennen mit Billigung des heiligen und universalen Konzils mit Petrus [Lombardus]: ‚Es ist eine höchste Wirklichkeit, und zwar eine unbegreifliche, unaussprechliche, und sie ist wahrhaftig Vater, Sohn und Heiliger Geist, drei Personen zugleich und eine jede von ihnen einzeln. Deshalb ist in Gott nur eine Dreifaltigkeit, keine Vierfaltigkeit; denn jede der drei Personen ist jene Wirklichkeit, d.h. göttliche Substanz, göttliche Wesenheit, göttliche Natur."[21]

Diese Konzilsentscheidung kam einer Rückendeckung der Schultheologie am Vorabend ihrer Glanzzeit an den neu gegründeten Universitäten und einer Diskreditierung der monastisch-kontemplativen Theologie gleich. Den großen Scholastikern des 13. Jahrhunderts galt Joachim als „simplex" und „ignoranter". Nur Bonaventura hatte ein wenig Verständnis für das spirituelle Anliegen Joachims und ließ sich von ihm sogar beeinflussen, nicht zuletzt von seiner Erwartung „einer innergeschichtlichen Heilszeit, eines noch ausstehenden Zustandes der Vollerlösung in der Geschichte".[22] Zugleich war er aber bemüht, die Geschichtstheologie Joachims, die bei den Franziskanern einen fruchtbaren Boden gefunden hatte, „ohne ausdrückliche Polemik zurechtzurücken nach dem Richtmaß des kirchlichen Dogmas".[23] Der „Laien"-Theologe und göttlicher Dichter Dante Alighieri, der auf dem Höhepunkt der Verrechtlichung und Klerikalisierung der Kirche das von Joachim angezündete Feuer verstand, versetzte ihn aber ins Paradies: „und mir zur Seite endlich erglänzt Abt Joachim der Calabrese, der mit dem Geist der Prophetie begabt war".[24]

---

[21] Belege der letzten Zitate in: ebd., 231–232.

[22] Vgl. dazu Joseph RATZINGER, Die Geschichtstheologie des heiligen Bonaventura, München-Zürich 1959, 49, 106–107.

[23] GRUNDMANN, Neue Forschungen, Anm. 4, 69.

[24] Dante ALIGHIERI, Die Göttliche Komödie, komplett in 3 Bänden, übersetzt von Karl VOSSLER aus dem Italienischen, mit farbigen Illustrationen von Monika BEISNER, Band I: Hölle, Band II: Fegfeuer; Band III: Paradies, Leipzig 2001, Paradies: Gesang XII.

Die große Innovation: die Freiheit des Geistes als Dynamik der Geschichte

Wir sprachen oben von drei eigenständigen Gedanken Joachims sowie von der Pfingst- und Ostervision. Letztere scheint die Wende zu einer doppelten Hermeneutik der Entsprechungen herbeigeführt zu haben, um den Sinn der Schrift und den Lauf der Heilsgeschichte besser verstehen zu können: der zeitlichen und sachlichen Entsprechung des Alten und Neuen Testaments bis zur Gegenwart und Zukunft (duplex concordia) und der trinitarischen Entsprechung (triplex concordia) der Heilsgeschichte in drei Status oder Zeitalter (status, tempora, aetates) hin zu einer vollständig „vom Geist durchdrungenen endzeitlichen Kirche",[25] einer kontemplativen, armen „Mönchskirche", die mehr johanneisch als petrinisch sein werde.

Mit der duplex concordia formte Joachim die am Schöpfungsbericht orientierte traditionelle Siebenzeitenlehre so um, dass er im Alten Testament einen siebenteiligen Verlauf der Heilsgeschichte entdeckte, der ein ebensolcher Verlauf in der Zeit des Neuen Testamentes entsprach. Zudem verband er dies mit einer am Matthäusprolog orientierten Generationslehre (eine Generation = 30 Jahre), der ihm erlaubt, 42 Generationen von Abraham zu Jesus Christus und nochmals 42 Generationen ab der Inkarnation zu zählen, so dass seine eigene Zeit um 1200 als Kairos verstanden werden konnte: Was kommt nach dem baldigen Abschluss der 42 Generationen seit der Geburt des Erlösers? Künden sich nicht schon die Geburtswehen einer neuen Zeit an?

Die Antwort ergibt sich nicht zuletzt aus der Verbindung dieser duplex concordia mit der trinitarischen triplex concordia: demnach entspricht das Alte Testament der Zeit des Vaters, das Neue Testament und die bisherige Kirchengeschichte entsprechen der Zeit des Sohnes, während ein neues Zeitalter bevorstehe, die der Zeit des Geistes entsprechen werde.

Der doppelte siebenteilige Verlauf der Heilsgeschichte und die Drei-Status-Lehre kommen auch bei anderen Vertretern der monastischen Theologie vor, etwa bei Anselm von Havelberg, dessen Schriften Joachim gekannt haben dürfte. Aber bei Joachim wird dies – und das ist bei ihm das wirklich Neue – mit der Idee eines qualitativen geschichtlichen Fortschritts verbunden, mit der Erwartung eines

---

[25] Selge, Trinität, Anm. 5, 58.

wirklich neuen Zeitalters in dieser Welt, mit Wandel (mutatio) des jetzigen Zustands von Welt und Kirche zu einem Status, in dem unter Führung des Heiligen Geistes und der von diesem erfüllten Geistmänner (viri spirituales) Kirche und Menschheit an Erkenntnis und Weisheit, an Freiheit und Tugendhaftigkeit, an Gottebenbildlichkeit, an „Heil" wachsen werden. Aus der Tatsache, dass nach Christus eine unzulängliche und heillose Geschichte weiterlief, zieht Joachim die Schlussfolgerung, „dass eine wahrhaft geheilte und gute Geschichte erst noch bevorsteht".[26] Damit sind ein „mystischer" Heilsoptimismus und gemäß der göttlichen Pädagogik der Heilsgeschichte auch der Gedanke einer progressiven Offenbarung verbunden: „so geziemt es sich nämlich für das Menschengeschlecht, nach der Schuld des ersten Menschen stufenweise zur Bekanntschaft seines Schöpfers zurückzukehren. Sicherlich, damit es in einer bestimmten Zeit im Vater wurzelt, in der zweiten im Sohn keimt und in der dritten im Heiligen Geist die süße Frucht erfährt."[27] Joachim war überzeugt, mit dieser Periodisierung der Heilsgeschichte, die zu einer brennenden Erwartung des Wandels und der innergeschichtlichen Vollendung oder einem Sabbat des Heiligen Geistes in dieser Welt in der Dynamik der Freiheit führt, „den Sinn der Schrift zu verstehen, der der Kirche heute nützt".[28]

Da die Verbindung der Drei-Status-Lehre mit dem Gedanken der innergeschichtlichen Vollendung unter der Führung des Heiligen Geistes Joachims große Innovation darstellt, sei es hier erlaubt, ein längeres Zitat aus der *Concordia* anzuführen:

„Es ist kein Wunder, wenn diese heiligen Mysterien, die uns Jüngeren in der Zeit noch unter Schleier verborgen sind, sich dann zu öffnen beginnen [...]. Dies geschieht, damit die, die bisher durch einen Spiegel rätselhafte Umrisse erblicken, bald beginnen, die Wahrheit von Angesicht zu Angesicht zu schauen; indem sie, wie der Apostel sagt, von Herrlichkeit zu Herrlichkeit gehen, damit alles Stückwerk vergeht, wenn das Vollendete kommt. Und was ist das? Die Liebe (caritas), die niemals vergeht. Und die Zeit der Liebe ist es, die eigentümlich zum Heiligen Geist gehört, über den es auch heißt:

---

[26] RATZINGER, Geschichtstheologie, Anm. 22, 110.
[27] GIOACCHINO DA FIORE, Introduzione all'Apocalisse. Prefazione e testo critico di Kurt-Victor SELGE, traduzione di Gian Luca POTESTÀ (Centro internazionale di studi gioachimiti S. Giovanni in Fiore (Opere di Gioacchino da Fiore: testi e strumenti 6), Rom 1995, 26 (Praephacio super Apocalypsim, I). Deutsch nach RIEDL, Joachim von Fiore, Anm. 10, 258.
[28] SELGE, Trinität, Anm. 5, 58.

‚Wenn aber jener kommt, der Geist der Wahrheit, wird er euch in die ganze Wahrheit führen'.

Schließlich [...] legen uns die Geheimnisse der Heiligen Schrift drei Status der Welt (tres status mundi) nahe. Der erste, während dem wir unter dem Gesetz (sub lege) lebten; der zweite, während dem wir unter der Gnade (sub gratia) leben; der dritte, den wir demnächst erwarten, während dem wir unter der volleren Gnade (amplior gratia) leben werden, weil uns – wie Johannes sagt – Gnade für Gnade gegeben wird, Glaube freilich für Liebe und umgekehrt.

Der erste Status bestand also in der Erkenntnis (scientia), der zweite in einem Teil der Weisheit (pars sapientie), der dritte in der Fülle der Einsicht (plenitudo intellectus). Der erste in sklavischer Knechtschaft (servitus servilis), der zweite in kindlicher Knechtschaft (servitus filialis) und der dritte in Freiheit. Der erste in Züchtigung (flagella) der zweite im Handeln (actio) und der dritte in der Schau (contemplatio). Der erste in Furcht, der zweite im Glauben, der dritte in Liebe. Der erste Status ist der der Knechte, der zweite der der Kinder und der dritte der der Freunde. [...] Der erste bezieht sich auf Septuagesima, der zweite auf Quadragesima und der dritte auf das Pfingstfest.

Daher bezieht sich der erste Status auf den Vater, der der Schöpfer aller ist, und beginnt deshalb mit dem ersten Stammvater, insofern er sich auf das Mysterium von Septuagesima bezieht – gemäß jenem Wort des Apostels: ‚Der erste Mensch stammt von der Erde und ist Erde; der zweite Mensch stammt vom Himmel.' Der zweite Status bezieht sich auf den Sohn, der beschloss unsere Gestalt anzunehmen, in der er fasten und leiden konnte. Um den Zustand des ersten Menschen wiederherzustellen (ad reformandum statum primi hominis), der beim Verzehr [des Apfels] fiel. Der dritte Status bezieht sich auf den Heiligen Geist, über den der Apostel sagt: ‚Wo der Geist des Herrn wirkt, da ist Freiheit'."[29]

Diese Drei-Status-Lehre ist Joachims *cantus firmus*. Daher kommt er in verschiedenen Abwandlungen immer wieder darauf zurück. So heißt es in der *Expositio*:

„Der erste der drei Status, von dem unsere Rede geht, war unter der Zeit des Gesetzes, als das Volk des Herrn jener Zeit gemäß noch ein kleiner Knecht war unter den Elementen dieser Welt, unfähig, die

---

[29] (Joachim VON FIORE) Liber Concordiae Novi ac Veteris Testamenti, Venedig, 1519 (Unveränd. Nachdruck: Frankfurt am Main 1964), Conc. V,84, fol.112^{rb-va}. Deutsch nach RIEDL, Joachim von Fiore, Anm. 10, 281.

Freiheit des Geistes zu erlangen; bis jener kam, der sagte: ‚Wenn euch also der Sohn befreit, dann seid ihr wirklich frei.' Der zweite Status war unter dem Evangelium und dauert bis jetzt; im Vergleich zur Vergangenheit besteht er zwar in Freiheit, nicht aber im Vergleich zur Zukunft. Der Apostel sagt nämlich: ‚Denn Stückwerk ist unser Erkennen, Stückwerk unser prophetisches Reden; wenn aber das Vollendete kommt, vergeht alles Stückwerk.' Und anderorts: ‚Der Herr aber ist der Geist, und wo der Geist des Herrn wirkt, dort ist Freiheit.' *Der dritte Status also wird auf das Ende der Welt zugehen, nicht mehr unter dem Schleier des Buchstabens, sondern in der vollen Freiheit des Geistes.*"[30]

Die Streitfragen

Joachims trinitarische Geschichtstheologie mit ihrer großen Innovation in der Drei-Status-Lehre hat zu einigen Streitfragen geführt – nicht zuletzt, weil ihrer kontemplativ-monastischen Denkform mit einem zirkelhaften, repetitiven und metaphernreichen Stil die sprachliche Präzision und die klare Systematik der Scholastik fehlen. Wir können uns hier nur auf einige der wichtigsten Fragen konzentrieren: auf die nach der bleibenden Bedeutung der universalen Mittlerschaft Christi und auf die nach dem Chiliasmus.

(1) Während Grundmann meinte, dass Joachim mit seiner Erwartung einer nahen bevorstehenden Zukunft und einer neuen Geschichtsepoche, in der wir unter der Führung des Geistes die Offenbarung besser verstehen werden als im von Christus eröffneten neutestamentlichen Zeitalter der Klerikerkirche „außerhalb aller katholischen Lehre und Weltanschauung" stand, „so wenig er das wahrhaben wollte",[31] wird die Sache heute differenzierter betrachtet.

Auf die Frage, ob Joachim von der Zentralität Christi in der Heilsgeschichte ausgeht, antwortet Bernard McGinn: „Ich denke, die beste Antwort ist ja und nein – oder vielleicht ‚ja', aber nicht wie die Kritiker üblicherweise meinen."[32] Diese Frage lässt sich nur auf dem

---

[30] Expositio, Anm. 12: Exp. Intr., fol.5ʳᵇ. Deutsch nach RIEDL, Joachim von Fiore, Anm. 10, 283 (Hervorh. MD).
[31] GRUNDMANN, Neue Forschungen, Anm. 4, 83. Kritisch zu Joachims „Christologie" aus scholastischer Sicht vgl. Giovanni DI NAPOLI, Gioacchino da Fiore. Teologia e cristologia, in: Aquinas 23 (1980) 1–51.
[32] Bernard McGINN, The Calabrian Abbot. Joachim of Fiore in the History of Western Thought, New York 1985, 137; vgl. dazu Marjorie REEVES, Joachimist Christology and Progressive Revelation, in: Gioacchino da Fiore tra Bernardo di Clairvaux e Innocenzo III, Anm. 5, 315–326, hier 317.

Boden seiner trinitarischen Geschichtstheologie beantworten. Die drei Status oder Zeitalter lösen dabei einander nicht ab, sondern bauen auf einander auf als Teile der organischen, progressiven Offenbarung Gottes in der Geschichte, die wie ein Baum wächst. Sie greifen ineinander über und der Heilige Geist ist derjenige, der für den Wandel sorgt und den heilsgeschichtlichen Bauplan der Trinität zusammenhält.

Die Sendungen (missiones) der Personen der Trinität in der Heilsgeschichte entsprechen den Prozessionen der innergöttlichen Sphäre: So wie aus dem Vater in ewiger Zeugung der Sohn hervorgeht, der Geist aber aus Vater und Sohn, so sendet der Vater den Sohn in die Welt, während Vater und Sohn den Heiligen Geist senden. Das beim III. Konzil von Toledo 589 in das Glaubensbekenntnis von Nizäa-Konstantinopel eingefügte und erst 1215 beim IV. Laterankonzil von der Westkirche zum Dogma erhobene „filioque", also dass der Heilige Geist aus dem Vater und dem Sohn hervorgeht, „ist für Joachim keine trinitätstheologische Bagatelle, die der ökumenischen Einheit geopfert werden könnte, sondern bedeutet die Grundlage seiner Existenz".[33] Der Heilige Geist, der im Alten Testament mit dem Vater (cooperatus esse patri) und im Neuen Testament mit dem Sohn (ccoperatus est filio) zusammen gearbeitet hat, „löst den Vater und den Sohn, aus denen er immer hervorgeht, nicht ab, sondern führt in das Verstehen der Wahrheit des Sohnes, der uns zum Vater führt, erst ein." Es gibt bei Joachim eine „triadozentrische" Hermeneutik der Schrift und der Heilsgeschichte, keine vom Vater und Sohn unabhängige Schriftauslegung, „auch kein Evangelium des Geistes, welches das Evangelium Christi ersetzt und die Offenbarung des Vaters im Alten Testament überflüssig macht". Für Joachim ist der Pneuma schlicht und einfach „Exeget der Trinität".[34]

Gegenüber Thomas von Aquin, der Joachim vorwarf, eine neue Geistesoffenbarung über die Lehre Christi hinaus zu lehren, betont die heutige Forschung, dass der vom johanneischen Christus verheißene Paraklet keine neue Offenbarung bringen wird, „sondern er wirkt in der Kirche von ihrem Anfang an und wird das von Christus Gesagte am Ende nur noch tiefer und vollständiger und vor allem unmittelbar verstehen lehren."[35] Die Vertiefung und aktualisierende Verdeutlichung des in Christus Gegebenen hat freilich „den Cha-

---
[33] RIEDL, Joachim von Fiore, Anm. 10, 293.
[34] Für alle Belege: MEHLMANN, Confessio trinitatis, Anm. 16, 99, vgl. auch 100–103.
[35] SELGE, Trinität, Anm. 5, 63.

rakter einer geistlichen Transformation der Kirche in ihre eigentlich gemeinte Wirklichkeit".[36] Das ist der Sinn des wachsenden geistlichen Verstehens (intelligentia spiritualis) bis zur Fülle der Einsicht (plenitudo intellectus) der Heilsgeschichte im dritten Status.

Bei Joachim fehlen gewiss die deutlichen Worte des Mystikers Johannes vom Kreuz: ausgehend von Kol 2,3 („in ihm [Christus] sind alle Schätze der Weisheit und Erkenntnis verborgen"), schreibt dieser, es sei daher vermessen von Gott noch ein weiteres Offenbarungswort zu erwarten, weil der Vater bereits alles mit dem Sohn gesprochen habe; vielmehr sollte sich die ganze Kirche unter der Führung des Geistes sich darum bemühen, auf Christus als letztes Wort des Vaters zu hören und die in ihm tief verborgenen Schätze zu entdecken.[37] Aber der Sache nach geht es Joachim um das hier Gemeinte: dass wir mit Hilfe des Heiligen Geistes bis zu den „Schätzen der Weisheit und Erkenntnis Gottes" vordringen, wie es im *Psalterium* heißt.[38]

(2) Für die Chiliasmusfrage sind die konträren Positionen von Robert E. Lerner und Kurt-Victor Selge repräsentativ. Für Lerner ist Joachim nach der Ostervision, in der sich ihm die Notwendigkeit einer umfassenden Deutung der Apokalypse des Johannes zeigte, zum „Chiliasten" geworden, „das heißt, er kam zu dem Schluss, dass nach dem Tode des Antichrist und unmittelbar vor dem Ende der Zeiten ein ‚Sabbat' des Friedens und der Vollendung auf Erden statthaben werde".[39] Seine trinitarische Geschichtstheologie ist eine Folge dieser chiliastischen Wende, und der dritte Status ist letztlich eine Verlegung des Sabbats des Gottesvolkes (Hebr 4,9–10) in die diesseitige Zukunft. Damit habe Joachim aber den Abschied von Augustinus vollzogen, der den altkirchlichen Chiliasmus stillgelegt hatte, indem er das mit der Auferstehung Christi begonnene sechste Zeitalter der Welt als die Zeit der Kirche bis zur Wiederkunft Christi verstand und das siebte Zeitalter der Schau Gottes als ein jenseitiges verstand.

Dem hat Selge widersprochen. Joachim erwartet zwar einen qualitativen Sprung nach vorn in der Heilsgeschichte. Er verbindet

---

[36] Ebd., 64.

[37] Johannes vom Kreuz, Aufstieg auf den Berg Karmel, hg., übersetzt und eingeleitet von Ulrich Dobhan/Elisabeth Hense/Elisabeth Peeters (Gesammelte Werke 4), Freiburg 1999, 264 (2 S 22,7.6).

[38] Psalterium, Anm. 10, 276 (fol. A33^{va}), unter Bezug auf Kol 2,3.

[39] Lerner, Joachim von Fiore, Anm. 7, 86. Vgl. auch ders., Joachim of Fiore's Breakthrough to Chiliasm, in: Cristianesimo nella storia 6 (1985) 489–512; ders., Refrigerio dei santi. Gioacchino da Fiore e l'escatologia medievale, Rom 1995.

mit dem dritten Status auch einige Motive des chiliastischen Denkens wie die oben zitierten „Fülle der Einsicht" und die „Freiheit des Geistes" oder auch „die Vereinigung mit den Griechen" zu einer Johanneskirche, „die endzeitliche Bekehrung der Juden und eine Weltmission, in der das Evangelium bis auf einen Rand barbarischer ‚Skythenvölker', in denen der Satan überdauert, zu den bisher unbekehrten ‚Heiden' – also vor allem den islamischen Völkern – dringt". Als einen Chiliasten in einem irgendwie historisch konkreten Sinne möchte Selge Joachim „deswegen lieber nicht bezeichnen". Und dies nicht nur, weil Joachim bei der Auslegung von Offb 20 kaum über Augustinus hinausgeht, sondern aufgrund seines trinitarischen Verständnisses des dritten Status: „Das Christusmillennium, das das Zeitalter der Kirche ist, wird sich als ebendieselbe Zeitalter der Kirche im Sabbat des Geistzeitalters, das *kein neues Millennium* ist, vollenden. Das ist doch kein Chiliasmus; es ist das sich irdisch bis an die Grenze des irdisch Möglichen vollendende Werk des dreieinigen Gottes, sozusagen ein geistliches ‚Krisenfestwerden' der Kirche."[40]

Auf Joachims Schultern

„Wir alle stehen auf den Schultern von Karl Marx" – sagte bekanntlich Oswald von Nell-Breuning.[41] Ähnliches ließe sich über den Florensischen Abt sagen. Selbst wenn wir von den säkularen Extrapolationen (Joachim als Kronzeuge des Gedankens der Erziehung des Menschengeschlechtes, der idealistischen, marxistischen und positivistischen Geschichtsinterpretation, der Sozialutopien, politischen Religionen und Chiliasmen der Moderne)[42] absehen, müssen wir zugeben, dass Joachim zum Wegbereiter eines neuen Geschichts-

---

[40] Selge, Trinität, Anm. 5, 57–58.
[41] Oswald von Nell-Breuning, Wir alle stehen auf den Schultern von Karl Marx, in: Stimmen der Zeit 194 (1976) 616–622.
[42] Vgl. die Wirkungsgeschichte der Drei-Status-Lehre Joachims in: Henri de Lubac, La postérité spirituelle de Joachim de Flore, 2 Bde. (I. De Joachim à Schelling, II. De Saint-Simon à nos jours), Paris, 1979 und 1981; Marjorie Reeves, The Influence of Prophecy in the Later Middle Ages. A Study in Joachism, Oxford 1969; Marjorie Reeves/Gould Warwick, Joachim of Fiore and the Myth of the Eternal Evangel in the Nineteenth Century, Oxford 1987; Roberto Rusconi, Profezia alla fine del Medioevo, Rom 1999; Gioacchino da Fiore nella cultura contemporanea. Atti del 6° Congresso internazionale di studi gioachimiti. San Giovanni in Fiore – 23–25 settembre 2004, a cura di Gian Luca Potestà (Centro internazionale di studi gioachimiti S. Giovanni in Fiore. Opere di Gioacchino da Fiore: testi e strumenti 17), Rom 2005.

verständnisses mit einer Dynamik der Freiheit wurde. Dieses Verständnis erscheint uns heute „so selbstverständlich als das christliche schlechthin [...], dass es uns schwer fällt zu glauben, es sei irgendwann einmal nicht so gewesen".[43]

Eine besondere Aktualität gewinnt Joachim in unserer Zeit m. E. mit dem Zweiten Vatikanischen Konzil, das viele Anklänge an seine Geschichts- und Kirchenvision hat. Es beginnt bei der Bezeichnung Johannes XXIII. als „papa buono", worin eine moderne Anspielung an den von Joachim erwarteten Engelpapst zu sehen wäre. Johannes XXIII. verband mit dem Konzil die Hoffnung auf ein „neues Pfingsten" und auf einen „Sprung nach vorn", ja dass wir erst anfangen, „das Evangelium besser zu verstehen" und zu einer „Kirche der Armen" werden.[44] Wie einst Joachim forschte das Konzil prophetisch „die Zeichen der Zeit, um sie im Licht des Evangeliums zu deuten". Und es hatte dabei das Bewusstsein, dass die Menschheit „in einer neuen Epoche ihrer Geschichte" (GS 4) steht, am Vorabend rascher Veränderungen und qualitativer Entwicklungen. Das Konzil fühlte sich der Menschheitsfamilie „eingefügt" und sprach mit universalem Heilsoptimismus von einem umfassenden „Plan Gottes für das Heil des Menschengeschlechts", einen Plan, der aus der „‚quellhaften Liebe' (ex fontali amore), dem Liebeswollen Gottes des Vaters" entspringt, „aus dem der Sohn gezeugt wird und der Heilige Geist durch den Sohn hervorgeht" (AG 2). Unter Führung des Heiligen Geistes gehen Kirche und Menschheit der Vollendung des Heilsplans in einer Dynamik der Freiheit entgegen. Die metaphernreiche, an der Bibel und den Kirchenvätern orientierte Konzilssprache[45] steht Joachim näher als der doktrinären Scholastik und zeugt von der immerwährenden Aktualität des Florensischen Abtes.

---

[43] RATZINGER, Geschichtstheologie, Anm. 22, 108.

[44] Vgl. Mariano DELGADO/Michael SIEVERNICH, Zur Rezeption und Interpretation des Konzils der Metaphern, in: DIES. (Hg.), Die großen Metaphern des Zweiten Vatikanischen Konzils. Ihre Bedeutung für heute, Freiburg 2013, 15–32. Der berühmte Satz von Johannes XXIII. „Nicht das Evangelium verändert sich, sondern wir beginnen, es besser zu verstehen" wird von Papst Franziskus in seiner Ansprache an die Kurie vom 22. Dezember 2022 zitiert: https://www.vaticannews.va/de/papst/news/2022-12/papst-franziskus-kurie-ansprache-weihnachten.html (28.03.2024). Diese Worte Johannes' XXIII. werden von seinem langjährigen Sekretär, Loris Capovilla, bestätigt: https://www.kirchenzeitung.at/site/archiv/article/4676.html (28.03.2024).

[45] Vgl. dazu DELGADO/SIEVERNICH, Rezeption, Anm. 44.

Zwischen Freiheit und Verantwortung

Jüdisch-christliche Konvergenzen im Denken von Hans Jonas und Papst Franziskus

Klaus Vellguth

Als Luisa Neubauer, eine der führenden Aktivist*innen der Fridays for Future-Bewegung in Deutschland, im Januar 2023 gegen die weitere Braunkohleförderung und den dafür vorgesehenen Abriss des Ortes Lützerath demonstrierte, ließ sie sich von Medienvertretern mit dem Buch *Das Prinzip Verantwortung*[1] des nur knapp 30 km von Lützerath im Jahr 1903 geborenen Hans Jonas ablichten und verwies auf den von dem jüdischen Philosophen formulierten ökologischen Imperativ: „Handle so, dass die Wirkungen deiner Handlung verträglich sind mit der Permanenz echten menschlichen Lebens auf Erden. Oder negativ ausgedrückt: Handle so, dass die Wirkungen deiner Handlung nicht zerstörerisch sind für die künftige Möglichkeit solchen Lebens."[2] Als einige Monate später, am 4. Oktober 2023, das von Papst Franziskus verfasste Apostolische Schreiben *Laudate Deum*[3] in Rom der Öffentlichkeit vorgestellt wurde, war Luisa Neubauer nach Rom eingeladen worden, um im Rahmen der vom Vatikan organisierten Pressekonferenz mit dem Titel *Laudate Deum – Stimmen und Zeugnisse zur Klimakrise*[4] zu sprechen. Neubauer nutzte die Einladung, um die Kirche aufzurufen, zu einem „wahren Verbündeten" der Klimabewegung zu werden.[5] Die Präsenz von Neubauer in Rom bei der Vorstellung von *Laudate Deum* und ihr vorausgegangener Verweis auf das von Hans Jonas formulierte Prinzip Verantwortung bilden den Ausgangspunkt der folgenden Überlegungen zur Spannung von Freiheit und Verantwortung zum einen in

---
[1] Hans JONAS, Das Prinzip Verantwortung. Versuch einer Ethik für die technologische Zivilisation, Berlin 2020.
[2] Ebd., 38.
[3] PAPST FRANZISKUS, Laudate Deum. Apostolisches Schreiben von Papst Franziskus an alle Menschen guten Willens über die Klimakrise, übers. u. hg. v. Sekretariat der Deutschen Bischofskonferenz, Bonn 2023 (im Folgenden abgekürzt mit LD).
[4] https://www.vaticannews.va/de/vatikan/news/2023-10/klimakrise-vatikanische-gaerten-konferenz.html (25.07.2024)
[5] https://www.katholisch.de/artikel/47463-neubauer-kirche-soll-wahre-verbuendete-der-klimabewegung-werden (06.03.2024)

Hans Jonas Werk und zum anderen im Denken von Papst Franziskus, das sich in *Laudate Deum* ausdrückt.

Das Leben des Philosophen Hans Jonas im Schatten beraubter Freiheit

Vor 55 Jahren, im Jahr 1979, veröffentlichte der deutsch-amerikanische Philosoph Hans Jonas sein Werk „Das Prinzip Verantwortung", das als sein Hauptwerk gilt. In diesem Werk setzte sich der jüdische Philosoph mit der Frage auseinander, wie angesichts der neuen Herausforderungen, die sich aus der Entwicklung modernen Technologien ergeben, eine verantwortliche Ethik formuliert werden kann, die dem Überleben der Spezies Mensch dient. Den technischen Fortschritt bezeichnete Jonas spitz als „‚Opium der Massen', das einmal die Religion gewesen sein soll"[6]. Dabei setzte Jonas sich kritisch mit dem Demokratie- und Freiheitsbegriff auseinander und wagt Überlegungen, in denen er spätere Entwicklungen und Diskurse insbesondere in der Umweltbewegung antizipierte.

Jonas, der im Jahr 1903 in Mönchengladbach geboren wurde und dort auch im Jahr 1921 sein Abitur ablegte, studierte zunächst in Freiburg[7], Berlin[8] und Marburg[9], bevor ihn sein im Jahr 1928 begonnenes Promotionsstudium zunächst nach Heidelberg, Bonn, Frankfurt und schließlich zurück nach Marburg führte, wo Jonas seine Dissertation zum Begriff der Gnosis bei Martin Heidegger abschloss.[10] Im Folgejahr legte Jonas eine zweite Schrift mit dem Titel *Augustin und das paulinische Freiheitsproblem. Ein philosophischer Beitrag zur Genesis der christlich-abendländischen Freiheitsidee*[11] vor. Spätestens bei der Arbeit an dieser Schrift beschäftigte sich Jonas intensiv mit dem Freiheitsbegriff, dem fast ein halbes Jahrhundert später bei

---

[6] Hans JONAS, Das Prinzip Verantwortung. Versuch einer Ethik für die technologische Zivilisation, Berlin 2020, 271.
[7] In Freiburg (1921 und 1923) besuchte Jonas Lehrveranstaltungen unter anderem bei Edmund Husserl, Martin Heidegger und Jonas Cohn.
[8] In Berlin (1921–1923) besuchte Jonas Lehrveranstaltungen unter anderem bei Eduard Spranger, Ernst Troeltsch, Hugo Gressmann, Ernst Sellin und Eduard Meyer.
[9] In Marburg (1923–1928) besuchte Jonas Lehrveranstaltungen unter anderem bei Martin Heidegger, dem er nach Marburg gefolgt war, und Rudolf Bultmann.
[10] Hans JONAS, Der Begriff der Gnosis, Marburg, 1929.
[11] Hans JONAS, Augustin und das paulinische Freiheitsproblem. Ein philosophischer Beitrag zur Genesis der christlich-abendländischen Freiheitsidee, Marburg 1930.

der Arbeit an seinem Werk *Das Prinzip Verantwortung* eine zentrale Rolle zukommen wird.

Was die Beschneidung der Freiheit in einer Gesellschaft für einzelne Gruppen bzw. für ein Individuum bedeuten kann, musste Hans Jonas in seiner eigenen Biographie schmerzhaft erdulden. Nach der nationalsozialistischen Machtergreifung emigrierte Jonas im Jahr 1933 über London nach Jerusalem und entkam so dem nationalsozialistischen Terror und der Schoah, der zahlreiche Familienmitglieder – unter anderem seine in Auschwitz ermordete Mutter, zum Opfer fielen. Nach dem Krieg siedelte Jonas im Jahr 1949 zunächst nach Kanada und sechs Jahre später im Jahr 1955 schließlich nach New York über, wo er bis zu seiner Emeritierung eine Professur an der New School for Social Research übernahm und im Jahr 1993 starb.

Der Freiheitsbegriff von Hans Jonas im „Prinzip Verantwortung"

Hans Jonas war gewissermaßen ein philosophischer Visionär. Er dachte das Zeitalter des Anthropozän bereits zu einer Zeit, als der Neologismus zur Bezeichnung des von Menschen gemachten Zeitalters noch gar nicht ausgesprochen war[12] und kurz nachdem der Club of Rome im Jahr 1972 eindringlich auf die Grenzen des Wachstums hingewiesen hatte.[13] Er beschrieb die Herausforderungen der demographischen Entwicklung (sowie das damit verbundene „Nahrungsproblem"), die energieaufwändige Erschließung der Bodenschätze (als das „Rohstoffproblem"), den zunehmenden weltweiten Energiebedarf (als das „Energieproblem") sowie das damit verbundene Problem der Klimaveränderung (als das „ultimative Thermalproblem"), die sich selbst akzelerierend[14] in eine Klimakrise führen würde. Jonas warnte angesichts einer „,Utopie' permanenter Selbstübersteigung auf ein unendliches Ziel hin"[15] sowie der exponentiellen Entwicklung der Technik mit ihrem machtvollen Potential

---

[12] Der Neologismus des „Anthropozän" wurde erstmals im Jahr 2000 durch den niederländischen Chemiker und Atmosphärenforscher Paul J. Crutzen (gemeinsam mit Eugene F. Stoermer) formuliert.

[13] Vgl. Donnela MEADOWS/Dennis L. MEADOWS/Jørgen RANDERS/William W. BEHRENS, The Limits of Growth. A Report for the Club of Rome's Project on the Predicament of Mankind, New York 1972.

[14] Jonas beschreibt an einem Beispiel bereits das Phänomen des „Kipppunktes", ohne den noch nicht eingeführten Neologismus zu verwenden.

[15] Hans JONAS, Das Prinzip Verantwortung. Versuch einer Ethik für die technologische Zivilisation, Berlin 2020, 289.

und der damit verbundenen ungeheuren Bedrohung davor, dass die Menschheit erstmals in der Geschichte in der Lage ist, sich selbst die eigenen Lebensgrundlagen zu entziehen. Wenn Hans Jonas aufgrund seiner Analysen zu den ökologischen Grenzen des Wachstums seinen Imperativ formuliert, dass die Wirkungen menschlicher Handlung mit der Permanenz echten menschlichen Lebens auf Erden verträglich sein mögen, so knüpft er damit am intragenerationell fokussierenden kategorischen Imperativ von Immanuel Kant („Handle so, dass du auch wollen kannst, dass deine Maxime allgemeines Gesetzt werde.") an, wobei er aber angesichts der demographischen Herausforderungen sowie technischen Möglichkeiten und Gefahren insbesondere auch eine intergenerationelle Verantwortung im Blick hat, wenn er formuliert, dass „das Glück gegenwärtiger und nächstfolgender Generationen mit dem Unglück oder gar der Nichtexistenz späterer Generationen erkauft wird"[16]. Und er merkt an, dass es eines „Höchstmaß politisch auferlegter gesellschaftlicher Disziplin"[17] brauche, um den (einer Generation zufallenden) möglichen Vorteil der Gegenwart zu Lasten zukünftiger Opfer (künftiger Generationen) auszuschließen.

Dabei sah Jonas den Zusammenhang zwischen der ökologischen und der sozialen Herausforderung im weltweiten Kontext, auf den auch Papst Franziskus insbesondere in seiner Umweltenzyklika *Laudato si'*[18] hingewiesen hat. Jonas schreibt:

> „Wir bedeuteten früher, dass einen solchen vervielfachten Angriff die Erde, heute schon Anzeichen von Anstrengung zeigend, wahrscheinlich nicht aushalten kann. Wo die Grenze liegt, lässt sich zur Zeit nicht sagen, aber man sollte sie nicht erst versuchen. Die Alternative wäre eine partielle Umlagerung bestehender Kapazitäten aus den ‚Hochdruck'- in die ‚Tiefdruck'-Gebiete, so dass in summa die globale Anstrengung der Umwelt in Maßen bleibt. Eine solche Angleichung der Niveaus, deren Zweck die Hebung der tiefsten ist, bedeutet natürlich Senkung der höchsten: Kupierung von Produktionskapazitäten dort mit entsprechender Schrumpfung der ihnen verdankten Konsumkapazitäten – und da wird das politische Präli-

---

[16] Hans Jonas, Das Prinzip Verantwortung. Versuch einer Ethik für die technologische Zivilisation, Berlin 2020, 37.
[17] Ebd., 248–249.
[18] Papst Franziskus, *Laudato si'*. Enzyklika über die Sorge für das gemeinsame Haus, übers. u. hg. v. Sekretariat der Deutschen Bischofskonferenz, Bonn 2015 (im Folgenden abgekürzt mit LS).

minarproblem allerdings akut! Zwar ist objektiv kein Zweifel, dass in den (nach vernünftigen Konsumbegriffen) überentwickelten Ländern ein komfortabler Spielraum für Abstriche besteht, die uns immer noch unseren Großeltern und selbst Eltern weit voraus ließen; aber die subjektive Reaktion auf die Zumutung ohne sichtbar präsente Notwendigkeit steht auf einem anderen Blatt und für Amerika zum Beispiel wäre spontaner Widerstand (wiederum die Arbeiterklasse einschließend) nahezu sicher. Trotzdem glaube ich, dass in dieser Richtung die Lösung liegt – freiwillig wenn möglich, erzwungen, wenn nötig."[19]

In all seinen Analysen und philosophischen Betrachtungen, insbesondere in seinen Ausführungen zur Utopie, ist Hans Jonas Realist. Er, der sich selbst als „Postmarxist" bezeichnet und der Demokratie durchaus skeptisch gegenübersteht, glaubt nicht allein an die Entstehung eines Bewusstseins und an die Perfektionierung des Menschen hin zu einer Tugendhaftigkeit, so dass der Mensch eine angesichts der existentiellen Herausforderungen angemessene objektive Ethik verinnerlicht und lebt.[20]

Hans Jonas nimmt prophetisch wahr, dass das demographische, technologische und ökonomische Wachstum zumindest in einem Teil der Welt einerseits zu einem bislang unbekannten Wohlstand geführt hat, nun aber ein Punkt erreicht ist, der „nicht nur den ökonomischen [Erfolg] in Frage stellt, also vom kurzen Fest des Reichtums wieder zum chronischen Alltag der Armut zurückführt, sondern auch zu einer akuten Menschheits- und Naturkatastrophe ungeheuerlichen Ausmaßes zu führen droht"[21]. Angesichts dieser Krisensituation in der Menschheitsgeschichte durchdenkt Jonas die Frage, wie eine sich sowohl intragenerationell als auch intergenerationell verstehende Ethik der Verantwortung formuliert werden kann; seine Antwort ist der ökologische Imperativ. Er tastet sich darüber hinaus an die Frage heran – dies klingt bereits im obigen Zitat durch – inwiefern es erlaubt ist, die Freiheit der Individuen zu beschneiden, um die Menschheit

---

[19] Hans Jonas, Das Prinzip Verantwortung. Versuch einer Ethik für die technologische Zivilisation, Berlin 2020, 314 (Hervorh. im Orig.).

[20] Vgl. ebd., 314. Hans Jonas, Technik, Medizin und Ethik. Zur Praxis des Prinzips Verantwortung, Frankfurt ²1987, 39. Oliver Dürr, Die Schule des Ikarus, in: Mariano Delgado/Klaus Vellguth (Hg.), Der bessere Mensch. Religionswissenschaftliche, ethische und theologische Perspektiven, Ostfildern 2024, 141–164, 132.

[21] Hans Jonas, Das Prinzip Verantwortung. Versuch einer Ethik für die technologische Zivilisation, Berlin 2020, 314.

vor einer ökologischen Katastrophe und damit evtl. vor der Selbstauslöschung zu bewahren. Grundsätzlich räumt er ein, dass ein freiheitliches System einem unfreien System vorzuziehen ist, selbst wenn ein unfreies System manche Interessen besser bedienen könne (bei dieser Aussage hat Jonas den real existierenden westlichen Kapitalismus einerseits sowie den östlichen Sozialismus andererseits des 20. Jahrhunderts vor Augen).[22] Allerdings gibt er auch zu bedenken, dass angesichts der gravierenden Herausforderungen der Menschheit Autokratien (wie der Sozialismus) durchaus Vorteile aufweisen:

> „Die Entscheidungen der Spitze, die ohne vorherige Zustimmung von unten getroffen werden können, stoßen auf keinen Widerstand im Sozialkörper (außer vielleicht passiven) und können bei einiger Zuverlässigkeit des Apparates der Ausführung sicher sein. Das schließt Maßnahmen ein, die das Eigeninteresse der Betroffenen sich spontan nicht auferlegt hätte, die demnach, wenn sie gar die Majorität treffen, im demokratischen Prozeß schwer zum Beschluß gebracht werden könnten. Solche Maßnahmen sind aber eben das, was die drohende Zukunft verlangt und immer mehr verlangen wird."[23]

Hier scheint Hans Jonas die Diskurse zur möglichen Legitimität diktatorischer Systeme zur Rettung der Umwelt angesichts der drohenden Klimakatastrophe, die rund 40 Jahre nach Erscheinen seines Werks aufgekommen sind, antizipiert zu haben. Gerade mit Blick auf ein „Reich der Freiheit" scheint Hans Jonas das Phänomen der Politischen Religion durchdacht zu haben, wenn er sich mit einem „regnum humanum auf Erden"[24], der „messianischen Verwandlung des Menschen", dem „Kommen des Messias", mit dem „zweiten Kommen des Gottessohnes", mit einer „zweiten Schöpfung in Vollendung der ersten", dem „neuen Adam" und der „imago Dei"[25] auf Erden auseinandersetzt. Kritisch beleuchtet er das marxistische Freiheitsverständnis, das Freiheit als Gegensatz zur Arbeit definiert und dadurch die Freiheit als Gegenbegriff zur Arbeit positioniert. Dabei

---

[22] Vgl. ebd., 297.
[23] Ebd., 256.
[24] Ebd., 315. Vgl. dazu auch seine Ausführungen zu „vollkommenes Leben, regnum humanum, goldenes Zeitalter, absolutes Ziel, endlich gefundene Heimat". (Hans JONAS, Das Prinzip Verantwortung. Versuch einer Ethik für die technologische Zivilisation, Berlin 2020, 339.)
[25] Ebd., 305.

setzt er sich kritisch mit der These von Marx auseinander, dass das Reich der Freiheit „in der Tat erst da [beginnt], wo das Arbeiten, das durch Not und äußere Zweckmäßigkeit bestimmt ist, aufhört."[26] Solch einem Freiheitsbegriff, der anknüpfend an Karl Marx von Ernst Bloch (an dessen Werk *Das Prinzip Hoffnung*[27] sich der Titel von Hans Jonas Werk *Das Prinzip Verantwortung* anlehnt) an quasi paradiesische Lebensbedingungen geknüpft wird, kann Jonas wenig abgewinnen.[28] Er führt ihn sogar ad absurdum[29] und schreibt: „*Die Abscheidung vom Reiche der Notwendigkeit entzieht der Freiheit ihren Gegenstand*".[30]

Doch obwohl Jonas kritisch die Politischen Religionen des 20. Jahrhunderts und den Möglichkeiten einer Durchsetzung gesellschaftlich notwendiger Maßnahmen durch totalitäre, freiheitsbeschneidende Systeme analysiert, durchdenkt er dabei wohl auch die Option, ob ein totalitärer Staat evtl. doch eher in der Lage sein könnte, die Herausforderungen der Zukunft zu meistern. Dabei verweist er auf den großen „Aktivposten des Enthusiasmus an sich, mit dem der Marxismus seine Anhänger zu beseelen vermag und dessen Bereitschaft zu Entbehrungen der Kapitalismus nichts Ähnliches entgegenzustellen hat."[31] Er sieht aber, dass nicht der Sozialismus in einem Land, sondern „nur ein sozialistisches Weltregiment"[32] in der Lage wäre, die globalen Herausforderungen zu meistern. Hier scheint schon die Erkenntnis durch, dass angesichts der ökologischen Herausforderungen nationalstaatliches Denken überholt ist. Allerdings sieht Jonas auch die Grenzen einer marxistischen Gesellschaftsordnung sowie die utilitaristische Vereinnahmung des Marxismus zugunsten der Durchsetzung der als notwendig erachteten politischen bzw. ökologischen Maßnahmen und setzt auf die Entwicklung eines Bewusstseins, in dem sich sowohl die intragenerationelle als auch die intergenerationelle Verantwortung realisiert. Und so schreibt er in Abgrenzung zu marxistischen bzw. totalitären Machtkonstruktionen:

„Besser wäre es natürlich, sittlich und pragmatisch erwünschter, die Sache der Menschheit einem sich verbreitenden ‚wahren Bewusstsein'

---

[26] Karl MARX, Das Kapital, Bd. 3, Buch III, Berlin 1976, 828.
[27] Ernst BLOCH, Das Prinzip Hoffnung, 3 Bde., Frankfurt 1954–1959.
[28] Vgl. Hans JONAS, Das Prinzip Verantwortung. Versuch einer Ethik für die technologische Zivilisation, Berlin 2020, 339.
[29] Vgl. ebd., 350–352.
[30] Ebd., 354 (Hervorh. im Orig.). Auf der Folgeseite (355) formuliert er nochmals „*Es gibt kein ‚Reich der Freiheit' außerhalb des Reiches der Notwendigkeit!*" (Hervorh. im Orig.).
[31] Ebd., 259.
[32] Ebd., 267.

anvertrauen zu können mit einem dazugehörigen öffentlichen Idealismus, der auf Generationen voraus für die eigenen Nachkommen *und* zugleich für die notleidenden Zeitgenossen anderer Völker freiwillig die Verzichte auf sich nähme, die eine bevorzugte Lage noch nicht diktiert."[33]

Und so kommt Jonas schließlich doch zu einem vorsichtig formulierten, zaghaften Fazit, das vorsichtig abwägend auf eine freiheitliche Gesellschaftsordnung setzt: „vielleicht kann auch die grimmige Wahrheit begeistern und nicht nur die Wenigen, sondern schließlich auch die Vielen. Dies ist die bessere Hoffnung in dunkler Zeit."[34]

Hans Jonas im Kontext eines Jahrzehnts

Hans Jonas ist einer der bedeutendsten Mahner im ausklingenden, von kriegerischen Katastrophen unfassbaren Ausmaßes geprägten 20. Jahrhundert. Sein Werk „Das Prinzip Verantwortung" hat ebenso wie die Studie „Die Grenzen des Wachstums" des Club of Rome, von dem weltweit über 30 Millionen Exemplare verkauft worden sind[35], sowie das Buch *So laßt uns denn ein Apfelbäumchen pflanzen*[36] des Wissenschaftsjournalisten Hoimar von Ditfurth die Umweltbewegung in Deutschland zum Ende des 20. Jahrhunderts nachhaltig geprägt.[37] In einer Zeit, in der zum einen heftige Diskussionen um die Stationierung von Atomraketen in Europa geführt wurden (und die schließlich im Jahr 1979 zum sogenannten „NATO-Doppelbeschluss" geführt haben) und zum anderen gesellschaftliche Diskurse angesichts der Zerstörung des ökologischen Gleichgewichts der Erde

---

[33] Ebd., 260 (Hervorh. im Orig.).
[34] Ebd., 264.
[35] Der Bericht des Club of Rome legte Berechnungen vor, die zeigten, dass die Grenzen des Wachstums angesichts eines exponentiellen Wachstums der Weltbevölkerung, der Industrialisierung, der Umweltbelastung, der Nahrungsmittelproduktion und des Ressourcenabbaus innerhalb von einhundert Jahren erreicht sein würden. Vgl. dazu auch Andreas Lienkamp, Schöpfung und Ökologie in Gaudium et spes. Eine Relecture aus christlich-umweltethischer Perspektive, in: Christoph Böttigheimer/ René Dausner (Hg.), Vaticanum 21. Die bleibenden Aufgaben des Zweiten Vatikanischen Konzils im 21. Jahrhundert, Freiburg 2016, 586–612.
[36] Hoimar von Ditfurth, So laßt uns denn ein Apfelbäumchen pflanzen, Hamburg 1985.
[37] Vgl. zum Folgenden: Klaus Vellguth, Und immer noch müssen Apfelbäumchen gepflanzt werden. Gemeinsam unterwegs zu einer ökologischen, sozialen und ökonomischen Verantwortung, in: Klaus Krämer/Klaus Vellguth, Schöpfung. Miteinander leben im gemeinsamen Haus (ThEW 11), Freiburg 2017, 280–302.

aufkamen (die unter anderem mit der Gründung der Partei „Die Grünen im Jahr 1980 einher gingen) sah Jonas, dass durch den technischen Fortschritt zum einen die Fähigkeiten menschlicher Destruktion als auch die ökologische Zerstörung ein Ausmaß erreicht hatte, das in der Lage war, die Lebensgrundlage künftiger Generationen zu zerstören. Hans Jonas vertrat dabei das „Prinzip Furcht", dass angesichts der möglich gewordenen gravierenden Katastrophen der schlechten Prognose stets Vorrang vor der guten eingeräumt werden müsse.

Erfreulich ist, dass sich im damaligen Diskurs nicht diejenigen durchgesetzt haben, die für einen fundamentalistischen Eskapismus (im Sinne einer „selbstgefälligen Gesinnungsethik") eintraten, sondern dass stattdessen Strategien entwickelt worden sind, um die ökologischen Herausforderungen der Gegenwart im Sinne einer Verantwortungsethik[38] anzunehmen und strategische Lösungen für eine zukunftsfähige Wirtschaft zu entwickeln. In einem Zeitalter, in dem die Frage des gemeinsamen Wirtschaftens in Form einer Wirtschaftspolitik nur dann verantwortlich realisiert werden kann, wenn (mit Blick auf die Kategorie „Raum") eine globale und (mit Blick auf die Kategorie „Zeit") eine generationsübergreifende Perspektive eingenommen wird, stellt sich die entscheidende Frage, wie eine ökologische Ökonomie entwickelt wird, in der Waren und Dienstleistungen angeboten werden können, ohne entscheidende Kostenfaktoren (beispielsweise ökologische Kosten) auf andere geographische Regionen oder künftige Generationen zu externalisieren. Dahinter steckt das ökonomische Verursacherprinzip (im ökologischen Bereich das „pulluter pays principle"), für das auch Papst Franziskus im Jahr 2015 in seiner Enzyklika *Laudato si'* eintritt und das beispielsweise in das im Dezember 2019 verabschiedete Klimaschutzgesetz (das eine Bepreisung von Kohlendioxid vorsieht) eingeflossen ist. Es geht dabei letztlich um die Wahrnehmung einer inter- und intragenerationellen Verantwortung in der Ökonomie ebenso wie um eine inter- und intranationale Gerechtigkeit[39] im Zeitalter der Globalisierung, die sich ihrer Verantwortung nicht zu Lasten der Armen

---

[38] Vgl. Hans JONAS, Das Prinzip Verantwortung. Versuch einer Ethik für die technologische Zivilisation, Berlin 2020.

[39] Papst Franziskus moniert, dass einzelne Länder nationale Interessen über das globale Gemeinwohl stellen. Vgl. LS 169. Vgl. Gerhard KRUIP, Ein dramatischer Appell. Die neue Umwelt-Enzyklika des Papstes, in: Herder Korrespondenz 69 (2015) 7, 341–344, 343.

oder zukünftiger Generationen entledigt – also zu Lasten derjenigen, die sich schlicht und einfach nicht wehren können. Letztlich geht es um die Frage, wie Ökonomie und Ökologie in dem einen Oikos so in Einklang gebracht werden können, dass Menschen heute und morgen gut miteinander (über-)leben können. „Die Umwelt ist eines jener Güter, die die Mechanismen des Markts nicht in der angemessenen Form schützen oder fördern können" (LS 190), schreibt mit Blick auf die Problematik einer verantwortlichen Form des Wirtschaftens auch Papst Franziskus in seiner Umweltenzyklika *Laudato si'*. Ottmar Edenhofer, Direktor des Mercator Research Institute on Global Commons and Climate Change, stimmt Papst Franziskus zu: „Der Papst hat Recht: Der Markt wird aus sich heraus die Umwelt nicht schützen und den kommenden Generationen die Lebensgrundlage sichern. Darum fordern ja die Ökonomen, dass nicht auf Kosten kommender Generationen oder zu Lasten Dritter gewirtschaftet werden darf."[40] Doch wie kann ein Wirtschaftssystem aussehen, das die Gesetze des Marktes (die nicht „vom Himmel fallen", sondern im besten Fall ausgehend von anthropologischen Beobachtungen[41] – die in der Realität meist schon unbewusst zu Überzeugungen „geronnen" sind – unbewusst beziehungsweise bewusst formuliert werden) weder ignoriert noch dämonisiert?[42] Beides wäre zu einfach, da sich sowohl ein eskapistisches Ignorieren als auch ein ideologisches Dämonisieren der Gesetze des Marktes

---

[40] Ottmar EDENHOFER, „Der Himmel gehört uns allen". Ein Gespräch mit dem Klima-Ökonomen Ottmar Edenhofer über die UN-Konferenz und die Umwelt-Enzyklika Laudato si', in: Herder Korrespondenz 70 (2016) 2, 17–21, 18.

[41] Im Gespräch mit Ernst Ulrich von Weizsäcker merkte Daisaku Ikeda, Präsident der buddhistischen Laienorganisation Soka Gakkai International und Träger des Friedenspreises der Vereinten Nationen, dazu an: „Das von der globalen Marktwirtschaft hervorgebrachte Grundmodell der menschlichen Natur ist das des homo oeconomicus – der Mensch als Wesen, das von der Logik des Profits und Eigennutzes beherrscht ist. Und leugnen lässt es sich nicht: Diese Tendenz ist im Menschen tatsächlich vorhanden." (Daisaku IKEDA, zitiert nach: Ernst Ulrich VON WEIZSÄCKER/Daisaku IKEDA, Was sind wir uns wert? Gespräche über Energie und Nachhaltigkeit, Freiburg 2016, 21.) Diese anthropologische Feststellung deckt sich mit den Ergebnissen der Altruismusforschung. Vgl. dazu: Jerzy KARYLOWSKI, Focus of attention and altruism. Endocentric and exocentric sources of altruistic behavior, in: Ervin STAUB/Daniel BAR-TAL/Jerzy KARYLOWSKI/Janusz REYKOWSKI (Hg.), Development and maintenance of prosocial behavior, New York 1984, 139–154. Morton HUNT, Das Rätsel der Nächstenliebe. Der Mensch zwischen Egoismus und Altruismus, Frankfurt a. M/New York 1991. Kristen Renwick MONROE, A Fat Lady in a Corsett, Altruism and Social Theory, American Journal of Political Science 38 (1994) 4, 861–893.

[42] Vgl. Elke MACK, Tötet die Wirtschaft wirklich? Katholische Wirtschaftsethik zwischen dem II. Vatikanum und Laudato si', in: Theologie der Gegenwart 58 (2015) 4, 303–316.

einer konstruktiven Gestaltungsverantwortung entzieht, ohne dabei tatsächlich die Gesetze des Marktes so zu nutzen beziehungsweise zu gestalten, dass Rahmenbedingungen zur Entwicklung einer ökologischen Ökonomie gesetzt werden, die heutigen und künftigen Generationen einen angemessenen Ort zum Leben garantiert.[43]

Parallele Ausgangsüberlegungen im Prinzip Verantwortung und mit Blick auf das Engagement von Papst Franziskus zur Bewahrung der Schöpfung

Zahlreiche Parallelen lassen sich zwischen den ethischen Reflexionen von Hans Jonas sowie von Papst Franziskus ziehen, die dieser zunächst in seiner Enzyklika *Laudato si'*[44] und zuletzt in seinem Apostolischen Schreiben *Laudate Deum*[45] formuliert hat.[46] Insbesondere in ihren Analysen zeigen sich wesentliche Kongruenzen. Denn sowohl Hans Jonas als auch Papst Franziskus betrachten die Situation der Menschheit als einen „planetaren Notstand"[47] und sehen eine Verantwortung bzw. eine Handlungspflicht zum Klimaschutz.[48]

Über den Ausgangspunkt seiner Überlegungen zu dem von ihm als *Tractatus technologico-ethicus* bezeichneten Werk schreibt Hans Jonas:

> „Der Unbescheidenheit [der menschlichen] Zielsetzung, die ökologisch ebenso wie anthropologisch fehlgeht (ersteres nachweislich, letzteres philosophisch aufzeigbar), stellt das Prinzip Verantwortung die bescheidene Aufgabe entgegen, welche Furcht und Ehrfurcht gebieten: dem Menschen in der Zweideutigkeit seiner Freiheit, die keine Änderung der Umstände je aufheben kann, die Unversehrtheit

---

[43] Vgl. ebd., 303–316.
[44] Papst Franziskus, *Laudato si'*. Enzyklika über die Sorge für das gemeinsame Haus, übers. u. hg. v. Sekretariat der Deutschen Bischofskonferenz, Bonn 2015.
[45] Papst Franziskus, *Laudate Deum*. Apostolisches Schreiben von Papst Franziskus an alle Menschen guten Willens über die Klimakrise, übers. u. hg. v. Sekretariat der Deutschen Bischofskonferenz, Bonn 2023.
[46] Beide Dokumente können als miteinander korrespondierende, für das Pontifikat von Papst Franziskus programmatische Dokumente verstanden werden. So beziehen sich allein 19 (von insgesamt 44) Verweise in *Laudate Deum* auf die Enzyklika *Laudato si'*.
[47] Vgl. Markus Vogt, Christliche Umweltethik. Grundlagen und zentrale Herausforderungen, Freiburg 2021, 21.
[48] Die Tatsache, dass *Laudate Deum* an insgesamt 7 Stellen auf Fratelli tutti verweist, zeigt den religionsverbindenden Charakter des ökologischen Engagements von Papst Franziskus.

seiner Welt und seines Wesens gegen die Übergriffe seiner Macht zu bewahren."[49]

Die beiden hier von Hans Jonas benannten ökologischen und anthropologischen Aspekte fokussiert auch Papst Franziskus in seinem Schreiben *Laudate Deum*. Mit ihnen setzt er sich auseinander. In bestimmter Weise „tragisch" ist dabei: Während Hans Jonas vor einem halben Jahrhundert mit Blick auf die ökologischen Herausforderungen diese als „nachweislich" bezeichnet und nicht in Frage stellt, muss sich Papst Franziskus im Jahr 2023 in seinem Apostolischen Schreiben mit den Scheinargumenten von Leugnern des vom Menschen verursachten Klimawandels auseinandersetzen, denen er sich apodiktisch entgegenstellt: „Niemand kann ignorieren, dass wir in den vergangenen Jahren Zeugen von extremen Phänomenen, häufigen Perioden ungewöhnlicher Hitze, Dürre und anderem Wehklagen der Erde geworden sind." (LD 5) Ein eigener Abschnitt seines Schreibens „Widerstand und Verwirrung" (LD 6–10) ist der Auseinandersetzung mit denjenigen gewidmet, die Tatsachen in Frage stellen, die Hans Jonas noch als „nachweislich" bezeichnet hatte.

In der Analyse, dass die unheilvolle Situation durch den Menschen verursacht ist, stimmen Hans Jonas und Papst Franziskus überein. Während Hans Jonas bereits im Vorwort seines ethischen Hauptwerks feststellt, dass das „Übermaß ihres Erfolges, der sich nun auch auf die Natur des Menschen selbst erstreckt, zur größten Herausforderung geführt [hat], die je dem menschlichen Sein aus eigenem Tun erwachsen ist"[50], formuliert Papst Franziskus in analoger Weise, „dass der Grund für die ungewöhnliche Geschwindigkeit dieser gefährlichen Veränderungen eine unbestreitbare Tatsache ist: die gewaltigen Entwicklungen, die mit dem ungezügelten Eingriff des Menschen in die Natur in den letzten zwei Jahrhunderten zusammenhängen." (LD 14)

Auch mit der von Hans Jonas kritisierten fehlgehenden anthropologischen Zielsetzung setzt sich Papst Franziskus in seinem Schreiben *Laudate Deum* kritisch auseinander. Nachdem er in der Enzyklika *Laudato si'* noch den Terminus einer „fehlgeleiteten Anthropozentrik"[51] verwendet, greift er in *Laudate Deum* auf eine etwas

---

[49] Hans JONAS, Das Prinzip Verantwortung. Versuch einer Ethik für die technologische Zivilisation, Berlin 2020, 11.
[50] Ebd., 9.
[51] Vgl. Klaus VELLGUTH, Leben in Fülle. Tastversuche hin zu einer Schöpfungspastoral, in: Trierer Theologische Zeitschrift 132 (2023) 4, 253–268.

andere Semantik zurück und verweist auf die Bedeutung eines „situierten Anthropozentrismus", wenn er schreibt:

> „Die jüdisch-christliche Weltanschauung besteht auf dem besonderen und zentralen Wert des Menschen inmitten des wunderbaren Konzerts aller Lebewesen, aber heute sind wir gezwungen zu erkennen, dass man nur von einem ‚situierten Anthropozentrismus' sprechen kann. Das heißt, wir müssen anerkennen, dass das menschliche Leben ohne andere Lebewesen nicht verstanden und nicht aufrechterhalten werden kann. Es gilt, ‚dass sämtliche Geschöpfe des Universums, da sie von ein und demselben Vater erschaffen wurden, durch unsichtbare Bande verbunden sind und wir alle miteinander eine Art universale Familie bilden, eine sublime Gemeinschaft, die uns zu einem heiligen, liebevollen und demütigen Respekt bewegt'." (LD 67)

Laudate Deum als ein Plädoyer für Freiheit und Verantwortung

Hans Jonas setzt sich mit den Utopien auseinander, bleibt dabei aber Realist und kommt schließlich zu dem etwas nüchternen Ergebnis, dass es keine Alternative dazu gibt, als auf die „Hoffnung in dunkler Zeit" zu setzen. Während sich Hans Jonas dabei kritisch mit den Idealen der Politischen Religionen und einer utopischen Perfektionierung des Menschen auseinandersetzt, mahnt auch Papst Franziskus zu einem anthropologischen Realismus sowie zu einer damit verbundenen menschlichen Selbstbescheidung: „Machen wir also Schluss mit der Vorstellung eines autonomen, allmächtigen, unbegrenzten Menschen und überdenken wir uns selbst, um uns auf eine demütigere und umfassendere Weise zu verstehen." (LD 68)

Ähnlich wie Hans Jonas und ebenfalls im Kontrast zu Ernst Bloch sieht Papst Franziskus die Freiheit, deren Missbrauch er in *Laudate Deum* thematisiert[52], nicht als das Resultat der Erlösung von irdischen Realitäten, sondern merkt im Gegenteil an, dass das „menschliche Leben, die Intelligenz und die Freiheit [...] in die Natur eingebettet [sind], die unseren Planeten bereichern, und sie sind Teil seiner inneren Kräfte und seines Gleichgewichts." (LD 26) Dabei setzt Papst Franziskus die demokratische Gesellschaftsordnung westlicher Prägung nicht absolut, sondern regt dazu an, ihre Rechtfertigung vor-

---

[52] LD 36, vgl. Enzyklika *Fratelli tutti* (3. Oktober 2020) 170: AAS 112 (2020), 9. LD 38, vgl. LS 179.

behaltlos zu reflektieren. In radikaler, fast schon skandalöser Weise fragt er mit Blick auf die Demokratie: „Warum möchte man heute eine Macht bewahren, die in die Erinnerung eingehen wird wegen ihrer Unfähigkeit einzugreifen, als es dringend und notwendig war?"[53] Doch kommt auch Papst Franziskus ähnlich wie Hans Jonas auf die demokratische Gesellschaft als eine hilfreiche Gesellschaftsform zurück. Dabei fordert er aber auch die Posteriorisierung nationalstaatlicher Eigeninteressen und regt überstaatliche Prozesse an:

> „Die alte Diplomatie, die sich ebenfalls in einer Krise befindet, stellt weiterhin ihre Bedeutung und Notwendigkeit unter Beweis. Ihr ist es allerdings noch nicht gelungen, ein Modell multilateraler Diplomatie zu entwickeln, das der neuen Weltlage gerecht wird. Aber wenn sie in der Lage ist, sich neu zu aufzustellen, dann wird sie Teil der Lösung sein müssen, denn auch die Erfahrung von Jahrhunderten kann nicht verworfen werden." (LD 41)

In diesen Ausführungen drückt sich eine Skepsis gegen jeden Neorealismus aus, selbst wenn sich dieser in den Dienst einer ökologischen Wende nehmen ließe. Papst Franziskus bekennt sich in *Laudate Deum* ähnlich wie Hans Jonas zu einem Institutionalismus, der von einem permanenten gemeinsamen Ringen, Aushandeln und Wissen um die Vorläufigkeit jeglichen Tuns geprägt ist. So schreibt Papst Franziskus:

> „All dies setzt voraus, dass ein neues Verfahren der Entscheidungsfindung und der Legitimierung dieser Beschlüsse umgesetzt wird, weil das vor mehreren Jahrzehnten eingerichtete Verfahren nicht ausreicht und nicht effektiv zu sein scheint. In diesem Kontext sind notwendigerweise Räume des Gesprächs, der Konsultation, der Schlichtung, der Konfliktlösung und der Supervision, letztendlich also eine Art größere ‚Demokratisierung' auf Weltebene erforderlich, damit die verschiedenen Situationen wahrgenommen und einbezogen werden können. Es wird nicht mehr hilfreich sein, Institutionen aufrechtzuerhalten, die die Rechte der Stärksten wahren, ohne sich um die Rechte aller zu kümmern." (LD 43)

---

[53] LD 35, vgl. LS 57.

Eine Allianz der Hoffnung für die Umwelt

Papst Franziskus setzt sich, davon zeugen seine programmatischen Schreiben *Evangelii gaudium*[54], *Laudato si'*[55] und *Laudate Deum*[56], für eine gerechte Weltordnung ein. Dabei hat er ebenso wie Hans Jonas die intragenerationelle sowie die intergenerationelle Gerechtigkeit im Blick. Damit sind der jüdische Philosoph und der christliche Religionsführer Hoffnungsträger für die junge Generation, die in besonderer Weise auf die Gefahren der Klimakrise hinweist. Und es ist erfreulich, dass viele von ihnen gerade auch mit Blick auf die Bewahrung der Umwelt etwas von der Kirche – die allzu oft in einer scheinbaren gesellschaftlichen Relevanzlosigkeit zu versinken droht – erwarten.

Es sind insbesondere junge Menschen, die sich für den Umweltschutz engagieren und ein ökosensibles Bewusstsein, ein umweltfreundliches Verhalten sowie eine ökologisch ausgerichtete Politik einfordern. So wurden in den Jahren 2018 und 2019 „die Jugendlichen durch ihre freitäglichen Demonstrationen die sichtbarsten Fürsprecher für Klima- und Umweltschutz und haben es geschafft, die Gesellschaft wachzurütteln"[57]. Sie haben ein waches Gespür dafür, dass die Menschheit in einem neuen Bewusstsein leben muss und aufgefordert ist, „die Präsenz des Menschen in der Welt im Lichte der humanistischen Tradition neu zu überdenken: als Diener des Lebens und nicht als dessen Herr, als Baumeister des Gemeinwohls mit den Werten der Solidarität und des Mitgefühls."[58] Gerade kirchliche Kreise wären hier als Anwälte für das Leben natürliche Kooperationspartner und besonders herausgefordert, mit der jungen Genera-

---

[54] Papst Franziskus, *Evangelii gaudium*. Apostolisches Schreiben des Heiligen Vaters Papst Franziskus an die Bischöfe, an die Priester und Diakone, an die Personen geweihten Lebens und an die christgläubigen Laien über die Verkündigung des Evangeliums in der Welt von heute, übers. u. hg v. Sekretariat der Deutschen Bischofskonferenz, Bonn 2013.
[55] Papst Franziskus, *Laudato si'*. Enzyklika über die Sorge für das gemeinsame Haus, übers. u. hg. v. Sekretariat der Deutschen Bischofskonferenz, Bonn 2015.
[56] Papst Franziskus, *Laudate Deum*. Apostolisches Schreiben von Papst Franziskus an alle Menschen guten Willens über die Klimakrise, übers. u. hg. v. Sekretariat der Deutschen Bischofskonferenz, Bonn 2023.
[57] Rolf Lohmann, Wege zur Schöpfungsverantwortung. Der Auftrag der katholischen Kirche, in: Diakonia 51 (2020) 4, 239–244, 235.
[58] https://www.vaticannews.va/de/papst/news/2021-11/papst-franziskus-versammlung-kulturrat-humanismus-video-covid.html (24.11.2021).

Zwischen Freiheit und Verantwortung

tion Schöpfungsverantwortung wahrzunehmen[59] sowie ein Bewusstsein dafür zu fördern, dass die ökologische Transformation der Gesellschaft unverzichtbar ist.[60]

Es ist erfreulich, wenn Luisa Neubauer im Januar 2023 während ihres Protestes gegen die weitere Braunkohleförderung und den dafür vorgesehenen Abriss des Ortes Lützerath zum einen auf Hans Jonas Überlegungen zum „Prinzip Verantwortung" hinweist und zum anderen wenige Monate später das päpstliche Schreiben *Laudate Deum* in Rom vorstellt. Auch wenn sich Umweltbewegungen wie „Fridays for Futur" zuletzt weitgehend unabhängig und leider kaum gefördert von kirchlichen Gruppen entwickelt haben, gibt es doch immer wieder auch den Wunsch nach einer Vernetzung. So wird von Klimaaktivist*innen und Vertreter*innen des zivilen Ungehorsams, die sich selbst als christlich identifizieren, darauf verwiesen, dass das Engagement der Kirche(n) angesichts der drohenden Klimakatastrophe zu zögerlich sei. Zugleich wird ein stärkeres Engagement bzw. eine größere Solidarität mit den Klimaaktivist*innen eingefordert.[61] Lea Bonasera, 24-jährige Aktivistin in der Bewegung „Die Letzte Generation", brachte im Rahmen der Provinzversammlung der Jesuiten im April 2022 ihre Enttäuschung zum Ausdruck: „Unabhängig von genereller Kritik, die man an der katholischen Kirche ausüben kann, […] bin ich gerade sehr enttäuscht darüber, wie wenig sich die Kirche in die laufende Werteauseinandersetzung einbringt."[62] Ähnlich appellierte auch die Aktivistin Aimée van Baalen auf der jährlichen Tagung der Synode der Evangelischen Kirche in Deutschland im Jahr 2022: „Wir brauchen die evangelische Kirche auf unserer Seite"[63]. An die Repräsentanten der Evangelischen Kirche in Deutschland appellierte sie, die Kirche müsse sich an die Politik wenden, „um endlich den Klimaschutz einzufordern, den es in dieser Lebenssituation braucht"[64].

---

[59] Vgl. Rolf LOHMANN, Wege zur Schöpfungsverantwortung. Der Auftrag der katholischen Kirche, in: Diakonia 51 (2020) 4, 239–244, 236.

[60] Vgl. Stephan BURGER, „Sich dem Notleidenden zum Nächsten machen". Das diakonische Engagement der Kirche, in: Diakonia 53 (2022) 2, 99–107, 105.

[61] Vgl. Dana Kim HANSEN-STROSCHE, Klimakleber flirten mit Kirchen, in: Herder Korrespondenz 77 (2023) 4–5.

[62] Lea BONASERA, Die Letzte Generation. Zur Rolle der Kirche im Kampf gegen die Klimakrise, in: Stimmen der Zeit 147 (2022) 9, 653–662, 662.

[63] Aimée VAN BAALEN, zitiert nach Benjamin LASSIWE, EKD-Synode: Kampf gegen den Relevanzverlust, in: Herder Korrespondenz 76 (2022) 12, 11–12, 12.

[64] Aimée VAN BAALEN, zitiert nach Benjamin LASSIWE, EKD-Synode: Kampf gegen den Relevanzverlust, in: Herder Korrespondenz 76 (2022) 12, 11–12, 12.

Papst Franziskus würdigt das Engagement der jungen Klimaaktivisten. Er verteidigt sie auch gegen jede vorschnelle Kritik und geht dabei so weit, auch diejenigen in Schutz zu nehmen, die aufgrund der von ihnen gewählten Form des Protestes skandalisiert und dämonisiert werden. So nimmt er die andernorts als „Klima-Terroristen" verunglimpften Aktivisten in Schutz und schreibt: „Auf Klimakonferenzen ziehen die Aktionen von sogenannten ‚radikalisierten' Gruppen oft die Aufmerksamkeit auf sich. In Wirklichkeit füllen sie jedoch eine Lücke in der Gesellschaft als Ganzer, die einen gesunden ‚Druck' ausüben müsste, denn es liegt an jeder Familie, zu bedenken, dass die Zukunft ihrer Kinder auf dem Spiel steht." (LD 58)

Hans Jonas und Papst Franziskus sehen die Notwendigkeit, wirtschaftliche und technische Wachstumsideologien zu überwinden und neue Lebensstile zu entwickeln, die sich von menschlicher Gier und ungehemmter Maßlosigkeit befreit haben. Beide sind auch bereit, mit Blick auf das Überleben der Menschheit im Zeitalter des Anthropozän die etablierten gesellschaftlichen Systeme zumindest gedanklich in Frage zu stellen. Doch letztlich bekennen sie sich zur Freiheit als Voraussetzung eines ethischen Handelns. Es wäre nun reine Spekulation, ob „Das Prinzip Verantwortung" in Griffweite auf dem Schreibtisch gelegen hat, als Papst Franziskus *Laudate Deum* verfasst hat. Wie dem auch sei: Sowohl „Das Prinzip Verantwortung" von Hans Jonas als auch das Apostolische Schreiben *Laudate Deum* von Papst Franziskus sind geprägt von der Hoffnung, dass die Menschen in Freiheit Strategien zur Lösung der ökologischen Herausforderung entwickeln werden. Zugleich erklingt in ihnen der eindringliche Appell, ein Bewusstsein für einen schonenden Umgang des Menschen mit der Schöpfung zu entwickeln und zu fördern.

Autor:innen

Mariano Delgado
Dr. theol. habil. Dr. phil. Dr. theol. h.c., ist Professor für Mittlere und Neuere Kirchengeschichte und Direktor des Instituts für das Studium der Religionen und den interreligiösen Dialog an der Universität Freiburg/Schweiz.

Johann Figl
Dr. theol. Dr. phil., ist emeritierter Professor für Religionswissenschaft an der der Universität Wien.

Peter Hünermann
Prof. Dr. Dr. h.c. mult., ist emeritierter Professor für Dogmatik an der Katholisch-Theologischen Fakultät der Eberhard Karls Universität Tübingen.

Matthias Möhring-Hesse
Dr. theol., ist Professor für Theologische Ethik/Sozialethik an der Katholisch-Theologischen Fakultät der Universität Tübingen.

Günter Rager
Prof. Dr. phil. Dr. med. Dr. h.c., ist emeritierter Ordinarius und Direktor des Instituts für Anatomie und Embryologie an der Universität Freiburg/Schweiz.

Johanna Rahner
Dr. theol., ist Professorin für Dogmatik, Dogmengeschichte und Ökumene an der Katholisch-Theologischen Fakultät der Eberhard Karls Universität Tübingen und Direktorin des dortigen Instituts für Ökumenische und Interreligiöse Forschung.

Klaus Vellguth
Dr. theol. habil. Dr. phil. Dr. rer. pol., ist Professor für Pastoraltheologie an der Theologischen Fakultät Trier und daneben Honorarprofessor für Missionswissenschaft an der VPU Vinzenz Pallotti University.

Katja Voges
Dr. theol., leitet das Team Menschenrechte und Religionsfreiheit beim Internationalen Katholischen Missionswerk missio in Aachen.

Jean-Claude Wolf
Dr. phil., ist emeritierter Professor für Ethik und politische Philosophie an der Universität Freiburg/Schweiz.